改訂
保育内容総論

保育の構造と実践の探求

阿部和子　前原 寛　久富陽子　梅田優子

萌文書林
HOUBUNSHORIN

まえがき

　子どもの日常は捉えどころがない。冗長に一日が流れているようにも見える。

　子どもとともに在る人たちは，この捉えどころがなく冗長な日常に意味付けをし，生活（遊びを含めて生活という。以下同様）をともにする。あるいは，生活をともにしながら意味を紡いでいる。

　子どもの生活は時空の特定の場で営まれる。そこは，すでに人々の暮らしがあり，その暮らしはその社会や文化の影響下にある。その場を離れてまったく新しい生活など考えることができないし，子ども自身においても，場を選んだり，その場を変えようとする欲求ももち合わせていない。その意味では圧倒的な受身の形でその人生がスタートさせられる。このような弱さを当たり前とする子どもの生活，冒頭で述べた捉えどころのない冗長な生活（要求や欲求を受け入れ，それをもとに周囲とかかわりながら）の中で，人として生きていく上で必要な力を獲得する。また，子どもはこの力の持ち主である「わたし」自身の輪郭，つまり，獲得した力を使ってどのように生きていくのかという「わたし」の内実も，一見捉えどころのないように見える日々の生活の中でのやりとりを通して確かなものにしていく。ここまでは，どのような時代にあっても，あまり変化することのない子どもの姿である。変化するのは，「わたし」の内実である。つまり，何を価値とし，どのように生きるのかという生き方の変化が，社会の在りようと連動する形で，あるいは，お互いに影響し合う形で変化するのである。

　ひるがえって現在，子どもの生活を取り巻く家族や社会の変化が著しい。子どもと家族をめぐる施策の変化が顕著である。次々と子どもと家族をめぐる施策が打ち出される中で，子どもの施設である保育所や幼稚園，認定こども園の在りよう，そこでの子どもの生活も社会の変化の影響を受ける。子どもと家族にとってよかれと打ち出される施策が子どもと家族を幸せにするのかについて，保育を専門とする人々は時代の価値に流されることなく考えなければならない。

本書は，保育の内容（保育所保育指針では「保育の内容」，幼稚園教育要領および幼保連携型認定こども園教育・保育要領では「内容」と表されているが，本書では保育内容で統一して用いることとする）とは何か，それを保育という営みの中でどのように展開するのかという子どもとの生活を構造的に，総合的そして具体的・実践的に捉える努力をした。保育・保育内容の構造が日々の保育実践を核にして有機的につながっていることが理解できるように記述することを試みたことが本書の特徴である。そして，本書で保育内容を学ぶ，あるいは日々の保育実践を振り返ろうとする人たちが，著者たちとともに，保育内容を通して子どもと家族にとっての最善の利益また乳幼児期の望ましい経験とは何か，その実践の方法などについて考え続けていくことを願って編纂されている。

　保育の根本についてほぼ考え方を同じくする著者たちが集まって，本書の初版が形を整えるまでに3年余りの時間を要した。それからすでに9年が経過した。社会の変化を考慮して，改訂を行った。萌文書林の服部直人氏の辛抱強さと時宜を得たアドバイスに感謝する。また，著者たちの共通の師である大場幸夫先生に，本書を捧げる。

2019年 春

著者代表　阿部 和子

もくじ

まえがき iii

Part 1　保育の構造と内容

第1章　保育の全体構造と保育の内容 2
1．保育の基底 2
（1）子ども観 2
（2）子どもの生活の場 9
（3）社会の責任 — 子どもの生活を保障する 12
2．保育の全体構造 20
（1）保育の構造下の「計画」の構造 20
（2）保育の構造下の「実践」の構造 23
（3）保育の構造下の「評価」の構造 23
3．教育要領，保育指針，教育・保育要領の構成と保育の内容 24
（1）教育要領の構成と内容の関係 24
（2）保育指針の構成と保育内容の関係 25
（3）教育・保育要領の構成と内容の関係 26
（4）保育指針，教育要領，教育・保育要領における（保育の）内容の全体構成 27

第2章 「保育内容」について理解する ... 31
1．「保育内容」を捉える基本 ... 31
（1）「保育内容」と子どもの体験の質 ... 31
（2）子どもの「体験の質」 ... 32
2．幼稚園・保育所・認定こども園の1日 ... 34
（1）幼稚園 ... 34
（2）保育所 ... 34
（3）認定こども園 ... 35
3．幼稚園教育要領，保育所保育指針，幼保連携型認定こども園教育・保育要領に示されている「保育内容」 ... 36
（1）幼稚園教育要領 ... 36
（2）保育所保育指針 ... 38
（3）幼保連携型認定こども園教育・保育要領 ... 39
4．就学前の保育・教育における視点・領域と小学校以上の教科の違い ... 41
（1）乳幼児期の特性に即した保育　双方向学び型 ... 41
（2）乳幼児期の特徴と学びのかたち（方法） ... 42
（3）領域と教科の接続 ... 45

第3章　保育内容の展開 ... 47
1．環境を通して ... 47
（1）環境を通して行う保育 ... 47
（2）養護と教育が一体となった保育 ... 51
（3）子どもの主体性を尊重する保育 ... 53
（4）生活や発達の連続性を考慮した保育 ... 55
（5）保育内容の評価 ― PDCAサイクルを意識して ... 56
2．行事について ... 58
（1）園における行事 ... 58
（2）行事の教育的価値の検討 ... 59

第4章　子ども理解と計画 63
1．観察と記録 63
（1）保育における観察 63
（2）保育における記録 64
（3）保育における様々な記録 65
（4）子どもの観察の距離と記録 66
2．保育における計画 68
（1）保育における計画の意義 68
（2）保育における計画の種類 68
3．記録と計画の実際 72
（1）保育者の記録 72
（2）記録から指導計画へ 76
（3）3歳未満児の指導計画 78
（4）特別な配慮を必要とする子どもの指導計画 81
4．保育の実践・評価と省察，カリキュラム・マネジメント 83
（1）評価と省察 83
（2）カリキュラム・マネジメント 84

第5章　子どもの育ちを支えるための連携 86
1．重視される連携 86
（1）「移行」の多様化 86
（2）保育者が「応答的存在」であるということ 90
2．日常の連携 91
（1）家庭と保育現場の連携 91
（2）長時間化する保育 94
（3）地域との連携 95
3．特別な配慮を必要とする子どもの保育をめぐる連携 97
（1）特別な配慮とは 97
（2）保育者だけではない支え手 99
4．小学校との接続 100
（1）小学校との接続がなぜ重要か 100
（2）小学校との具体的な接続 103

Part 2　実　践

第1章　乳児保育（0歳児クラス） ……………………………… 108

1．乳児（0歳児クラス）の生活の実際 …………………………… 108
（1）乳児（0歳児クラス）の一日の流れ ………………………… 108
（2）一日の流れに沿った子どもの姿 ……………………………… 114

2．日々の保育実践の背景 ……………………………………… 120
（1）年間指導計画の作成 ………………………………………… 120
（2）月案の作成 …………………………………………………… 120
（3）次月の指導計画の作成 ……………………………………… 125
（4）保育日誌の子どもの姿からその育ちを読み取る ………… 126

第2章　1歳～3歳未満児の保育 ……………………………… 132

1．1歳以上3歳未満児の特徴 …………………………………… 132

2．2歳児の保育の実際 ― 計画と実践（P&D） ……………… 133
（1）日課（デイリープログラム） ………………………………… 133
（2）月案の作成 …………………………………………………… 137
（3）実践 …………………………………………………………… 142

3．2歳児の保育の実際 ― 評価および改善（C&A） ………… 142
（1）記録を取るということ ……………………………………… 142
（2）評価 …………………………………………………………… 142
（3）次の指導計画につながる改善 ……………………………… 148

第3章　3歳以上児の保育 ……………………………………… 153

1．「3歳児の保育」の多様性 …………………………………… 153
（1）自分の世界を，自信をもって表現できること …………… 154
（2）必要な存在「友達」 ………………………………………… 155
（3）自分で確かめる（知的好奇心） …………………………… 158

2．4歳児の保育 159
(1) 友達と一緒に遊ぶ喜び 160
(2) クラスのみんなで考える 162
(3) 想像の世界で遊ぶ楽しさと友達関係の深まり 164
(4) 遊びに夢中で取り組む充実感と友達関係の広がり 167

3．5歳児の保育 169
(1) 年長としての自覚と喜び 169
(2) 友達と遊びや活動の面白さを追求して手応えを感じる 173
(3) 思いや考えを伝え合ってクラスの仲間と力を合わせて実現する 177

Part 3　文化・社会の中の子ども

第1章　保育内容の変遷 182
1．保育施設の黎明期（明治時代） 182
2．大正デモクラシーの時代（大正～昭和初期） 187
3．軍国主義の時代（昭和前期～1945年） 192
4．GHQの時代（1945年～1952年） 193
5．高度経済成長期から安定期へ（1950年代～80年代） 194
6．平成 ― 新しい枠組みの出現と安定の模索の時期
　　（1989年～2019年） 201

第2章　保育内容の現代的課題と展望 208
1．多文化共生 208
(1) 冷戦の終了と不寛容さの高まり 208
(2) 異質さへの寛容性と自立性 208
2．ICTと保育 210
3．森の幼稚園の実践 213
4．地域全体で保育を支えるレッジョ・エミリア 216
5．Starting Strong 218

参考・引用文献 224
さくいん 227

Part 1

保育の構造と内容

第1章
保育の全体構造と保育の内容

1．保育の基底

（1）子ども観

①**主体的ということ**

　主体性，主体的という言葉は，本書はもちろんのこと，幼稚園教育要領，保育所保育指針，幼保連携型認定こども園教育・保育要領（以下それぞれ，順に要領，指針，教育・保育要領とする）において，頻出する。

　なぜ，保育や教育の中で「主体性・主体的」を検討しなければならないのかというと，人（子ども）は一人で生きているわけではないからである。一人しかいない世界では「主体性・主体的」であることを意識する必要がない。主体的であるということは概していうと，人類が集団で生活を始め，さらに，長い主従の支配関係から解放されて，自由（個体固有の思いの実現）を手に入れたことから発せられる問いである。歴史的にみると近代以降に発生した問いといえる。

　ここでは，暫定的に，主体性を「個体としての身体をもち，その個体だけの感覚や気持ちをもつ存在（**私は私でありたいという欲求＝個別性**）」というように捉えてみる。この上に立って人の生活をみると，生活は，主体性をもった人々との間で営まれるものであるといえる。それは，個体＝私ひとりの思うように事が運ばないこともあるということである。他の個体を意識した私＝個体の在りよう（共同性）が問われなければならない。

　私とあなたのお互いの思いが同じ，あるいは受け入れやすい時には，特に問題が生じないが，お互いの思いがズレ（対立）た時に生き難さを感じる。この生き難さを感じたときに，そこを越えてお互いの主体としての思いを尊重していこうとする努力を可能にするのは，「**他者とともにありたい欲求＝共同性**」である。

　主体性という言葉は，「私は私の感覚や気持ちのままにありたい」という欲求と「他者（時には私の感覚や気持ちのままにありたいという欲求を脅かす）とともにありたい」という欲求の相矛盾するような意味を含んだものである。

　以下に，主体性を具体的な事例を通して考えていく。エピソードは4歳児6月〜7月ごろのものである。

エピソード1-1-1 （4歳児クラス）

　保育者は，梅雨時の久しぶりの晴れ間に，本日の予定していた保育内容を変更して，外で思いっきり体を動かして遊ばせてやりたい①と考えました。「外で，ドン・じゃんけん（陣取り鬼）しようか」と呼びかける②と子ども達は「やる」③と言って園庭に出て，保育者と一緒に遊び始めました。よくルールのわからない子がいたりして，しばしば遊びが中断します。また，遊びの輪から離れていく子が増えてくる④と，保育者は「高鬼しよう」と誘います。すると，また，子ども達が集まり遊びが活発になりますが，鬼に追いかけられることが少ない子（つかまりたくないので自分からそうしているのですが）は，輪から抜けていきます。そうして，子どもが少なくなってくると保育者は「○○までかけっこしよう」と誘い，また，子ども達の動きが活発になっていきます。こうして，子どもと保育者は十分に体を動かして「楽しかったね。また，遊ぼうね」⑤などと言いながら給食の準備を始めます。

エピソード1-1-2

　保育者の誘いに加わらないで，遊んでいる子どもも数人います。その中の一人のHくんは，最初は，「ドン・じゃんけん」をしようと思ったようです。保育者の後を追って，園庭の中央に行こうとし砂場を横切ったときに，少しの間，上を見上げています⑥。それから，立つ位置をずらしては上を見ています。しばらくして，砂場遊びの道具の中から瓶をもってきて，瓶の口を上に向けて，上を見ながらあっちこっち動いています⑦。砂場で遊んでいる子ども達をよけながら，砂場を覆っている藤棚から落ちてくるしずくを瓶に入れようとしているようです。園庭にいる間中，落ちてくるしずくを待ち，瓶に入れようとしています。こうして，給食の時間が来るまで瓶を持って砂場をうろうろしていました⑧。

　次の日から毎日，シトシトと雨が降り続きます。多少の雨の場合は，砂場を覆う藤棚⑨のおかげで，外でも遊ぶことができます。次の日もその次の日もH君は瓶を持ってしずくを集めています⑩。何日か後には，瓶の口に漏斗が置かれています⑪。少し，集めやすくなっているようです。

　梅雨が明けて晴れの日が続きますが，H君は砂場と水道を行ったり来たりしています。手には相変わらず瓶と漏斗を持っています⑫。保育者が「なに作ってるの？」と聞くと，うれしそうに「きれいな水」と答えます。よく見ると，漏斗の上には葉っぱや小石，木屑など園庭に落ちている様々なごみのようなものがたくさん乗っかっています。「それで，きれいな水ができるの？」と保育者が聞くと，「うん，少し」と砂場の泥水を漏斗の上に流しながら言います。⑬少しすると，水が少し瓶に溜まっ

> ていきます。H君は保育者にそれを見せて「きれいな水ができた」と嬉しそうに言います。それから，H君は「ひみつなの」と言って，これまでに作ったらしい水の入っている瓶が置かれている道具小屋の後ろの草むらに保育者を案内しました⑭。
>
> 阿部和子・前原寛 編著『保育課程の研究』萌文書林，2009，pp.11-12

　引用したエピソードは，子どもの園生活の中ではよく見かけるエピソードである。保育者は，季節がら，室内ばかりではなく，たまに晴れた日を利用して「思いっきり体を動かして遊びたい（気分転換を図りたい。思うように体を動かして遊ぶことを十分に楽しむ）」と考えて子ども達を陣取り遊びに誘う。保育者と子どもの遊びの様子がエピソード中の①～⑤である。

- **保育者の誘い**に気持ちが動かされ，陣取り遊びをする。
- 陣取り遊びのルールがわからなかったりして中断することが多くやめてしまう。
- **保育者は**，ルールのわかりやすい「高鬼」を提案する（思うように体を動かして遊ぶというねらいの達成のために，活動の内容を変える）とまた，子ども達は集まって活発に遊ぶ。
- 高鬼への興味が続かず，離れていく。
- **保育者は**，その子ども達の様子を受けて「かけっこ」を提案する。
- かけっこが盛り上がり，「楽しかったね」と給食の準備へ移っていく。

　保育者は，雨の日が続いたので，これまでの子どもとの遊びの中から，陣取り遊び（興味の拡大）―高鬼（興味の拡大）－かけっこ，子どもの様子に合わせて遊びを次々と提案し，子ども達もそれなりに盛り上がって遊んだともいえる。このエピソードを子どもの主体性という視点から見てみるとどのようにみえるか。

　体を動かす遊びのきっかけは全て保育者からの働きかけである。もちろん，働きかけられて遊び出すのは主体的でないということではない。提案された遊びを面白そうと自分で判断し，遊びに加わるというのも主体的と考えられる。提案された遊びから子ども達が離れていった時（遊びへの興味を失い，自分から離れる＝主体的行動），その気持ちを尊重した上で，次の遊びを提案しているのかどうかが重要である。つまり，この遊び（エピソードでは高鬼）なら，興味をもって遊ぶのではないかと考えて提案しているのかどうかが子どもの主体性を尊重する，しないにかかわることである。

　エピソード1の記述からはこの点が曖昧であるが，以下のように捉えることも可能である。

　保育者の見ている子どもの姿は，提案した時に現れている子どもの姿であり，その内面（その子が真にその遊びを楽しみたいと思っていたのか）を意識したものになっていなかっ

たのではないか。陣取り遊びが盛り上がらなかったから高鬼へ，高鬼が盛り上がらなかったからかけっこへと，盛り上がって遊ぶことそのことに意識が集中していたのではないかとも思われる。その遊びの中で，子どもが何を思いその遊びを離れたのかという子どもの内面(自分の気持ちのままに行動したい)にわき起こる興味・関心を大切にすることが，子どもと保育者の主体的な生活である。保育者は自らの提案に子ども達が集まって少しの間，その遊びが続くのはどうしてかなども考えることが必要になる。

　同じ子どもの遊びの場面でも，何を大切に子どもの姿を捉えるのかで，全く違って見えてくる。これまでに述べたことに従って表現すると，活動が盛り上がるように子どもに遊びを提案し続ける保育をすることからは，子どもの主体的行動が見えてこない。どちらかというと，言われたことを楽しむことの経験を重ね，自ら感じたり考えたりしたことを実際に，あれこれ試したり，工夫したりして，ものやこととじっくりと向かい合うという主体的な活動が制限される可能性が大きい。

　同じく，保育者から子ども達に活動を提案するのでも，子どもの活動が盛り上がらなくなった時に，活動を盛り上げることそのことではなく，その時の子どもの気持を推し量り，その気持ち(興味・関心)に添っての活動の提案である場合は，子どもの主体性を尊重した保育ということが可能である。

　次にエピソード１－１－１と同時に進行している子どもの姿をエピソード１－１－２に沿って見てみる。エピソード中の保育者は，全員に陣取り遊びを提案するが，全員に強制しているわけではない。その遊びに参加するかどうかの自由度(活動に参加するかどうかの選択は子どもが決めるということで，主体的に行動する)は認められている。

　エピソード１－１－２(⑥〜⑭)のＨ君の姿から主体的に活動することの具体的な姿を見ていく。

・保育者の提案に誘われ，陣取り遊びをするために外へ行く。
・陣取り遊びに参加するために通った砂場で何かに気づく(しずくが当たった)。
・その正体(変化の原因)を確かめたい(子どもの興味・関心は移ろいやすいことも含めてこの時期の主体的行動ということである)。場所を変えたりしながら，当たるところと当たらないところがあることを確認する(試行錯誤)。
・思考錯誤の後，自分に当たったのは藤棚から落ちてくるしずくであること，そのしずくの落ちる場所があることに気づく。
・興味がしずくを集めることに移る。しずくを集めるための道具(瓶)を探してきて集め始める。
・何日も続けてしずく集めをする中で，瓶の口が狭いので集め損ねることも経験したのだろうか，集めやすい方法として漏斗をつけて，集め口を広くすることを発見する。
・梅雨が明けて，晴れた日にも，瓶と漏斗をもって砂場を行ったり来たりしている。
・きれいな水を作ろうとする(遊びがしずく集めからきれいな水作りに発展)。エピソー

ドで見る限りでは，どこで知ったのかは定かではないが，葉っぱや木くず，小石を漏斗にいっぱい詰めて，泥水をろ過している。
・そうして作ったきれいな水は，他者に侵されない大切な自分だけのもの(ひみつ)である。
・大好きな先生にだけ教える(自分は自分であるけれども他者とともに共有したい)。

以上のように読み取ってみた。

エピソード1－1－2から理解できることは，保育者のその週・その日のねらいを越えて展開する子どもの活動（その時の主体的活動）をどのように捉えるかということである。「外で思いっきり体を動かして遊ぶことを楽しみたい」は，陣取り・高鬼・かけっこだけだろうか。外で思いのままに体を動かすことを楽しみたい」ということを，体を動かすこと・体が動くことの快さの経験と考えると，自分に当たった冷たさの原因を確かめて，さらに，そのしずくを集めたいと思って行動することも，思いっきりではないが思うように体が動く経験をしているのではないかと考えることもできる。

さらに主体的という点で，遊びの初発を自らでつくり出している。そして，その気付きからわき起こる思いに沿ってあれこれ試しながら興味を持続させて取り組んでいる。自分の遊びで自分だけにフィードバックされる感覚，そこからわき起こる次への興味や疑問を何とかしようと，その子どもなりに試行錯誤や工夫を重ねて取り組んでいるそのことが，主体的であり，その主体の内実を豊かにしている。そして，そこで終わるのではなく，保育者からの問いかけに応えて，他者とその自らの主体的な世界(ひみつ)を，共有することで他者とともにある世界(共同性)へと開かれていくと考える。

エピソード1－1－2は，みんなが楽しく遊んでいる時に，その集団に加わらずに一人で遊んでいると捉えられて，みんなと一緒に遊ぼうよと誘われることもあると思われる。みんなが集団で遊んでいる時に，集団から外れて遊んでいる子の動き（しずくを集めるためにうろうろしている）を，砂場の近くにある園長室から見て園長先生が記録したエピソード1－1－2と，保育者の保育日誌の記録，エピソード1－1－1を合体させたものであるので，一人担任の場合はなかなか，集団から離れて遊ぶ子どもの様子を詳細に把握することが難しいのも保育現場である。保育の内容を工夫して，あるいは他クラスとの連携をしながら一人ひとりの子どもの理解を深めて，その理解に基づいた保育を展開することが，主体性を尊重した保育につながると思う。

②教育要領，保育指針，教育・保育要領にみる「主体性・主体的」

図表1－1－1は，要領，指針，教育・保育要領の総則に記載されている，幼稚園教育の基本，保育所保育に関する基本原則，幼保連携型認定こども園における教育及び保育の基本から作表したものである。ここから乳幼児期の保育の特徴を読み解くと，乳幼児期の保育は，第一に乳幼児期の発達特性を踏まえること，つまり，子ども自らが直接に周囲とかかわり，その周囲とのかかわり方そのものや意味に気付いて，その意味を自分のものにし

図表1-1-1　要領，指針，教育・保育要領にみる主体性に関連する記述

幼稚園教育要領	保育所保育指針	幼保連携型認定こども園教育・保育要領
幼稚園教育の基本	保育所保育に関する基本原則 (3)保育の方法　(4)保育の環境	幼保連携型認定こども園における教育及び保育の基本及び目標等
(略)幼児との信頼関係を十分に築き，**幼児が身近な環境に主体的に関わり，環境との関わり方や意味に気付き，これらを取り込もうとして，試行錯誤したり，考えたりするようになる幼児期の教育における見方・考え方**を生かし，幼児と共によりよい教育環境を創造するように努めるものとする。	ア　**子ども自らが環境に関わり，自発的に活動し，様々な経験を積んでいくことができるよう配慮**すること。 イ　(略) ウ　保育室は，温かな親しみとくつろぎの場となるとともに，生き生きと活動できる場となるように配慮すること。 エ　子どもが人と関わる力を育てていくため，**子ども自らが周囲の子どもや大人と関わっていくことができる環境を整えること**。	(略)園児との信頼関係を十分に築き，**園児が自ら安心して身近な環境に主体的に関わり，環境との関わり方や意味に気付き，これらを取り込もうとして，試行錯誤したり，考えたりするようになる幼児期の教育における見方・考え方**を生かし，その活動が豊かに展開されるよう環境を整え，園児と共によりよい教育及び保育の環境を創造するように努めるものとする。
次に示す事項を重視して教育を行わなければならない。 1　**幼児は安定した情緒の下で自己を十分に発揮する**ことにより発達に必要な体験を得ていくものであることを考慮して，**幼児の主体的な活動を促し**，幼児期にふさわしい生活が展開されるようにすること。 2　**幼児の自発的な活動としての遊び**は，心身の調和のとれた発達の基礎を培う重要な学習であることを考慮して，遊びを通しての指導を中心として第2章に示すねらいが総合的に達成されるようにすること。 3　幼児の発達は，心身の諸側面が相互に関連し合い，多様な経過をたどって成し遂げられていくものであること，また，幼児の生活経験がそれぞれ異なることなどを考慮して，**幼児一人一人の特性に応じ**，発達の課題に即した指導を行うようにすること。	次の事項に留意して保育しなければならない。 ア　一人一人の子どもの状況や家庭及び地域社会での生活の実態を把握するとともに，**子どもが安心感と信頼感をもって活動できるよう，子どもの主体としての思いや願いを受け止めること**。 イ　子どもの生活のリズムを大切にし，健康，安全で情緒の安定した生活ができる環境や，**自己を十分に発揮できる環境**を整えること。 ウ　子どもの発達について理解し，一人一人の発達過程に応じて保育すること。その際，子どもの**個人差に十分配慮すること**。 エ　子ども相互の関係づくりや互いに尊重する心を大切にし，集団における活動を効果あるものにするよう援助すること。 オ　子どもが自発的・意欲的に関われるような環境を構成し，**子どもの主体的な活動や子ども相互の関わりを大切にすること**。特に，乳幼児期にふさわしい体験が得られるように，生活や遊びを通して総合的に保育すること。 カ　一人一人の保護者の状況やその意向を理解，受容し，それぞれの親子関係や家庭生活等に配慮しながら，様々な機会をとらえ，適切に援助すること。	次に示す事項を重視して教育及び保育を行わなければならない。 (1)乳幼児期は周囲への依存を基盤にしつつ自立に向かうものであることを考慮して，周囲との信頼関係に支えられた生活の中で，**園児一人一人が安心感と信頼感をもっていろいろな活動に取り組む体験を十分に積み重ねられるようにすること**。 (2)乳幼児期においては生命の保持が図られ安定した情緒の下で**自己を十分に発揮する**ことにより発達に必要な体験を得ていくものであることを考慮して，**園児の主体的な活動を促し**，乳幼児期にふさわしい生活が展開されるようにすること。 (3)乳幼児期における**自発的な活動としての遊び**は，心身の調和のとれた発達の基礎を培う重要な学習であることを考慮して，遊びを通しての指導を中心として第2章に示すねらいが総合的に達成されるようにすること。 (4)乳幼児期における発達は，心身の諸側面が相互に関連し合い，多様な経過をたどって成し遂げられていくものであること，また，園児の生活経験がそれぞれ異なることなどを考慮して，**園児一人一人の特性や発達の過程に応じ**，発達の課題に即した指導を行うようにすること。

(太字は筆者)

ようとして試行錯誤したり，考えたりするようになるという特性を大切にすることをあげている。

　このような乳幼児期の保育は，安心感と信頼感，または安定した情緒の下で，子どもが十分に自己を発揮することで実現に向うことをあげている。そのために，子どもの発達に合わせて自己を十分発揮できる環境を整えること，その環境の中で子どもの主体的・自発的活動が十分に体験できることを重視する。乳幼児期の主体的・自発的活動は遊びや生活（学び）の中での活動である。主体性を大切にする保育は，必然的に子どもの興味・関心から展開される遊びや生活を重視する。それは，同時に環境を通して行うことでもある。

③主体性は主体として受けとめられて発達する

　主体性は，「私は私の感覚や気持ちのままにありたい」という欲求と「他者（時には私の感覚や気持ちのままにありたいという欲求を脅かす）とともにありたい」という欲求の相矛盾するような意味を含んだ言葉であることと先に暫定的に定義した。

　この定義からすると，主体性は自他の区別がついた時から主体的であると考えることもできる。しかし，「私は私の感覚や私の気持ちのままにありたい」という時の「私」は，たとえばいきなり3歳頃に現れるわけではない。私が私になっていく過程がある。私が私として姿を現す前の過程での主体性とか，主体的活動をどのように考えたらよいのだろうか。

　人は内外未分化（自他融合）の状態で，この世に生を受ける。その生を出発させる上での必要な最低限の力をもって生まれてくる。しかし，その最低限の力も，周囲に受け入れられなければその力を発揮することができないばかりか，その生命を持続することすらできない。当然のことながら他の人によるケアが必要である。

　このケアするおとなの「子どもに対する在りよう（何を大切にかかわるのかという価値観・保育観）」が，子どもの生活や発達に大きな影響を及ぼす。たとえば，子どもは社会に適応していくために，あるいは生きていくために必要な行動様式をおとなが「しつけ」なければならないという価値観がある。それに従うと，乳幼児期が肝心であるから，その行動様式が要求されるその時，その場でのふるまいをとるようにおとなが子どもに要求することになる。

　一方，子どもはその感情が揺れ動く体験のなかで，実感を伴って自らで行動様式を獲得していく過程を重視するという価値観がある。それに従うと，その時，その場で要求される行動様式そのものにではなく，その場の子どもの気持ち（欲求の在りよう＝興味・関心）を理解し，その気持ちを核にして，社会が要求する行動様式に向けて働きかけをすることになる。つまり，こどもの発達過程におけるその時々の子どもの主体的な在りよう（乳幼児期においては子どもの興味・関心が重要な意味をもつ）をかかわりの出発点にする。子どもを子どもの世界に住む主体的な存在（おとなとは異なる世界の住人）として，向かい合うことになる。

　子どもの主体性を大切にする保育は，子どもを一人前にする（しつける）ために，おとなの思うように操作する客体としてではなく，あくまでも，子どもが自分の人生を自分のも

のとしてつくり上げていく主体として向かい合うという後者の価値観の上に行われることになる。

　子どもの主体性を尊重する保育においては，子どもに向かい合う保育者も主体的である。保育者が子どもとの生活の中に主体として立ち現れることで，子どもの主体性を尊重することが可能になり，その主体同士のかかわりの中で，子どもの主体性が育つことになる。主体同士の生活は，誤解をおそれずにいうと面倒である。いちいち，お互いに相手の欲求や意思を確かめ合うことになる。時に，対立する。年齢が低ければ低いほどこのやりとりは難しく時間がかかる。

　子どもも保育者も，それぞれがそれぞれに主体性を形成し続けるためには，主体として対応されることと，さらに面倒なやりとりをともにし合うことで，相手の主体性に気づき，自分自身の主体性を形成していくことにつながる。

　道具的なかかわり（気持ちを受けとめられず道具を置き換えるように表面だけで動かされる生活）からは，人を道具として利用すること（自分の思い通りに人を動かす）は学習されても，主体性は育ちようがないといえる。

（2） 子どもの生活の場

①子どもの生活の場の生態系

　子どもは，発達する存在である。発達を「人（乳幼児）が<u>その環境を受けとめる受けとめ方</u>や，環境に対処する仕方の継続的な変化である」（U.Bronfenbrenner, 1979 下線は筆者）というブロンフェンブレンナーに従って考える。

　乳幼児の発達を，主体的という視点から考えた時に，子どもが環境をどのように受けとめて，どのようにかかわり，何を自分のものとして獲得していくのかという点が重要と考える。子どもに直接，間接にかかわる周囲の環境は，その発達に重要な影響を与えるものであるが，周囲がどのように子どものためによかれと思って誠意を尽くしても，周囲のおとなの望む方向には向かわないことがあるということである。そのことを踏まえても，人（乳幼児）は，その生まれ落ちた具体的な時空環境で生活を始めるしかないので，子どもの生活の場を整えることは重要である。

　再び，ブロンフェンブレンナーの人間発達の生態学を援用すると子どもの生活の場は**図表1-1-2**のようになる。ブロンフェンブレンナーは，生態学的環境はロシア人形（マトリョーシカ）のように人形がいくつも内部に抱き合わせになっている入れ子構造をなしていると考える。**図表1-1-2**でいうところの中心に子どもがいて，それを包むように家族・保育所・認定こども園・幼稚園・小学校等，子どもと直接にかかわり合う環境としてのシステム（マイクロシステム）がある。子どもの生活や発達の多くは，この直接の環境に方向づけられる。子ども—家族・保育所・認定こども園・幼稚園・小学校を包むようにして，これらとつながる近隣・地域（メゾシステム）がある。これらメゾシステムにおける生活の在りようは，直接・間接に子どもの生活に影響を及ぼす。

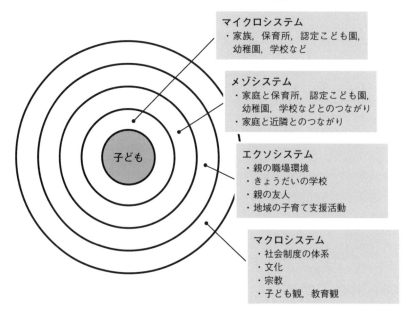

図表1-1-2　子どもの生活環境

U.ブロンフェンブレンナー／磯貝芳郎・福富譲 訳
『人間発達の生態学（エコロジー）』川島書店，1996，pp.17-46より作成

　同じように，子どもが直接にその場面に居合わせていないところ，たとえば，親の職場環境（残業が多いなど），きょうだいの学校の教育方針やそこでの生活が家庭での生活と無縁に展開されることはなく，家庭外での親やきょうだいの生活の在りようも（エクソシステム）子どもに影響を及ぼす。さらに，子どもの生活と最も遠い，マクロな環境である文化や社会制度などの影響は，そこに内包される下位のシステムに影響を与えている。たとえば，子育て施策をめぐる動きは，社会（待機児童解消策のための保育所の増加や働き方改革など）に，そして，家庭や保育所，認定こども園，幼稚園の在り方に影響を与え，子どもの生活は直接，間接に影響を与えることになる。

②**幼稚園・保育所・認定こども園という生活の場**

　先に述べたブロンフェンブレンナーの生態学システムにのっとると，幼稚園，保育所，認定こども園は，家庭と同じように，マイクロシステムにあたり，子どもが直接にその心身を伴って行動する環境である（**図表1-1-3**）。この環境は，乳幼児期の生活の在りようを最も強く規定し，その発達に相当の影響をもつ。

　子どもの園での生活は，直接に，自らの心身で働きかけ，あるいは働きかけに応え，そこで展開される人や物とのやり取りを通して，発達が方向づけられる発達のステージである。そして，この発達のステージは，子どもだけでつくり出すことも営むことも難しい。子どもとともに生活するおとなが，子どもの発達にふさわしい経験が得られるようにその環境を調整することになる。子どもとの生活をどのように組み立てるのかということにお

図表1-1-3　乳幼児の生活の場─保育所，認定こども園，幼稚園

保育所保育指針解説	幼保連携型認定こども園教育・保育要領解説	幼稚園教育要領解説
第1章総則　1保育所保育の基本原則　(1)保育所の役割	序章　第2節，2幼保連携型認定こども園の生活	序章　第2節幼稚園教育の役割　2幼稚園の生活
子どもの福祉を増進することに「最もふさわしい生活の場」	(1)園児一人一人にとってふさわしい生活の場であること	(2)幼児を理解し，適切な援助を行う教師と共に生活する場であること
「子どもの最善の利益」については，平成元年に国際連合が採択し，平成6年に日本政府が批准した児童の権利に関する条約(通称「子どもの権利条約」)の第3条第1項に定められている。子どもの権利を象徴する言葉として国際社会等でも広く浸透しており，保護者を含む大人の利益が優先されることへの牽制や，子どもの人権を尊重することの重要性を表している。平成28年6月の児童福祉法改正では，こうした子どもを権利の主体として位置付ける児童福祉の理念が明確化され，第1条に「全て児童は，児童の権利に関する条約の精神にのっとり，適切に養育されること，その生活を保障されること，愛され，保護されること，その心身の健やかな成長及び発達並びにその自立が図られることその他の福祉を等しく保障される権利を有する。」と定められた。 　保育所は，この理念の下，**入所する子どもの福祉を積極的に増進することに「最もふさわしい生活の場」であることが求められる。一人一人の心身共に健やかな成長と発達を保障する観点から，保育所における環境や一日の生活の流れなどを捉え，子どもが様々な人と出会い，関わり，心を通わせる経験を重ねることができるよう，乳幼児期にふさわしい生活の場を豊かにつくり上げていくことが重要である。**	幼保連携型認定こども園においては，保護者の生活形態を反映した園児の在園時間の長短，入園時期や登園日数の違い等により，園児一人一人の生活やそこでの体験等に差異が生じる場合がある。保護者を含め大人の利益が優先されることのないよう，入園する子どもの最善の利益を守り，幼保連携型認定こども園が**園児一人一人にとって心身ともに健やかに育つためにふさわしい生活の場であることが大切である。** 　近年，子育てを取り巻く様々な環境の変化により，乳幼児期にふさわしい生活を送ることが難しくなってきていることなどを踏まえ，**日常生活の中で園児が他の園児をはじめ様々な人々と出会い，関わり，心を通わせながら成長していくために，乳幼児期にふさわしい生活の場を豊かにつくり上げていくことが重要である。**幼保連携型認定こども園などのような集団生活の場が家庭や地域社会と同様に，乳幼児期の連続した生活の中に明確に位置付けられることが大切である。	**幼稚園生活において，一人一人の幼児が発達に必要な体験を得られることが大切である。**そのためには，幼児の発達の実情や生活の流れなどに即して，教師が幼児の活動にとって適切な環境を構成し，幼児同士のコミュニケーションを図るなど，適切な援助をしていくことが最も大切である。(第1章　第1節　5　教師の役割，第1章　第4節　3　指導計画の作成上の留意事項　(7)教師の役割を参照) 　幼稚園生活に慣れるまでの幼児は，新たな生活の広がりに対して期待と同時に，不安感や緊張感を抱いていることが多い。そのような幼児にとって，自分の行動を温かく見守り，必要な援助の手を差し伸べてくれる教師の配慮により，**幼稚園が遊ぶ喜びを味わうことのできる場となることが大切である。その喜びこそが生きる力の基礎を培うのである。**
・子どもの最善の利益(子どもは権利主体) ・保護者を含むおとなの利益が優先されることへの牽制 ・心身ともに健やかな成長発達を保障する上での最もふさわしい生活の場	・おとなの都合が優先されない ・入園する子どもの最善の利益を守る ・園児一人ひとりが心身ともに健やかに育つためにふさわしい生活の場	・園生活を通して一人ひとりの幼児が発達に必要な体験を得られる

(太字は筆者)

いてはその多くを，おとなに依存している。その生活が子どもにふさわしい経験を保障するかどうかは，おとなが子ども存在をどのように捉え，どのような思い（目標やねらい，願いなど）をもつのかに大きく依存する。子どもの育つ権利が疎外されないこと，おとなの利益が優先されないことを常に意識しておく必要がある。

（3） 社会の責任──子どもの生活を保障する

①教育，保育，学校教育

乳幼児の育ちの場である，幼稚園や保育所，認定こども園で行われている内容は，教育と表現されたり，保育と表現されたり，学校教育と表現されたりしている。これらの意味するところは異なるのだろうか。最初に教育基本法において教育という表現について考える（**図表1-1-4**）。

図表1-1-4　教育基本法

教育の目的	第1条　教育は，人格の完成を目指し，平和で民主的な国家及び社会の形成者として必要な資質を備えた心身ともに健康な国民の育成を期して行われなければならない。
学校教育	第6条　法律に定める学校は，公の性質を有するものであって，国，地方公共団体及び法律に定める法人のみが，これを設置することができる。 2　前項の学校においては，<u>教育の目標が達成されるよう，教育を受ける者の心身の発達に応じて，体系的な教育が組織的に行われなければならない</u>。この場合において，教育を受ける者が，学校生活を営む上で必要な規律を重んずるとともに，自ら進んで学習に取り組む意欲を高めることを重視して行われなければならない。
幼児期の教育	第11条　幼児期の教育は，<u>生涯にわたる人格形成の基礎を培う重要なものである</u>ことにかんがみ，国及び地方公共団体は，幼児の健やかな成長に資する良好な環境の整備その他適当な方法によって，その振興に努めなければならない。

（下線は著者）

教育は，人格の完成を目指すこと，平和で民主的な国家及び社会の形成者の育成を期して行われることを目的とする。さらに，乳幼児期（幼児期の定義がされていないので，infant：言葉をもたない者と解釈し乳児を含めた）の教育は，その基礎を培う重要なものであるから，国や地方公共団体は，乳幼児の健やかな成長に資する環境の整備に努めなければならないとしている。乳幼児期の子どもは教育を受ける権利を有することから，どこで育とうとも，教育が行われなければならないということになる（日本国憲法，**図表1-1-5**参照）。教育は学校で行われるものばかりを指していないという理解ができよう。加えて乳幼児の教育は健やかな成長に資する良好な環境の下で行われるとしている。

図表1-1-5　日本国憲法

> 第26条　すべて国民は，法律の定めるところにより，その能力に応じて，ひとしく教育を受ける権利を有する。
> 2　すべて国民は，法律の定めるところにより，その保護する子女に普通教育を受けさせる義務を負ふ。義務教育は，これを無償とする。

（下線は著者）

　次に，乳幼児が教育を受ける場の目的をみていく（**図表1-1-6**参照）。幼稚園の目的は，「幼児を保育し，幼児の健やかな成長のために適当な環境を与えて，その心身の発達を助長すること」とある。保育所は「保育を必要とする乳児・幼児を日々保護者の下から通わせて保育を行うこと」，そして，幼保連携型認定こども園は「教育並びに保育を必要とする子どもに対する保育を一体的に行い，これらの子どもの健やかな成長が図られるよう適当な環境を与えて，その心身の発達を助長するとともに，保護者に対する子育ての支援を行うこと」を目的とするとしている。

　幼稚園は学校教育法に基づく「学校」である。幼保連携型認定こども園は教育基本法に基づく「学校」である。そして，保育所は児童福祉法に基づく「児童福祉施設」である。学校で行われる幼児教育と，児童福祉法で行われる幼児教育は違うのだろうか。

　学校教育法における保育の定義を，『逐条学校教育法　第8次改訂版』（鈴木ほか，2016）からみていく。それによると「幼児はまだ幼少であるから，幼稚園での幼児の心身発達に

図表1-1-6　幼稚園，保育所，幼保連携型認定こども園の目的

関連法令	学校教育法	児童福祉法	就学前の子どもに関する教育，保育等の総合的な提供の推進に関する法律
施設の目的	第22条　幼稚園は，義務教育及びその後の教育の基礎を培うものとして，幼児を保育し，幼児の健やかな成長のために適当な環境を与えて，その心身の発達を助長することを目的とする。 参照 第1条　この法律で，学校とは，幼稚園，小学校，中学校，義務教育学校，高等学校，中等教育学校，特別支援学校，大学及び高等専門学校とする。	第39条　保育所は，保育を必要とする乳児・幼児を日々保護者の下から通わせて保育を行うことを目的とする施設（利用定員が二十人以上であるものに限り，幼保連携型認定こども園を除く。）とする。	第2条　7　この法律において「幼保連携型認定こども園」とは，義務教育及びその後の教育の基礎を培うものとしての満三歳以上の子どもに対する教育並びに保育を必要とする子どもに対する保育を一体的に行い，これらの子どもの健やかな成長が図られるよう適当な環境を与えて，その心身の発達を助長するとともに，保護者に対する子育ての支援を行うことを目的として，この法律の定めるところにより設置される施設をいう。

（下線は著者）

応じた教育の中には，児童生徒とは異なり，一定の養護や世話が必要となる。さらに，幼稚園の教育が，小学校以上のように教育内容を体系的に分類した教科を中心にして内容の修得を行わせるのとは異なり，幼児の具体的な生活経験に基づいた総合的指導を行うものであるので，その教育方法の独自性を表す用語として『保育』が使われている」とある。

幼稚園は学校教育法に位置づけられる学校であるが，そこで教育を受ける幼児は，その発達的特性（一定の養護や世話を必要とする）から，幼児の具体的な生活経験に基づいた総合的な指導が適切であるとし，この教育の独自性から，小学校以上の学校での教育と区別して「保育」という言葉を使うのだとしている。

以上から，学校教育法では乳幼児期の教育は，その発達の特徴を考慮すると，保育（生活や遊びを通して行う，環境を通して行うなど）という言葉が適当と考えられている。

また，認定こども園における教育は，学校において行われる教育をいうとしている（図表1-1-7参照）ので，学校教育法の教育，つまり，そこにおける保育の概念をそのまま当てはめて考えることができる。

図表1-1-7　就学前の子どもに関する教育，保育等の総合的な提供の推進に関する法律

第2条の8　この法律において「教育」とは，教育基本法（平成18年法律第120号）第6条第1項に規定する法律に定める学校（第9条において単に「学校」という。）において行われる教育をいう。

児童福祉施設である保育所における保育は，その特性を「養護と教育が一体となって展開される」としていることから，幼稚園での「保育」と同様の意味をもつと考えられる。

②それぞれの場における保育の目標

2015年4月に「子ども・子育て支援新制度」が施行されて以来，乳幼児期の子どもの保育（先の①で確認したことを踏まえて，以後乳幼児期の教育を「保育」で統一することとする）の場は多様化している。ここでは，保育が行われている施設を代表して，幼稚園，保育所，認定こども園における保育の目標を**図表1-1-8**から確認する。

それぞれの施設の保育の目標が定められている法律は異なるが，目標は，5領域からなっていることが共通である。異なるのは，児童福祉施設である保育所においては，児童福祉法および児童福祉施設の設備及び運営に関する基準に基づいて保育士等がしなければならないこととして，保育の養護的側面と，子どもが生活するもう一つの場所である家庭での子どもと保護者の安定した関係を援助することが明記されていることである。幼稚園と保育所の特性を併せもつ幼保連携型認定こども園においても，保育所のもつ保育の養護的側面が目標としてあげられている。

図表１-１-８　幼稚園，保育所，幼保連携型認定こども園の保育の目標

関連法令	学校教育法	保育所保育指針	就学前の子どもに関する教育，保育等の総合的な提供の推進に関する法律
目標	第二十三条　幼稚園における教育は，前条に規定する目的を実現するため，次に掲げる目標を達成するよう行われるものとする。 一　健康，安全で幸福な生活のために必要な基本的な習慣を養い，身体諸機能の調和的発達を図ること。 二　集団生活を通じて，喜んでこれに参加する態度を養うとともに家族や身近な人への信頼感を深め，自主，自律及び協同の精神並びに規範意識の芽生えを養うこと。 三　身近な社会生活，生命及び自然に対する興味を養い，それらに対する正しい理解と態度及び思考力の芽生えを養うこと。 四　日常の会話や，絵本，童話等に親しむことを通じて，言葉の使い方を正しく導くとともに，相手の話を理解しようとする態度を養うこと。 五　音楽，身体による表現，造形等に親しむことを通じて，豊かな感性と表現力の芽生えを養うこと。	第1章総則　1保育所保育に関する基本原則　（2）保育の目標 ア　保育所は，子どもが生涯にわたる人間形成にとって極めて重要な時期に，その生活時間の大半を過ごす場である。このため，保育所の保育は，子どもが現在を最も良く生き，望ましい未来をつくり出す力の基礎を培うために，次の目標を目指して行わなければならない。 （ア）十分に養護の行き届いた環境の下に，くつろいだ雰囲気の中で子どもの様々な欲求を満たし，生命の保持及び情緒の安定を図ること。 （イ）健康，安全など生活に必要な基本的な習慣や態度を養い，心身の健康の基礎を培うこと。 （ウ）人との関わりの中で，人に対する愛情と信頼感，そして人権を大切にする心を育てるとともに，自主，自立及び協調の態度を養い，道徳性の芽生えを培うこと。 （エ）生命，自然及び社会の事象についての興味や関心を育て，それらに対する豊かな心情や思考力の芽生えを培うこと。 （オ）生活の中で，言葉への興味や関心を育て，話したり，聞いたり，相手の話を理解しようとするなど，言葉の豊かさを養うこと。 （カ）様々な体験を通して，豊かな感性や表現力を育み，創造性の芽生えを培うこと。 イ　保育所は，入所する子どもの保護者に対し，その意向を受け止め，子どもと保護者の安定した関係に配慮し，保育所の特性や保育士等の専門性を生かして，その援助に当たらなければならない。	第九条　幼保連携型認定こども園においては，第二条第七項に規定する目的を実現するため，子どもに対する学校としての教育及び児童福祉施設（児童福祉法第七条第一項に規定する児童福祉施設をいう。次条第二項において同じ。）としての保育並びにその実施する保護者に対する子育て支援事業の相互の有機的な連携を図りつつ，次に掲げる目標を達成するよう当該教育及び当該保育を行うものとする。 一　健康，安全で幸福な生活のために必要な基本的な習慣を養い，身体諸機能の調和的発達を図ること。 二　集団生活を通じて，喜んでこれに参加する態度を養うとともに家族や身近な人への信頼感を深め，自主，自律及び協同の精神並びに規範意識の芽生えを養うこと。 三　身近な社会生活，生命及び自然に対する興味を養い，それらに対する正しい理解と態度及び思考力の芽生えを養うこと。 四　日常の会話や，絵本，童話等に親しむことを通じて，言葉の使い方を正しく導くとともに，相手の話を理解しようとする態度を養うこと。 五　音楽，身体による表現，造形等に親しむことを通じて，豊かな感性と表現力の芽生えを養うこと。 六　快適な生活環境の実現及び子どもと保育教諭その他の職員との信頼関係の構築を通じて，心身の健康の確保及び増進を図ること。

③**教育要領，保育指針，教育・保育要領に基づく保育の基本**

　乳幼児期の子どもが育つ施設における，保育の目標を目指して行う内容が，それぞれの施設においてどのように実践されるのかを見ていくことにする（**図表1-1-9**参照）。

　乳幼児期の保育は，「子どもの健全な心身の発達を図りつつ，生涯にわたる人格形成の基礎を培う」ことである。どのように基礎を培うのかというと「乳幼児期にふさわしい生活（体験）」を通してである。乳幼児期にふさわしい生活（体験）は，乳幼児の発達特性を踏まえること，環境を通して行うこと，保護者など家庭との連携を通して行うことなど，どの施設においても保育所保育がその特徴とする「養護と教育が一体的に行われること」を通して展開される。

図表1-1-9　幼稚園教育要領，保育所保育指針，幼保連携型認定こども園教育・保育要領にみる保育・教育の基本

	幼稚園教育要領	保育所保育指針	幼保連携型認定こども園教育・保育要領
目的	生涯にわたる人格形成の基礎を培う	健全な心身の発達を図る	健全な心身の発達を図りつつ生涯にわたる人格形成の基礎を培う
特性	幼児期の特性を踏まえ，環境を通して行う	家庭との緊密な連携の下に，子どもの状況や発達過程を踏まえ，保育所における環境を通して，養護及び教育を一体的に行う	乳幼児期全体を通して，その特性及び保護者や地域の実態を踏まえ，環境を通して行う
重視事項・留意事項	1　幼児は安定した情緒の下で自己を十分に発揮することにより発達に必要な体験を得ていくものであることを考慮して，幼児の主体的な活動を促し，幼児期にふさわしい生活が展開されるようにすること。 2　幼児の自発的な活動としての遊びは，心身の調和のとれた発達の基礎を培う重要な学習であることを考慮して，遊びを通しての指導を中心として第2章に示すねらいが総合的に達成されるようにすること。 3　幼児の発達は，心身の諸側面が相互に関連し合い，多様な経過をたどって成し遂げられていくものであること，また，幼児の生活経験がそれぞれ異なることなどを考慮して，幼児一人一人の特性に応じ，発達の課題に即した指導を行うようにすること。	ア　一人一人の子どもの状況や家庭及び地域社会での生活の実態を把握するとともに，子どもが安心感と信頼感をもって活動できるよう，子どもの主体としての思いや願いを受け止めること。 イ　子どもの生活のリズムを大切にし，健康，安全で情緒の安定した生活ができる環境や，自己を十分に発揮できる環境を整えること。 ウ　子どもの発達について理解し，一人一人の発達過程に応じて保育すること。その際，子どもの個人差に十分配慮すること。 エ　子ども相互の関係づくりや互いに尊重する心を大切にし，集団における活動を効果あるものにするよう援助すること。 オ　子どもが自発的・意欲的に関われるような環境を構成し，子どもの主体的な活動や子ども相互の関わりを大切にすること。	(1)　乳幼児期は周囲への依存を基盤にしつつ自立に向かうものであることを考慮して，周囲との信頼関係に支えられた生活の中で，園児一人一人が安心感と信頼感をもっていろいろな活動に取り組む体験を十分に積み重ねられるようにすること。 (2)　乳幼児期においては生命の保持が図られ安定した情緒の下で自己を十分に発揮することにより発達に必要な体験を得ていくものであることを考慮して，園児の主体的な活動を促し，乳幼児期にふさわしい生活が展開されるようにすること。 (3)　乳幼児期における自発的な活動としての遊びは，心身の調和のとれた発達の基礎を培う重要な学習であることを考慮して，遊びを通しての指導を中心として第2章に示すねらいが総合的に達成されるようにすること。

		特に，乳幼児期にふさわしい体験が得られるように，<u>生活や遊びを通して総合的に保育すること</u>。 カ 一人一人の保護者の状況やその意向を理解，受容し，それぞれの親子関係や家庭生活等に配慮しながら，様々な機会をとらえ，適切に援助すること。	(4) 乳幼児期における発達は，心身の諸側面が相互に関連し合い，多様な経過をたどって成し遂げられていくものであること，また，園児の生活経験がそれぞれ異なることなどを考慮して，<u>園児一人一人の特性や発達の過程に応じ，発達の課題に即した指導を行うようにすること</u>。	
環境	幼児の主体的な活動が確保されるよう幼児一人一人の行動の理解と予想に基づき，<u>計画的に環境を構成しなければならない</u>。この場合において，教師は，幼児と人やものとの関わりが重要であることを踏まえ，教材を工夫し，物的・空間的環境を構成しなければならない。	人，物，場などの環境が相互に関連し合い，子どもの生活が豊かなものとなるよう，次の事項に留意しつつ，<u>計画的に環境を構成し，工夫して保育しなければならない</u>。	園児の主体的な活動が確保されるよう，園児一人一人の行動の理解と予想に基づき，<u>計画的に環境を構成しなければならない</u>。この場合において，保育教諭等は，園児と人やものとの関わりが重要であることを踏まえ，教材を工夫し，物的・空間的環境を構成しなければならない。	

（下線は筆者）

④生涯にわたる人格形成の基礎を培うとは──保育の方向
ⅰ育みたい資質・能力と幼児期の終わりまでに育ってほしい姿

　子どもの発達は，その育ちを支えてくれるおとなとの関係，さらにそのおとなの構成する集団（家族・集団保育施設）の中での関係，さらにはその集団が属している社会とのかかわりの中で生活し，その生活の一コマ一コマの活動を通して方向づけられる。

　社会は，そこで生活する人々の価値観や生き方の変容とともに変化する。子どもは，やがて，この社会の作り手となって未来を生きる人でもある。

　社会の変化は，21世紀に入ってからその速度がそれまでの予測を超えて速くなってきている。2016年中央教育審議会では，この変化の激しい予測が困難な社会を生きていく上で必要とされる力を検討した。その結果，「幼稚園，小学校，中学校，高等学校及び特別支援学校の学習指導要領等の改善及び必要な方策等について（答申）」において，変化の激しい予測が困難な時代を生きる力として義務教育や高等学校で身に付けておくべき資質・能力を明確にするとともに，幼児期の特性を踏まえた，幼児教育において育みたい資質・能力を示した（**図表1-1-10**参照）。

　3歳（保育所，幼保連携型認定こども園では0歳）から18歳までの教育課程（保育の全体的な計画）を通して育みたい資質・能力が，要領・指針，教育・保育要領における保育内容の5領域のねらい及び内容とどのように関連するのかを整理したのが次々頁**図表1-1-11**である。

図表1-1-10　育みたい資質・能力の3つの柱に沿った幼児教育において育成すべき資質・能力

**資質・能力の三つの柱に沿った，幼児教育において育みたい
資質・能力の整理イメージ（たたき台）**

〈小学校以上〉

- **知識や技能**
（何を知っているか，何ができるか）
- **思考力・判断力・表現力等**
（知っていること・できることをどう使うか）
- **学びに向かう力，人間性等**
情意，態度等に関わるもの
（どのように社会・世界と関わりよりよい人生を送るか）

※下に示す資質・能力は例示であり，遊びを通しての総合的な指導を通じて育成される。

〈幼児教育〉〈環境を通して行う教育〉

- **知識や技能の基礎**
（遊びや生活の中で，豊かな体験を通じて，何を感じたり，何に気付いたり，何がわかったり，何ができるようになるのか）
  - ・基本的な生活習慣や生活に必要な技能の獲得
  - ・身体感覚の育成
  - ・規則性，法則性，関連性等の発見
  - ・様々な気付き，発見の喜び
  - ・日常生活に必要な言葉の理解
  - ・身体的技能の基礎や芸術表現のための基礎的な技能の基礎の獲得　等

- **思考力・判断力・表現力等の基礎**
（遊びや生活の中で，気付いたこと，できるようになったことなども使いながら，どう考えたり，試したり，工夫したり，表現したりするか）
  - ・試行錯誤，工夫
  - ・予想，予測，比較，分類，確認
  - ・他の幼児の考えなどに触れ，新しい考えを生み出す喜びや楽しさ
  - ・言葉による表現，伝え合い
  - ・振り返り，次への見通し
  - ・自分なりの表現
  - ・表現する喜び　等

遊びを通しての総合的な指導

- ・思いやり　・安定した情緒　・自信
- ・相手の気持ちの受容　・好奇心，探究心
- ・葛藤，自分への向き合い，折り合い
- ・話し合い，目的の共有，協力
- ・色・形・音等の美しさや面白さに対する感覚
- ・自然現象や社会現象への関心　等

- **学びに向かう力，人間性等**
（心情，意欲，態度が育つ中で，いかによりよい生活を営むか）

※3つの円の中で例示される資質・能力は，5つの領域の「ねらい及び内容」及び「幼児期の終わりまでに育ってほしい姿」から，主なものを取り出したもの

教育課程部会 幼児教育部会「第9回　資料1　幼児教育部会取りまとめ（案）　別紙」文部科学省，2016年を改変

ⅱ)子どもの生活する姿から捉えた「ねらい（育みたい資質・能力）」

　乳幼児期の子どもの保育は，その発達の特性から，小学校以上の教育（教科）と異なり，子どもの具体的な生活経験に基づいて総合的に行われることを特性としている。その保育のねらいと内容は領域ごとに示される。

　子どもの日常（保育）は「生活や遊び」である。その生活や遊びを通して，乳幼児期の保育の目標に向かう。この保育の目標をより具体化したものが，ねらい（**図表1-1-11参照**）であり，内容は，そのねらいを達成するために子どもが経験する事項である。

　また，幼児期の終わりまでに育ってほしい姿（10の姿）は，乳幼児期のねらい及び内容に基づく保育活動全体（5領域のねらいと内容を横断的に経験する）を通して資質・能力が育まれている子どもの小学校就学時の具体的な姿である。この10の姿（**図表1-1-11参照**）は，幼児期の終わりごろにいきなり現れるのではなく，日々の子どもの生活や遊びを通して，徐々にその姿への過程を経ていることを意識しておくことが必要になる。この10の姿を目指して保育するのではないことも意識しておきたい。

図表1-1-11　子どもの生活と遊びと計画と評価の関係

＊保育（教育的側面）は３つの視点と５領域のねらいと内容で組み立てられる。
＊保育の目標は子どもの資質・能力を育むこと。
＊ねらいは保育の目標をより具体化したもの。
＊ねらいは，育みたい資質・能力を<u>子どもの生活する姿から捉えたもの。</u>
＊育みたい資質・能力は子どもの生活や遊びを通して育まれる。
＊０歳から生活や遊びを通して育まれた資質・能力は，幼児期の終りごろには具体的な10の姿となって生活や遊びの中に見られるようになることを目指す。

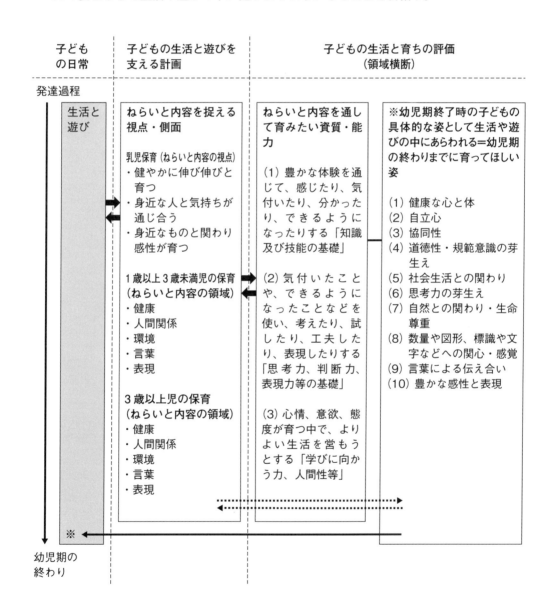

2．保育の全体構造

　幼稚園や保育所および認定こども園は，子どもの生活や発達をもっとも意識的（専門的）に考える場である。しかし，子どもの生活は，幼稚園や保育所・認定こども園だけではなく，家庭，さらには，その家庭や幼稚園・保育所・認定こども園を含む地域社会においても直接的・間接的に営まれている。子どもの生活は，単一の場だけではなくいくつもの層をなしている時間と空間の中で営まれている（**図表1-1-2**参照）。
　保育は，家庭や地域も視野に入れて展開されるが，その保育の基本となる園での生活（保育）についての概要を整理することから始める。
　保育がどのような構造であるかを考える視点は様々であるが，ここでは「計画―実践―評価」の往還から考えてみる。保育は，大きくは計画の層と実践の層，そして，評価の層の3層からなると考えることができる。
　この3層は，お互いに自立しているのではなく，相互に依存し合っている。計画は，実践の評価がなければ立案が不可能であり，実践は計画がなければその場限りのものになり，子どもの望ましい発達を支援することはできない。計画があれば実践できるかというと，目標が達成されたかどうかという評価がなければ，やはり，独善的なものになってしまう。このように考えると，計画―実践―評価―計画の修正・改善―実践―評価……というように往還関係が成立し，その環は未来に向かって開かれていく（**図表1-1-12**参照）。主体同士の生活（保育）には，これでよいというものはなく，過去―現在―未来を含んだ「子どもの最善の利益」を追求することになる。
　思いや願いをもった主体として子どもを捉えるということは，そこで一緒に生活する人々も主体的であるということである。「主体的に生きること」に価値を置く人間観では，その生き方を支えるのは「共生」という思想である。共生は，主体的であるということ，お互いに異なる思いや願いを尊重するということであるから，時に対立するが，お互いに折り合いをつけて，ときに違いを認め合ってともに生きるということである。
　このような考え方に立つと，保育において，計画―実践―評価は，未来に向けて開かれながら往還していくことが必然となる。

（1）保育の構造下の「計画」の構造

　保育における全体的な計画は，幼稚園，保育所，認定こども園のそれぞれにおいて表現の多少の違いはあるが，ほぼ同じであり保育の目標を達成するために各園の方針や目標に基づいて作成される。保育所を例にして，保育における計画の全体構造について表したものが**図表1-1-13**である。保育の全体的な計画は，保育の根幹をなすものであり全ての計画の最上位に位置づけられる。
　全体的な計画だけでは保育はできない。この計画をもとにして指導計画を作成すること

図表1-1-12　保育の計画の展開(PDCAサイクル)と子どもの育ち

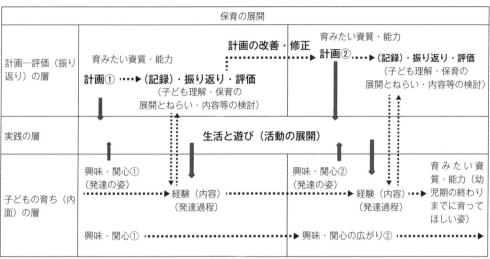

※子どもの興味・関心からの行動が子どもの内面を育てる。
※子どもの興味・関心から展開される活動が，ねらいの達成に向けての内容を経験（発達経験）する。
※経験内容が豊かになることは，興味・関心の向かう先が豊かになると同時に豊かな発達を促す。

○保育は計画に基づいて展開（準備―かかわり―後片づけなど）され，その環境・保育者の働きかけに子どもは興味・関心をもってかかわる・かかわらないなどそこでの経験内容が，子どもの興味・関心を育て，内面も育てる。

図表1-1-13　保育における計画の全体構造（全体的な計画から週案までと日々の実践から計画の修正へ）
　　　　　　全体的な計画➡年間計画➡期間計画➡月案➡週案（➡日案）

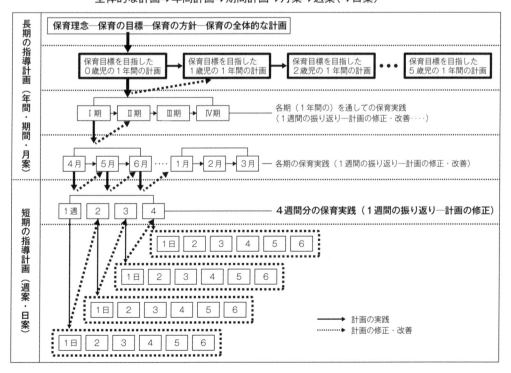

になる（**図表1-1-14**参照）。

　保育の指導計画の構造はどのようになっているのだろうか。

　指導計画について**図表1-1-14**を参照しながらみていくことにする。計画は子ども理解の層，保育者の願いの層，それらを子どもの発達に合わせて，過去―現在―未来の時間軸と，ここの今の空間を中心とした広がりの軸を交差させるというように，生活と発達の

図表1-1-14　指導計画の構造

	幼 稚 園	保 育 所（園）・認 定 こ ど も 園
最上位の計画	教育課程（3歳から5歳までの3年間の計画） （教育理念―教育の目標）	全体的な計画（0歳から5歳までの6年間の計画） （保育理念―保育の目標）
指導計画	年間指導計画―期間指導計画―月案―週案―日案	年間指導計画―期間指導計画―月案―週案―日案
指導計画（長期・短期）の構造	長期の計画 ・累積された記録，資料をもとに実態を予測する。 ・教育課程（全体的な計画）によって教育の道筋を見通しながら，（乳）幼児の生活を大筋で予測し，その時期に育てたい方向（育みたい資質・能力，幼児期の終わりまでに育てたい姿）を明確にする。 ・ねらい，内容と（乳）幼児の生活の両面から環境を構成する視点を明確にする。 ・季節など周囲の環境の変化を考慮に入れた生活の流れを大筋で予想する。 ・短期の計画の反省，評価などを積み重ね，発達の見通し，ねらい，内容，環境の構成などについて検討し，計画の作成に役立てる。 ［フロー図：（乳）幼児実態（や願い）／教師（保育者）の願い → 具体的なねらい（育みたい資質・能力）と内容 → 環境の構成 → 環境にかかわって活動する（乳）幼児の姿と教師（保育者）の援助の予想 → 実践と評価。縦軸：幼児（子ども）の生活する姿］	短期の計画 ・（乳）幼児の実態を捉える。 　興味や欲求 　経験していること 　育ってきていること 　つまずいていること 　生活の特徴 ・前週や前日の実態から，経験してほしいこと，身につけることが必要なことなど，保育者の願いを盛り込む。 ・具体的なねらい，内容と（乳）幼児の生活の流れの両面から。環境の構成を考える。 ・環境にかかわって展開する（乳）幼児の生活をあらかじめ予想してみる。 ・（乳）幼児と生活をともにしながら，生活の流れや（乳）幼児の姿に応じて，環境の再構成などの適切な援助を行う。 ・（乳）幼児の姿を捉え直すとともに，指導（保育）の評価を行い，次の計画作成につなげる。

表中（ ）内は保育所に合わせて筆者が追加

（文部省「幼稚園教育指導資料 第1集」フレーベル館，1991）

あらゆる層からなっていることが理解できる。

（2） 保育の構造下の「実践」の構造

　日々の保育実践の構造を**図表1-1-15**に整理した。保育は，保育の目標へ向けて子どもとの生活をつくり上げていくことである。実践においては，直接的に**図表1-1-15**の①の子どもとのやり取り（保育の内容・方法）が図として浮かび上がってくることが多いが，そのやり取りは，②準備や，③環境の構成，日々を縦につなぐ，あるいは横につなぐ④日々の保育を全体と連続させる記録や家庭との連携のための記録など，また，園と家庭をつなぐ⑤保護者とのやりとり，そして，家庭での保護者との関係の安定を願っての⑥保護者支援の部分と密接に関連している。この①～⑥の実践の延長線上に⑦地域の子育て家庭への支援がある。日々，繰り返される①～⑥の中で，子どもの願いが，また保護者の，そして保育者の子どもへの願いが具体化されていく。保育内容は，この具体化の過程（保育方法）にある。

図表1-1-15　実践の構造

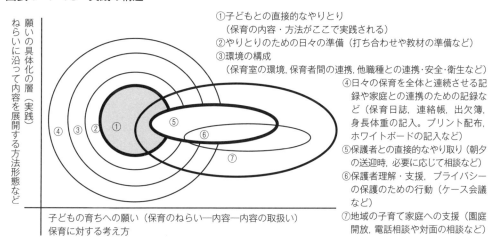

（3） 保育の構造下の「評価」の構造

　日々の保育実践は振り返られる。子どもとのかかわりの在りようはもちろんのこと，その生活を成り立たせている全ての事柄，そこに当事者としてかかわる保育者自身の在りようも含めて評価の対象になる。大きく分けると4つの層がある（**図表1-1-16**参照）。

　1つは子どもとのかかわりの層（直接・間接的），2つめは，保護者とのかかわりの層（直接・間接的），3つめに，保育にかかわる全てのスタッフとの連携の層（保育者間・他職種間，他機関間）と，4つめには，保育を計画し，実践する保育者自身の保育の日常にかかわる全ての事柄についての振り返りと課題の確認の層である。

　保育者は，これらの層について，自分自身がどのように考えかかわったかについての評

価を明確にすることが重要になる。それは，保育者自身の至らなさを悔いるのではなく，「次（明日）にどうするか」を考えるための評価である。

さらに，自己評価だけでは限界があるので，保育者間(他者の目で自分自身を見る)での評価へとつなげることになる。その先に，保育所の外からの評価がある。外部の評価を受けるためには，自分自身の保育を意識化し，説明することが必須である。

図表1-1-16　評価の構造

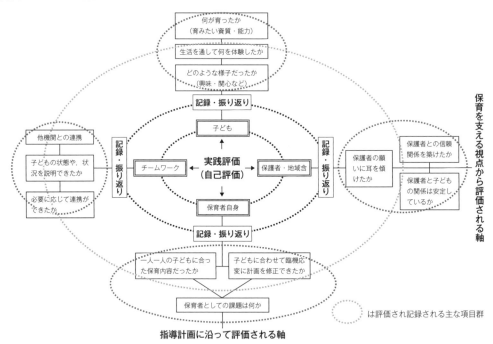

3．教育要領，保育指針，教育・保育要領の構成と保育の内容

（1）教育要領の構成と内容の関係

2017年改訂の教育要領において幼稚園教育の基本は，2008年版と変わらず引き継がれている。2017年版教育要領は，3章で構成される(**図表1-1-17**)。

教育要領の大きな変更点は，総則を2008年版の3項目から，7項目と分厚くしたことである。新しく総則に加わったのは，第2項目に「幼稚園教育において育みたい資質・能力」を位置付け，その目指す方向を明記したことである(これは表現が多少異なるが，保育所，幼保連携型認定こども園においても同様である)。また，カリキュラム・マネジメントの考え方，つまり，PDCAサイクルをきちんと循環させるために，第4項目に「指導計画の作成と幼児理解に基づいた評価」，第6に「幼稚園運営上の留意事項」を加え，園長の下で

図表 1-1-17　2017年版幼稚園教育要領の章構成（内容を中心に）

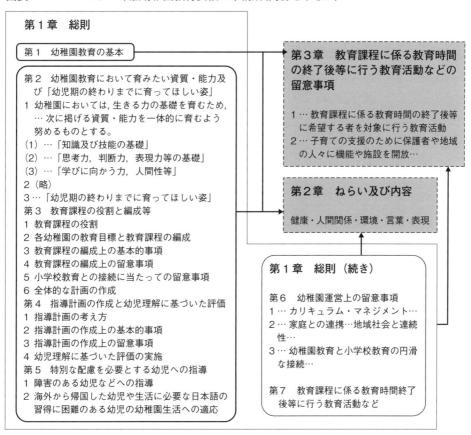

の教育課程の改善（教育の質保証及び向上）を強調したところにある。

　幼稚園生活における内容に関しては，第2章で学校としての教育課程に基づいた教育（本書では保育と表現）を示し，第3章でそれ以外の教育（本書では保育と表現）を示すことで分けられているが，それらは，一日の園生活の中で別々にあるのではなく，連続して考える必要があるのは当然のことである。

（2）　保育指針の構成と保育内容の関係

　2017年改定の保育指針において，保育所保育に関する基本原則は変わらずに従来の通りであるが，その記載のあり方が整理された。2008年版は7章構成であったが，2017年版は5章構成になっている（**図表1-1-18**）。子どもの発達（2008年版では第2章）が，2017年版では第2章の保育の内容に吸収された。第2章の構成は，3つの年齢区分（乳児保育，1歳以上3歳未満児の保育，3歳以上児の保育）からなり，それぞれの年齢区分の下に，基本的事項―ねらい，内容，内容の取扱い―保育の実施に関わる配慮事項の順に並んでいる。この記載のあり方はそれぞれの時期の子どもの発達の姿を理解し，そこから紡ぎ出されるねらいと内容，さらにその内容の取扱いや配慮事項が並ぶというように，保育の

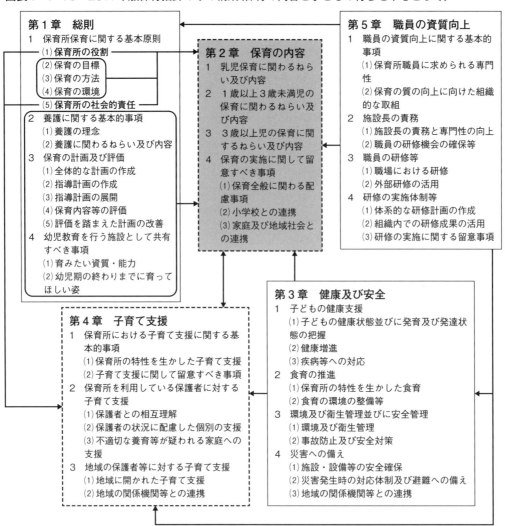

図表1-1-18　2017年版保育指針の章の構成(保育の内容と子どもの育ちを中心として)

PDCAサイクルを意識した並びになっている。2008年版では第4章に記載されていた保育の計画及び評価が，第1章総則の3に移行した。計画と評価に関しての基本的な考え方が変わったわけではなく，保育における専門性の核となるPDCAサイクルを循環させて取り組むことを強調したということである。

(3) 教育・保育要領の構成と内容の関係

図表1-1-19と**図表1-1-20**を参照しながら，2017年改訂の教育・保育要領の構造を見ていく。2014年版においては，3章で構成されていた。2017年版では4章構成になっている(**図表1-1-19**)。新しく加えられた章は，第3章の健康及び安全，第4章の子育て支援である。2014年版の第3章の指導計画作成に当たって配慮すべき事項が，第1章総則の第2，第3に含まれている。これは，保育における計画の重要性，つまり，PDCAサイ

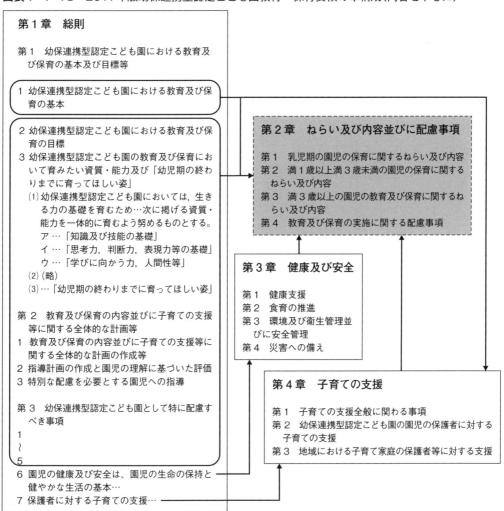

図表1-1-19　2017年版幼保連携型認定こども園教育・保育要領の章構成(内容を中心に)

クルを循環させることを強調するということである。こうして、幼稚園、保育所、認定こども園の要領、指針、教育・保育要領において、保育における計画の位置づけとその重要性の強調ということで足並みがそろったことになる。今回の改訂(定)で、0歳〜6歳までの子どもが在籍する認定こども園の全ての子どもの保育に必要な側面がそろえられたといえる。また、子育て支援が法的に義務づけられているのは、認定こども園だけであるが、その役割を果たすべく第4章が設けられたことになる。

(4) 保育指針、教育要領、教育・保育要領における(保育の)内容の全体構成

①指針、要領、教育・保育要領の(保育)内容の構成

　ここでは、保育指針、教育要領、教育・保育要領に、保育の内容がどのように記述されているのかをみてみる。**図表1-1-20**は、それぞれの2章に記述されている内容がどのような構造になっているのかを整理したものである(**図表1-1-18**と**図表1-1-19**を1

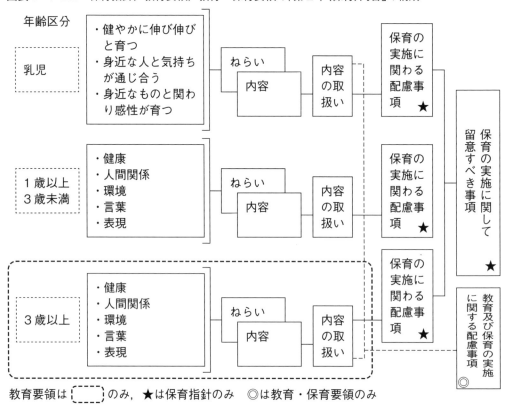

図表1-1-20 保育指針，教育要領，教育・保育要領の「第2章(保育)内容」の構成

教育要領は ⌈ ⌋ のみ，★は保育指針のみ ◎は教育・保育要領のみ

つにまとめた)。内容に年齢区分を入れているのは，その対象とする年齢が0歳から就学前までと長い，保育指針と教育・保育要領である。年齢区分は，子どもの発達特徴や，個人差の著しい時期であることを考慮して，乳児，1歳以上3歳未満児，3歳以上児の3区分と幅をもたせたものになっている。それぞれの年齢区分ごとに，ねらい―内容―内容の取扱いがあげられている。乳児のねらい及び内容は，3つの視点(健やかに伸び伸びと育つ，身近な人と気持ちが通じ合う，身近なものと関わり感性が育つ，**図表1-1-21**参照)に分けて記述されている。1歳以上3歳未満児のねらい及び内容は，5つの領域 (領域はそもそも発達や内容を捉える視点や側面である。**図表1-1-22**参照) に分けて記述されている。ここまでは，保育指針と教育・保育要領における内容は同じ構成である。保育指針と，教育・保育要領の記述の違いは，指針において，それぞれの年齢の最後に「保育の実施に関わる配慮事項」が示されている。さらに，内容の最後に「保育の実施に関して留意すべき事項」が指針において述べられている。

3歳以上に関しては，3施設共通にねらい―内容―内容の取扱いの構造になっている。教育要領における内容は当然であるが3歳以上のみの記述になっている。保育指針と教育・保育要領においては3歳未満児の内容の表し方は同じである。教育・保育要領では，内容の最後に「教育及び保育の実施に関する配慮事項」が述べられている。

②0歳児の保育内容

　0歳児の内容を捉える3つの視点と1歳以上の内容を捉える5つの領域（視点）は1歳前後を境にして分断するのではなく，0歳児の「身近な人と気持ちが通じ合う」という側面は，その発達過程の延長線上に「人間関係」「言葉」の領域がある。また「身近なものと関わり感性が育つ」その延長線上には「環境」「表現」がある。そして，「健やかに伸び伸びと育つ」という側面は，自分自身の体に気づき，その体と自らの欲求が結びつき自己が獲得されるという存在の基盤を獲得する「健康」の領域に結びついていく。再度になるが，これらの視点や領域はそれぞれに独立してあるのではなく，複雑に絡まり合い，重なり合っていることに留意することになる（**図表1-1-21，22参照**）。

図表1-1-21　0歳児の保育内容記載のイメージ

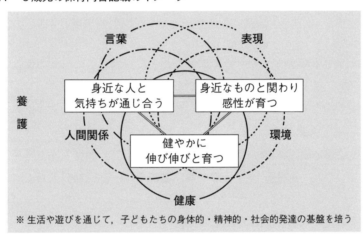

○ 乳児保育については，生活や遊びが充実することを通して，子どもたちの身体的・精神的・社会的発達の基盤を培うという基本的な考え方を踏まえ，乳児を主体に，「身近な人と気持ちが通じ合う」「身近なものと関わり感性が育つ」「健やかに伸び伸びと育つ」という視点から，保育の内容等を記載。保育現場で取り組みやすいものとなるよう整理・充実。
○ 「身近な人と気持ちが通じ合う」という視点からは，主に現行指針の「言葉」「人間関係」の領域で示している保育内容との連続性を意識しながら，保育のねらい・内容等について整理・記載。乳児からの働きかけを周囲の大人が受容し，応答的に関与する環境の重要性を踏まえ記載。
○ 「身近なものと関わり感性が育つ」という視点からは，主に現行指針の「表現」「環境」の領域で示している保育内容との連続性を意識しながら，保育のねらい・内容等について整理・記載。乳児が好奇心を持つような環境構成を意識して記載。

社会保障審議会児童部会保育専門委員会「保育所保育指針の改定に関する議論のとりまとめ」厚生労働省，2016年

③保育の内容の構造

　次に，内容の構造を具体的に理解するために，保育指針を例に考えていく。

　保育指針の内容のさらに詳しい構造を第1章総則と関連づけて表したものが**図表1-1-23**である。言うまでもないことであるが，内容と指針の総則の保育所保育の基本原則（保育の目標，方法，環境）や，その保育の目指す方向（育みたい資質・能力，幼児期の終わりまでに育ってほしい10の姿—幼児教育を行う施設として共有すべき事項），さらに，保育

図表 1-1-22　1歳以上の保育内容記載のイメージ

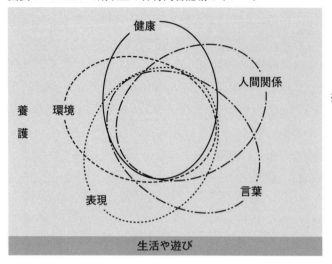

※ 1歳以上の子どもは養護を土台にして，その発達を捉える視点として5つの領域を構成する。この5つの領域はそれぞれに独立してあるのではなく，重なり合い・つながり合うもの（未分化な部分をもつ）である。
5領域は子どもに経験してほしい内容であり，その内容を経験するために，実際に展開される活動と区別されるものである。

をどのように計画し，実践し，振り返るのかを相当に意識しての日々の保育実践であることをつなげて理解しなければならないことになる。

3歳未満児に関しての保育内容の構成は，教育・保育要領の3歳未満児も，内容の構成はほぼ同じであると考えてよい。

3歳以上児の保育の内容の構造は，教育要領，保育指針，教育・保育要領ともに，ほぼ同じであると考えてよい（**図表1-1-20**参照，**図表1-1-23**参照）。

図表1-1-23　第2章　保育の内容の構造（保育指針）

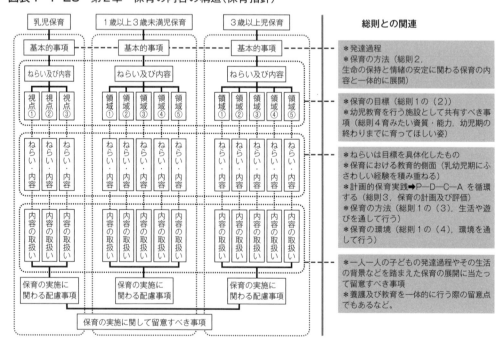

第2章
「保育内容」について理解する

1．「保育内容」を捉える基本

(1)　「保育内容」と子どもの体験の質

　「保育内容」という言葉は保育者養成課程の科目名，たとえば，「保育内容総論」「保育内容　領域『言葉』」，あるいは「この園の保育内容は…」というように多く使用されている言葉であるが，幼稚園教育要領，保育所保育指針，幼保連携型認定こども園教育・保育要領等の中には「保育内容」という言葉そのものは使われていない。具体的には，幼稚園教育要領では「内容」，保育所保育指針では「保育の内容」および「内容」，幼保連携型認定こども園教育・保育要領では「内容」と「保育に関するねらい及び内容」「教育及び保育に関するねらい及び内容」というように，様々な表現が使われている。

　実際の子どもの園生活では，自由な遊びを中心にしながら，排泄(はいせつ)や食事，休息，片づけや身支度など様々なことが行われており，それら全てが「保育内容」といえる。しかし，こうした日常性の強いことは意識されにくいという特徴もある。そのため，歌を歌う，体操をする，製作をするといった，何か形が見えやすいもの，いわゆる「活動」として括れるようなものだけを「保育内容」として捉えてしまう傾向がある。保育者として，日常的なものとして埋没しがちな生活そのものも「保育内容」であると意識して，子どもの園生活を捉えていく必要がある。

　下記の事例を読んでみよう。

エピソード1-2-1　　4歳児クラス　「並んで」

　保育者が時計を見ながら「もう，時計の針が8（40分）だよ。お片づけの時間ですね。お部屋を片づけて，トイレに行って手を洗ってお給食の準備をします」と子どもに声をかける。すぐに片づけ始める子どももいるが，まだ遊びを続けている子どももいる。保育者はまだ遊んでいる子ども達に，個別に声をかけ，片づけを促す。「では，トイレに行きますから，ドアのところに並んでください」と保育者は言う。「僕，

でない」などと言う子どももいるが、「みんな、いきます」と保育者。子ども達はドアのところに並ぶと、保育者が数メートル先のトイレまで先導していく。便座の数が足りないので、一斉に用を済ませることもできずにトイレの前でも列で待っている。終わった子ども達は各々に保育室に戻るが、再び保育者に「お部屋のドアのところで待っててね」と声をかけられ、ドアのところで列になっている。

エピソード1-2-2　　4歳児クラス　「今度はそうする」

　自由な遊びの時間が終わり、手洗い、うがいなど、子ども達は各々必要なことを行っている。泥遊びをして洋服が汚れた子ども達は着替えをしている。子ども達の支度が大方整ったようなので、保育者は紙芝居を用意し「紙芝居を読むから、絨毯の上に座ろうね」と声をかける。三々五々集まってくる子ども達を保育者は手遊びをしながら待っている。子ども達がそろったようなので、紙芝居を始めようとしたところ、コウキが「先生、やっぱり、おしっこ！」と立ち上がる。保育者は「行ってくるの忘れちゃったの？じゃあ、みんなで待ってるから行ってきて」とコウキに伝え、新しい手遊びをしている。コウキが戻ってくると保育者は手遊びの歌を最後まで歌って終わりにし「コウキ君、戻ってきてよかったね。一緒に見たかったからみんなで待ってたんだよね」と伝える。ユカが「おしっこ、行っといた方が早く紙芝居できる」と小声で言う。保育者は「今、ユカちゃんいいこと（言ったね）！みんなが気がついてトイレに行っておくと紙芝居、早く始められるって」と言う。コウキはバツが悪そうな顔をしながら「そっか、わかった。今度はそうする」と言い、ジュンゴの隣に座る。ジュンゴは「先生でもさあ、急におしっこ行きたくなったら？」と尋ねる。保育者は「それは仕方がないことだから、その時はいつでもおしっこに行っていいと思うよ。でも、できるだけ気をつけられるといいよね」と言う。

ワーク1

　状況は多少異なるが、排泄をめぐっての2つの事例です。読み比べて、どのように感じたでしょうか。自分の考えをまとめて、グループで話し合ってみましょう。

（2）子どもの「体験の質」

　本書の第1章でも記されているように、保育の基本を踏まえた保育内容においては、養護と教育が一体となっていること、子どもの主体性が尊重されていることなどが重視される。確かにエピソード1-2-1では、①一斉に子どもを誘導することにより子どもの安全

を守ることができている，②一人として外れることなく食事前に排泄を済ますことができている，③並ぶ，順番を守るなどといったことを身につけさせていることがわかる。しかし，排泄という生理的な欲求について，一斉に子どもに要求するといったことは，養護的側面や子どもの主体性，あるいは子どもの人権という視点から捉えるとどうだろうか。また，子ども達は保育者の指示通りに動くことができるのかもしれないが，幼稚園教育要領等に記されている「乳幼児期に育つことが期待される資質・能力」は身につくのだろうか。たとえば，自分で考える力，自分で調整しようとする力，自分から集団を意識する力などは育つのだろうか。

　一方，エピソード1-2-2は，どうだろう。紙芝居の開始は遅くなったかもしれないが，コウキは①自分が戻ってくることを待っていてくれる友達や保育者がいることを知ることができている。また，他の子ども達にとっては②コウキのことを一緒に紙芝居を見たら楽しい相手，つまり仲間であることが伝えられている。さらに，③集団で生活することにおいて自己を調整する必要性や重要性にすでに気がつき始めているユカの発言を保育者が受けとめることで，④コウキを含めた他の子ども達にも，みんなで生活する時にはどうした方が良いかを考えたり，自分で判断したりする機会をつくっている。⑤さらに，ジュンゴのようにその時感じた自分の疑問を尋ねる機会もある。もちろん，このようなやり取りをしたからといって，子ども達はすぐに自己を調整する力が身につくわけではない。しかし，少なくとも一人ひとりの異なる生理的な欲求を受けとめつつ，さらにそれを集団生活の中ではどのように調整したらよいのかなどを子ども達が自分で考えたり，伝えたりすること，さらに，他者の意見を聞いた上で再度考え自分の気持ちを伝えたりするなど，保育において最も大切にされている子どもの「主体性」が発揮されていることがわかる。さらに，特に乳幼児期は体験を通して学んでいくという特性もあるため，失敗すること，間違えてしまうことも重要な学びとして考えられる。

　このように，「保育内容」を考える時には，子どもが園生活で体験している様々なことをどのように受けとめたり，考えたりしているのかという，「体験の質」を考えていくことが重要になる。繰り返しになるが，何をしたかという「体験」や「活動」だけが大事なのでない。一人ひとりの子どもが具体的な「体験の意味」，つまり，その体験が子どもの育ちにどのような影響を与えているのかという「質」を考えていくところが重要なのである。

ワーク②

　子どもが歌うことを楽しんだり，自分なりに丁寧に歌ったり，友達と気持ちをそろえて歌おうとしたりする気持ちを育てるためには，どのような援助（歌唱指導）が必要になるでしょうか。具体的に考えて友達と自由に意見を出し合ってみましょう。

2．幼稚園・保育所・認定こども園の1日

　幼稚園，保育所，認定こども園という就学前の施設の一般的な一日を見てみよう。

（1）　幼稚園

8時半～9時	登園（徒歩　自転車　園のバス等）	
9時～11時	自由遊び	
	（クラスごとの活動などもあり）	教育課程
11時	片づけ　集会（挨拶・出欠確認・歌・絵本・保育者の話等）	に係る
12時	昼食（お弁当・給食等）	教育時間
13時～13時半	自由遊び	
13時半	帰りの会（歌・絵本や紙芝居・クラスの話し合い等・保育者の話）	
14時	降園（徒歩　自転車　園のバス等）	
14時～17時	預かり保育（教育課程に係る教育時間終了後等に行われる教育活動）	
	※園によっては，早朝にも預かり保育が行われている場合がある。	

　幼稚園は一日標準4時間が教育課程に係る教育時間になっている。この教育課程に係る教育時間は年間39週を下ってはいけないということが定められている。

　預かり保育は、「教育課程に係る教育時間終了後等に行う教育活動」となっており、希望者を対象に実施されている。この預かり保育は、待機児童対策や働いていても幼稚園に通わせたいと願う保護者のニーズ、また、保護者の都合（きょうだいの用事や保護者自身の通院などの理由等）によって実施されているが、園によって多様な状況で行われているのが現状である。教育課程には含まれない教育活動であるいう微妙な位置づけになっており、園によっても実施方法に違いがある。

（2）　保育所

　保育所は認可保育所，認可外保育所という2つに大きく区分される。しかし，現在は，認可保育所にも公立と社会福祉法人立だけでなく，株式会社が設立母体となっていたり，企業主導型保育所，小規模保育所（A型，B型，C型）等，様々な保育所が設立されている（本書pp.204-205参照）。ここでは，一般的な一日の生活の流れを示す。

7時半～9時	順次登園　各自の出欠確認
	7時半から8時半くらいの間は，早朝保育の部屋で乳児・幼児に分かれて過ごす。
9時～11時	自由遊び（3歳以上児はクラスごとの活動もあり）
11時	集まり（挨拶・歌・絵本・保育者の話など）昼食の準備
11時半	昼食（給食）
12時半～13時	自由遊び
13時	睡眠・休息の準備
13時半～14時半	睡眠・休息
15時～15時半	おやつ（軽食）

15時半～	自由遊び　順次降園開始
17時	延長保育開始　乳児・幼児に分かれて過ごす　自由遊び　触れ合い遊び
18時	軽食・おやつ
18時半	延長保育の子ども降園

※乳児および満1歳以上満3歳未満児の場合は，個々の生活のリズムに合わせて，食事（ミルク，離乳食など）と睡眠，おむつ替え，遊びとなる。

　保育所保育の保育時間は，8時間は原則となっている。しかし，保護者がフルタイムで働く場合，一日の労働時間の8時間に加えて通勤時間も入るため，保育時間は8時間以上になる子どもが多い。子どもにとって必要な保育時間はそれぞれ異なるので，状況に合わせて保育時間が決まっている。保護者の状況によっては，保育所の開所時間内だけで働くことが難しく，ファミリーサポートなどを利用しながら保育所での保育を受けている場合もある。そのため，保育所では休息の時間を設けたり，大勢で生活するストレスから解放されるように個別の対応や少人数で過ごせる時間を大切にしたりするなどの配慮が特に必要になる。また，各保育士の労働時間は8時間であり，長時間の保育を必要としている子どもについては，保育士同士，保育士とその他の職員との連携が非常に重要となっている。

（3）認定こども園

7時半～	2号認定・3号認定の子どもが順次登園
8時半～9時	1号認定の子どもも順次登園
9時～11時	自由遊び
	（3歳以上の子どもはクラスごとの活動もある。
	乳児や3歳未満児は個々の生活リズムで授乳や離乳食，睡眠や遊び等）
11時	集会（歌　絵本等）
11時半	昼食
12時半	遊び
13時	集まり
	2号認定　3号認定の子ども達は睡眠や休息
	1号認定の子ども達は降園準備
13時半	1号認定の子ども達は帰りの会
14時	1号認定降園（もしくは預かり保育）
15時	2号認定　3号認定の子ども達はおやつ（軽食）等
	自由遊び
17時	順次降園

（7時半～14時：満3歳以上の子どもには教育課程に係る教育時間）

※1号認定　標準保育時間が4時間の満3歳以上の幼児
　2号認定　標準保育時間が8時間の満3歳以上の幼児
　3号認定　標準保育時間が8時間の満3歳未満の乳児及び幼児

認定こども園には4つのタイプがある。

幼保連携型，幼稚園型，保育所型，地方裁量型である。通ってくる子ども達はそれぞれに認定を受け，必要な保育時間が決められている。認定こども園で働く保育者は幼稚園教諭免許と保育士資格の両方を持つことが望まれており，両方を持つ場合には保育教諭とよばれる。認定こども園は，教育かつ児童福祉施設という位置づけであり，その数は年々増加している。子どもによって必要な保育が異なることなど，一人ひとりの子どもの状況をしっかり捉えることが重要となる。

3．幼稚園教育要領，保育所保育指針，幼保連携型認定こども園教育・保育要領に示されている「保育内容」

前に述べたように，要領や指針，教育・保育要領には，「保育内容」という言葉は使われていないが，様々な表現の中で「保育内容」が示されている。以下，詳しく見ていこう。

(1) 幼稚園教育要領

①「ねらい」及び「内容」

「第2章　ねらい及び内容」というように，幼稚園教育要領では「ねらい」や「内容」という表現を用いて，「保育内容」に関することが記されている。以下は第2章の抜粋である。

> 「この章に示すねらいは，<u>幼稚園教育において育みたい資質・能力を幼児の生活する姿から捉えたもの</u>であり，内容は，<u>ねらいを達成するために指導する事項</u>である。」
> 「各領域に示すねらいは，<u>幼稚園における生活全体を通じ，幼児が様々な体験を積み重ねる中で相互に関連をもちながら次第に達成に向かうもの</u>であること，内容は，<u>幼児が環境に関わって展開する具体的な活動を通して総合的に指導されるもの</u>であること(下線著者)」

この文章のあと，具体的な「ねらい」と「内容」が，領域ごとに記されている。

「ねらい」は，領域ごとに3つの観点から記されている。これは，従来，保育の中で幼児期に育みたい生きる力の基礎を「心情」「意欲」「態度」という3つの観点で捉えてきたからである(『幼稚園教育要領解説　平成20年10月』参照)。幼児期の教育において「育みたい資質・能力」と「心情」「意欲」「態度」という3つの観点には重なっている点が多い。

一方，「内容」は，「ねらい」を達成するために<u>指導する事項</u>である。しかし，具体的にみていくと，たとえば「先生や友達と触れ合い，安定感をもって行動する(領域健康の内容)」「人の話を注意して聞き，相手に分かるように話す(領域言葉の内容)」のように，「内容」は子どもを主語とした文章で記されている。その理由は，保育における「指導」が，保育者からの一方的な指導ではないからである。つまり，「内容」の文章が記しているように，子ど

もが自分から進んで行おうとしたり，自分からやってみようとするなどの「環境」や「雰囲気」がつくられていること，子ども自身が「必要感」を抱けるように援助することが保育における「指導」なのである。ここに幼児期の教育の基本である「環境を通して行う教育」の特色が示されているともいえる。「内容」は，幼児期の教育の目標や目的を果たすための「保育の質」を担保するためのものでもある。また，ある特定の「内容」が特定の「ねらい」だけに直線的に結び付くのではなく，各領域の様々な「内容」が重なり合いながら「ねらい」に結びついていくものである。これが保育における「指導」が「総合的な指導」と言われる理由になっている（例1参照）。

【例1】

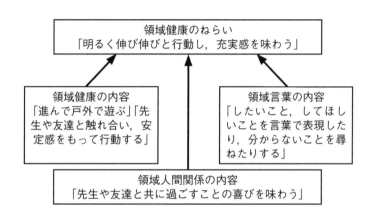

　幼稚園教育要領に記されている「内容」の項目の数は領域ごとに異なっているが，それは各領域の特色によるものであり，項目の多さが優位性を示しているわけではない。

②「内容の取扱い」

　第2章「ねらい及び内容」では，領域ごとに「ねらい」と「内容」に加え，「内容の取扱い」が示されている。「内容の取扱い」が記されていることについて，『幼稚園教育要領解説 第2章第1節』では以下のように解説している。

> 「幼稚園教育における領域は，それぞれが独立した授業として展開される小学校の教科とは異なるので，領域別に教育課程を編成したり，特定の活動と結び付けて指導したりするなどの取扱いをしないようにしなければならない。領域の「ねらい」「内容」の取扱いに当たっては，このような幼稚園教育における「領域」の性格とともに，領域の冒頭に示している領域の意義付けを理解し，各領域の「内容の取扱い」を踏まえ，幼児の発達を踏まえた適切な指導が行われるようにしなければならない。」

　「内容の取扱い」が記された背景には，乳幼児期の教育における領域の考え方と小学校以上の教科の考え方の違いが未だに十分に理解されずにいることに対しての警告とも考えられる。領域と教科の違いについては，この章の後半で具体的に解説しているので参照して

ほしい。

（2） 保育所保育指針

①「ねらい」及び「内容」

「保育内容」については，保育所保育指針では「第2章　保育の内容」に記されている。以下はその抜粋である。

> 「この章に示す<u>「ねらい」</u>は，第1章の1の（2）に示された保育の目標をより具体化したものであり，子どもが保育所において，安定した生活を送り，充実した活動ができるように，保育を通じて育みたい資質・能力を，子どもの生活する姿から捉えたものである。また，<u>「内容」</u>は，「ねらい」を達成するために，子どもの生活やその状況に応じて保育士等が適切に行う事項と，保育士等が援助して子どもが環境に関わって経験する事項を示したものである。」（下線筆者）

　幼稚園教育要領と根本的な違いはないが，「内容」の捉え方の中に「保育士等が適切に行う事項」と「保育士等が援助して子どもが環境に関わって経験する事項」という2つのことが記されている点が異なっている。その理由として，保育所保育においては，特に「養護と教育の一体性」を特色にしているからである。幼稚園に比べて，対象年齢の幅も広く，保育時間も長いという特色から「養護」という視点は保育所の根幹となっている。保育所保育指針では，「養護に関するねらいと内容」が第1章の総則に記されているのも，保育所保育の根幹や特色であるという理由による。その点について，保育所保育指針解説「第2章　保育の内容」では以下のように記している。少し長くなるが重要な部分なので，そのまま抜粋する。

> 「本章に示される事項は，主に教育に関わる側面からの視点として，各時期の保育が何を意図して行われるかを明確にしたものである。すなわち，子どもが生活を通して発達していく姿を踏まえ，保育所保育において育みたい資質・能力を子どもの生活する姿から捉えたものを「ねらい」とし，それを達成するために保育士等が子どもの発達の実情を踏まえながら援助し，子どもが自ら環境に関わり身に付けていくことが望まれるものを「内容」としたものである。また，乳幼児期の発達を踏まえた保育を行うに当たって留意すべき事項を，「内容の取扱い」として示している。
> 　ただし，保育所保育において，養護と教育は切り離せるものではないことに留意する必要がある。子どもは保育士等によりその生命の保持と情緒の安定が図られ，安心感や信頼感の得られる生活の中で，身近な環境への興味や関心を高め，その活動を広げていく。保育の目標に掲げる「望ましい未来をつくり出す力の基礎」は，子どもと環境の豊かな相互作用を通じて培われるものである。乳幼児期の教育においては，こう

した視点をもちながら，保育士等が一方的に働きかけるのではなく，子どもの意欲や主体性に基づく自発的な活動としての生活と遊びを通して，様々な学びが積み重ねられていくことが重要である。

　したがって，第1章の2の（2）に示された養護に関わるねらい及び内容と，本章に示す教育に関わるねらい及び内容は，日々の保育における子どもの生活や遊びの中で，相互に関連をもち，重なりながら一体的に展開されていくものとして捉える必要がある。」

「保育士等が適切に行う事項」（養護的な内容）と「子どもが環境に関わって経験する事項（教育的な内容）」とが一体となって，保育所保育の「内容」となっていることを理解することが必要である。

②**発達の時期に即した保育内容の捉え方　「内容の取扱い」「基本的事項」**

　先に述べたように，保育所保育が対象としている子どもの年齢の幅は広いので，子どもの発達する姿に即して保育を考える必要がある。そのため，保育所保育指針および後に述べる幼保連携型認定こども園教育・保育要領では，「乳児保育」「1歳以上3歳未満児の保育」「3歳以上児の保育」に分けて「保育内容」を捉えている。

　乳児保育では「3つの視点」，「1歳以上3歳未満児の保育」「3歳以上児の保育」では「5つの領域」ごとに，「ねらい」と「内容」が示されている。現在の幼稚園教育要領，保育所保育指針，幼保連携型認定こども園教育・保育要領においては整合性が図られたために，同じ記述がされている（施設ごとの文言の違いなどはある）。

　「乳児保育」を捉える3つの視点（「健やかに伸び伸びと育つ」「身近な人と気持ちが通じ合う」「身近なものと関わり感性が育つ」）は，発達が未分化な状況である子どもの姿から，身体的・社会的・精神的発達の基盤を培うという考え方に基づくものであり，5つの領域（心身の健康に関する領域「健康」，人とのかかわりに関する領域「人間関係」，身近な環境との関わりに関する領域「環境」，言葉の獲得に関する領域「言葉」，感性と表現に関する領域「表現」）へ引き継がれていくものと考えられている。

　また，「内容の取扱い」は，幼稚園教育要領，保育所保育指針，幼保連携型認定こども園教育・保育要領，全てにおいて記されているが，「基本的事項」は，保育所保育指針と幼保連携型認定こども園教育・保育要領のみに記されている。「基本的事項」には，その時期の子どもの発達の特徴や道筋が簡潔に示されている。また，保育所保育指針のみ「第1章の2に示された養護における「生命の保持」及び「情緒の安定」に関わる保育の内容と，一体となって展開されるものであることに留意が必要である」という文言を加えられており，保育所保育の特性がここでも強調されている。

（3）　幼保連携型認定こども園教育・保育要領

　幼保連携型認定こども園教育・保育要領では，「第2章　ねらい及び内容並びに配慮事項」

において以下のように示されている。

　「この章に示すねらいは，幼保連携型認定こども園の教育及び保育において育みたい資質・能力を園児の生活する姿から捉えたものであり，内容は，ねらいを達成するために指導する事項である。各視点や領域は，この時期の発達の特徴を踏まえ，教育及び保育のねらい及び内容を乳幼児の発達の側面から，乳児は三つの視点として，幼児は五つの領域としてまとめ，示したものである。内容の取扱いは，園児の発達を踏まえた指導を行うに当たって留意すべき事項である。
　各視点や領域に示すねらいは，幼保連携型認定こども園における生活全体を通じ，園児が様々な体験を積み重ねる中で相互に関連をもちながら次第に達成に向かうものであること，内容は，園児が環境に関わって展開する具体的な活動を通して総合的に指導されるものであることに留意しなければならない。」（下線筆者）

　教育機関かつ児童福祉施設であるとされる幼保連携型認定こども園においては，「教育及び保育」という表現を使い，「保育内容」を示している。同じ教育機関である幼稚園の教育要領では「幼児教育」となっているところ，同じ児童福祉施設である保育所では「保育」となっているところを「教育及び保育」としているが，根本的な考え方そのものによる違いはない。「ねらい」や「内容」については，幼稚園教育要領とほぼ同じように示されている。また，発達の時期については，「乳児期の園児の保育」「満1歳以上満3歳未満の園児の保育」「満3歳以上の園児の教育及び保育」と保育所保育指針と同じ区分であるが，「園児」や「教育及び保育」といった認定こども園の特徴を表す表現が用いられている。また，この第2章の最後に「第4　教育及び保育の実施に関する配慮事項」が設けられ，「1．満3歳未満の園児の保育の実施については，以下の事項に配慮するものとする。」として，乳児及び満1歳以上満3歳未満の園児の健康や安全面へ留意，自発的活動の尊重，担当保育教諭の連携等について記されている。これは，まだ歴史としては浅い，認定こども園における3歳未満児の保育の充実を図るために加えられている事項であり，その点を十分に理解して子どもの保育を行う必要がある。

ワーク3

　幼稚園園教育要領，保育所保育指針，幼保連携型認定こども園教育・保育要領の「ねらい」を1つ選び，それを達成するためにどのような「内容」が考えられるか，具体的な子どもの年齢を想定した上でグループで話し合い，発表してみましょう。

4．就学前の保育・教育における視点・領域と小学校以上の教科の違い

(1) 乳幼児期の特性に即した保育　双方向学び型

以下のエピソードを読んで考えてみよう。

> **エピソード1-2-3**　子どもの育ちにふさわしい遊び？　1歳児クラス（保育所）
>
> 　午前のおやつが終わり，子ども達はおなかも満たされて活動的になっている。このクラスは月齢の異なる12人の子ども達がおり，3人の保育者が担当している。A保育者が「ご本読みますから，じゅうたんのところに座りましょう」と子ども達に声をかける。A保育者の近くに行き，じゅうたんに座る子どももいるが，多くの子ども達は保育室内を自由に動き，興味のあるものに手を伸ばしたりしている。そうした子ども達を他の保育者達が個々に声をかけたり，手を引いたり抱きかかえたりしながら，じゅうたんのところに連れてくる。子どもの中には再度他のところに行く子どももいる。A保育者は手遊びをして，『ノンタン　ボール，まてまてまて』（キヨノサチコ作　偕成社）の絵本を読み始める。子ども達は興味をもち絵本を見たり保育士の顔を見たり，絵本に描かれている赤いボールを指さしたりしている。立ち上がって絵本の近くに歩いてくる子どももいるが，保育士がその子どもの動きをやさしく留めて座らせている。A保育者は，絵本を読んだ後に棚から赤いボールを取り出し，「ほら，ボール！ボールがころころころって転がって，ノンタン，まてまてまてーって追いかけたね」などと言うと，多くの子どもはボールを触りたがり立ち上がる。「あー，さわらないのね。座ってください。みんなにもあげます」と言い，赤い色画用紙を丸く切ったもの（後ろに両面テープが貼ってある）を見せる。「これ，みんなのボールだから，これをこうやって白い紙に貼りましょう。ボールは，ころころころって転がったから，クレヨンでころころころって模様を描いてみましょうね」と言い，クレヨンでボールが転がったような軌跡を描いて見せる。子ども達は色画用紙を触りたくて前に出てくるが，他の保育者達が「まだよ。後で，こっちでやりますからね」と言い，子どもの動きを止める。子ども達を個々に椅子に座らせ，画用紙，丸く切った色画用紙，クレヨンを1箱テーブルに置く。「じゃあこうやって貼りますよ」と手順を見せるが，すでにクレヨンをつかんでいる子ども達もいる。クレヨンをつかんでいる子ども達の中には，クレヨンのまわりについている紙をはがそうとしている子どももおり，それを真似する子どももいる。「あ，それはいけ

> ません。ダメですよ」とA保育者が慌てて留めて，クレヨンをとりあげる。とりあげられた子どもは泣き出す。泣いた子どもを慰めながら，とりあえず，保育士達のリードで全ての子ども達が丸い画用紙を貼りクレヨンで模様をつけることを済ませる。しかし，それぞれの保育者が一人の子どもとかかわっている間に，別の子どもは画用紙をちぎって口に入れたり，クレヨンをかじったり，紙を丸めたりしている。

　このエピソードを読んで，みなさんはどのように感じただろうか。保育士達はそれなりに一生懸命にかかわっているのかもしれないが，残念ながら1歳児クラスにいる子どもにふさわしい保育内容とはいえない。保育者達の思いとして，子ども達が好きな絵本を導入にして，製作活動を楽しんでほしいというところだろうが，子どもの育ち，子どもの興味・関心とズレが生じているのは明らかであり，子どもも十分に楽しんでいるとは言い難い。

　1歳児クラスの子ども達というのは，月齢による子どもの育ちに違いがあるとともに，個人差もとても大きい。そうした子ども達に一斉に同じことをやらせること自体に無理がある。また，この時期の子どもはまだ抽象的に物事を考えることができない。絵本に描かれているボール，目の前に出された本物のボールは別々のモノであり，色画用紙を丸く切ったものをボールと見立てることも困難であり，保育者が予想した活動にはなりようがない。事例を読んでみれば，子ども達が目の前にある絵本，クレヨン，色画用紙そのものに対して興味をもち，自分からかかわろうとしていること，自分なりにわかるやり方でそのものを知ろうとしている様子が伺われるが，残念ながらそのことに保育者達の目は向けられていないのである。保育者達が行おうとしている保育のかたちは，「一方向指導型」といえるだろう。しかし，その方法では子どもの主体性は発揮されない。

　保育は，「環境を通して行う」ことが重視されている。また，子どもの自発性，主体性，つまり，興味や関心が大事にされ，「遊びを通しての指導」「幼児期にふさわしい生活」「一人ひとりの特性や発達の課題に即した指導」が保育方法の核になっている。つまり，何を学びたいのか何をやりたいのかという保育の「ねらい」の土台は子ども側にあること，それを保育者が読み取り考えながら必要な環境を用意していくという「双方向学び型」(**図表1-2-1**参照)となる。

(2) 乳幼児期の特徴と学びのかたち(方法)

　こうした学びのかたち(方法)を考えていくと，保育者の方であらかじめ子どもに学ばせたいものを全て決めることは不可能である。ここが小学校以上の教育と大きく異なるところである。小学校以上の教育では，学習指導要領に則り，たとえば小学校1年生ではこの内容を行う等が詳細に決められている。それらは，義務教育として子ども達が身につけるべき学びであり，分野ごとに教科として分けられている。教えるべき内容が決まっているのだから，子ども達が何を学びたいのかなどを問う必要はない。教師は，決められた教育

図表1-2-1　一方向指導型と双方向学び型

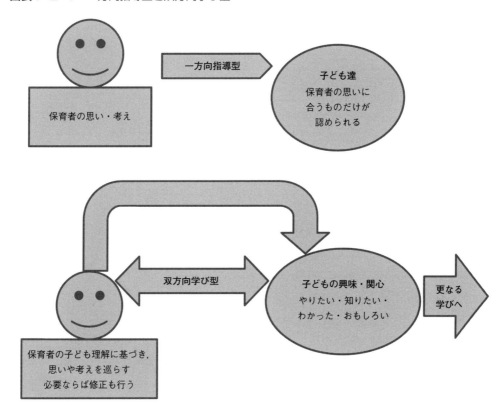

内容に対して、できるだけ子ども達が興味や関心をもち、十分な学びが獲得できるように授業や教材等を工夫することが求められる。

　保育においては、子ども達が何に興味をもち、何を知りたいと思っているか、何をしたがっているのかなどを考える「子ども理解」が欠かせない。なぜならば、先にも述べたようにこの時期の子どもの大きな特徴の1つに、具体的な体験を通して理解すること、興味や関心のあることであれば熱中して向き合うことができるという特徴があるからである。そのため、子どもの自発的な活動が最も発揮される「遊び」が重視されているのである。子ども達は楽しいから遊び、また、より楽しくなるために遊びを工夫する。しかし、そのプロセスでは、うまくいかないことが生じたり、友達とトラブルになったりもする。あるいは、新しい力や知識を得なければ克服できないようなことにもぶつかる。しかし、子ども達は「楽しむ」ために、そうしたことも何とか乗り越えていこうとする。そうした全ての中に、人が人として生きるために必要な力の基礎が含まれているのである。それは、小学校以上の教科のように、あらかじめおとなの視点で分類して子どもに提供できるものではない。そのため、遊びは「総合的なもの」なのである。

　乳児保育における3つの視点や幼児期の教育における5領域というのは、そうした総合的なものに対して子どもの育ちを適切に捉えるための目安（窓、視点）である。そのため、

子どもの1つの姿の中にも複数の領域が関連しあっている。下記のエピソードを読んで，領域という窓で子どもの育ちを捉えてみよう。

> **エピソード1-2-4** 朝の歌
>
> 　この園では子ども達が十分に自由な遊びを楽しんだ後に，朝の会を行っている。保育者が季節の歌「とんぼのめがね」を歌おうと提案し，伴奏をしようとすると，ソウタが「俺，夏のキャンプに行った時，すごいトンボ見た」と言う。すると，マサシが「え，俺も！捕まえた」と言う。保育者は，「そうなんだ。色とか覚えてる？」と言うと，ソウタは「しろっぽい，みずいろっぽい，はいいろっぽいかんじ」と言う。すると，虫が好きなカズヤが「あ，それきっと，シオカラトンボだ。羽は透明だった？？」と言う。保育者は「シオカラトンボかな？　あ，そうだ，図鑑あるから調べてみる？」と保育室にある図鑑を持ってきてみなに見えるようにトンボのページを開く。「あ，これこれ」とソウタ。「たぶん，俺が捕まえたのも同じ。あれ，こっちかな」と言う。「そうか，トンボもいろんな種類がいるんだね。じゃあ，歌の中にもいろんなトンボが出てくるかな。図鑑はあとで見たい人は見てもらうけど，先に歌ってみよう」と伴奏を始める。ソウタ達がまだトンボの話で盛り上がっていると，ミクが「ソウタ君，歌，はじまってるよ」と注意する。

　歌は，小学校以上であれば音楽という教科で行われることが一般的であるが，保育において歌は日常生活の中で頻繁に行われる（朝の歌，季節の歌，手遊び，わらべ歌，鬼ごっこの中の歌など）。領域としては「表現」と捉えられがちであるが，この子ども達の様子を見れば様々な領域とのかかわりを考えることができるだろう。たとえば，生き物への興味や関心（領域「環境」），自分の考えなどを言葉で表現したり友達の考えを聞く（領域「言葉」「人間関係」），自分が見たり聞いたりしたことを伝える（領域「言葉」や「表現」），白，水色，灰色など自分の知っている色や知識を生かす（領域「表現」），みんなで楽しい会を過ごす（領域「健康」），集団生活の大切さを伝える（領域「人間関係」）などである。

> **ワーク４**
>
> 　先のワークで考えた「みんなで気持ちをそろえて楽しく歌うための指導」の中には，どのような領域の内容が含まれているのか，再度確認してみましょう。

（3） 領域と教科の接続

　乳幼児期の間に子ども達は保育者からの適切な援助を受けながら，遊びや生活を通して様々な学びを行い，「資質・能力の基礎」を獲得していく。こうして培われた子ども達の生きる力は，小学校以上の教科を学ぶ時にもつながっていく。

> **エピソード 1-2-5**　「漢字」つくれる！
>
> 　ユウタ（小学校1年生）は，小学校の国語の時間で漢字が象形文字からできたことを学び，「火」や「水」という漢字を習ってくる。難しいと思っていた漢字と自分達が幼い頃から親しんできた絵や形とにつながりがあることに驚くとともに，大発見をしたような気持ちになったのだろう。家に帰って，そのことを母親と弟に嬉しそうに伝える。話し終わると「そうだ！ほかの漢字もつくれる！」と言って，紙をもってきて，「つくえは，こんな漢字だろうな？」と自分なりに周囲にあるものを「漢字」で表していく。4歳児の弟のショウタも兄の様子を見て「ショウタだってできる！」と言い「これは，チョコレートっていう漢字。これはあめっていう漢字」と言って，四角に格子を入れた形や，四角の中に×を書き入れた形を見せる。ユウタは「いいねえ！」と言い，二人で笑いながら「もっと，つくろう！」と自分たちなりの「漢字」づくりを楽しむ。

　ユウタの通っていた幼稚園では，自由遊びが中心であり，文字を教えるなどは特に取り入れていなかった。しかし，保育者は素話をしたり，絵本をたくさん読むことで，お話の世界の面白さを伝えたり，自由な遊びの中でいろいろなものを作ったりする中で，自然と文字に親しめる環境もつくってきていた。また，ユウタは絵を描くことが好きで，しばしば流行のキャラクターの絵を真似して描くだけでなく，友達と一緒に自分達の考えた新しいキャラクターを描くことなども楽しんできた。また，クラスで動物園をつくる時には動物の名前を書きたいからと自分から文字の書き方を教えてほしいと保育者に伝えたり，散歩などに出かけて看板に自分たちの読める文字があるとみんなで読んだりもして楽しんできた。このように，特に文字の学習などをしてきたわけではないが，ユウタにとって文字は何かを伝える手段，楽しいことが生みだす道具であるという経験を十分にしてきたのである。それらは，領域「言葉」の「ねらい」のすべてが意識された経験となっていることもわかる（領域「言葉」の「ねらい」(1)自分の気持ちを言葉で表現する楽しさを味わう　(2)人の言葉や話などをよく聞き，自分の経験したことや考えたことを話し，伝え合う喜びを味わう。(3)日常生活に必要な言葉が分かるようになるとともに，絵本や物語などに親しみ，言葉に対する感覚を豊かにし，先生や友達と心を通わせる）。また，ユウタの姿から，幼

児期の終わりまでに育ってほしい姿」の10の姿，たとえば，「健康な心と体」「自立心」「思考力の芽生え」「数量や図形，標識や文字などへの関心・感覚」「言葉による伝え合い」「豊かな感性と表現」などが適切に身についている様子を伺うこともできる。その力が，小学校で漢字をただ習うだけでなく，そこで気がついたことを他者に伝えようとする，自分なりの発想や工夫をしてみる，それを形に表す，他者の考えの良さを認めてさらなる工夫をしようとすることにつながっている。もちろん，ユウタとショウタがつくる「漢字」は，一般社会で使われている正式な漢字ではない。ユウタたちも自分たちがつくった「漢字」が一般的に通用するものであると思っている訳でなく，これは「遊び」であることもわかっているのだろう。しかし，今後さらに学習の中で正しい漢字を学んだ時に，自分が考えた漢字との違いを面白がったり，漢字の成り立ちを自分なりに理解しようとしたりする力が育まれているのではないだろうか。

　このように，園生活の中で「視点」や「領域」の中で子どもが経験してきたことは，小学校以上の学びの中で連続性をもって活きてくるのである。小学校に行くために必要だからと，45分座っていることだけを重視してみたり，一斉に何かをさせてみたりするだけでは本当の意味での「資質，能力の基礎」は身についていかないであろう。

第3章
保育内容の展開

1．環境を通して

（1） 環境を通して行う保育

　保育内容は，園での子どもの日々の暮らしそのものである。第2章では，「保育内容」を考える時に，何をしたかということだけが大事なのではなく，その体験が子どもの育ちにどのような影響を与えているのかという点を考えることが大切であることを学んできた。「保育内容の展開」を考えるにあたっては，「何をするか（したか）」という内容だけでなく，「どう行うか（行われたか）」という方法のあり方を切り離して考えることができないのである。

　また，子どもが自ら行動したり考えたりしていくこと，乳幼児期は具体的な体験を通して理解し学んでいくという特性，興味や関心があることであればかなりの時間集中して取り組むことができるという特徴から，子どもの自発的な活動が最も発揮される「遊び」が重視されていることも学んできた。子どもが主体として生き生きと遊び，生活を営むには，子どもが主人公となって動くことのできる環境が求められる。環境には，物的な環境もあるが，子どもが自ら動き出すには園が安心して過ごせる場である必要があり，その拠りどころとなるのはやはり人的な環境としての保育者の存在である。また，他の子ども達の存在も大きな意味をもつ。さらに，子ども達が十分に遊びや活動に取り組める時間などの状況づくりも大切となる。ここではまず，子どもが自ら遊ぶ場面の環境について考えてみよう。3歳児と5歳児のエピソードである。

エピソード1-3-1　＜3歳児クラス＞　やってみようかな

　保育者は，子ども達が登園してくる前に保育室の準備をする。4月，まだ新しいクラスに慣れていない子どももいるので，各々がひと時でも楽しい時間を過ごせるようにと環境を整えていく。園生活の心の拠りどころが保育者となるこの時期，保育者の姿が見えることが子どもにとっての安心感につながることもあり，保育室内

でいくつかの遊びができるようにコーナーを設定していく。奥まったところにままごとコーナー，その向かいに製作コーナー，少し離れたところにスポンジ積み木のコーナーが設定されている。ままごとコーナーは部屋の隅を利用して流し台や棚を置くことで3方向を囲い，そこにカーペットを敷いてお家に見立てられやすい空間づくりにしてある。小さなベッドもあり，そこにはぬいぐるみやお人形が寝かせてある。流し台のところには，おたま等の調理器具のおもちゃが使いやすいようにかけられており，お母さんをまねて洗濯ができるような道具類もそろえてある。エプロンやドレスのようになるスカート類は，わかりやすいように絵のついた引き出しに準備されている。製作コーナーのテーブルの上にはふわふわの手触りのいい小さい紙やクレヨン，お手拭きなどを準備している。積み木コーナーでは，乗り物に見立てて座れるような状態に積み木をいくつか出して積んでおく。ままごとコーナーのご馳走を手に取ったり，出されている積み木に座ってみたりすることがきっかけになって遊びが始まる場合も多いからである。

　子ども達は登園してくると，廊下で担任の笑顔に迎えられて，帽子を置き，室内用の靴を履くなどの身支度を手伝ってもらいながら保育者と触れ合う。身支度を終えると，通園バッグから出したカップと手拭き用タオルを掛けに保育室の中に入っていき，そこから関心をもったものに近づく子どもの姿がある。ままごとコーナーに行き出ているごちそうや道具類を手に取りお料理を始めるミホ，スポンジ積み木に座っていて車に乗ったつもりになって遊び始めるシンジの姿などがある。いったん，保育室にタオルを掛けに行っても保育者のそばに戻ってくるルナのような子もいる。子ども達の登園が終わると，保育者は「さあ，何して遊ぼうかな」と周囲に届くような声で呟くと，室内全体にさっと目を走らせて，ミホが一人で遊んでいるままごとコーナーに入れてもらう。エプロンをして鍋をかき混ぜているミホの後ろにある食卓テーブルに座ると「何ができるか楽しみだなあ。テーブルの用意をして待ってよォッと」とミホの背中に声をかけ，棚のお皿に手を伸ばす。保育者に付いてきたルナも靴を脱いで隣に座りまねをして皿を手に取る。保育者は「ミホおかあさんのお料理，何ができるのかしらね？」と楽しそうにルナに話しかける。ルナは笑顔を見せる。ミホは後ろを向いて「もうすぐスープができますからね」と言ってお鍋の中をかき混ぜる。「まあ，スープだったらもうちょっと違うの（食器）がいいわね」と保育者はルナに話しかけながら食器の置いてある棚に向かい「ルナちゃん，どれがいいかしら？」と問いかけると，ルナがカップを手に取る。「いいわねえ」と楽しそうにやり取りしていると，しばらくそのままごとコーナーの様子を遠巻きに見ていたリリが「リリちゃんもしたい」と言いながら寄ってくる。保育者は「ちょうどいいところに来たね。スープができるんだって。ミホおかあさん，一人増えるんだけ

どいいかしら？」と言いながら，靴を脱いだリリにカップを渡す。

エピソード1-3-2　5歳時クラス　「チョコバナナ屋さんするの」

　同じ時期の5歳児クラスである。子ども達の登園前，保育者は製作コーナーにいくつかの材料を出すだけで子ども達を迎える。保育室内のままごとコーナーは机や衝立が隅に寄せられて置いてあるだけである（3歳児の保育室に置かれていたようなベッドやぬいぐるみ等は見当たらない）。木製の積み木は昨日子ども達と片づけたままの状態である。5歳児の子ども達は身支度を当たり前のように自分で済ませるので，担任は保育室内で子どもを迎える。子どもは保育室内に入ってくると，保育者に挨拶したり話しかけたりする。挨拶だけの子どもや，自分が登園してくる時の出来事を話す子どもなどそれぞれであるが，ひとしきり保育者とやりとりをすると満足したかのように保育者から離れ，友達と話したり，昨日の続きの遊びに取り掛かろうと保育室内の隅の方に寄せてあった製作途中のものを出してきたりする。

　この日，アイとサヤカは二人で話していたかと思うと，保育者のところにやって来て「チョコバナナ屋さんするの」と言う。保育者が「楽しそうだねえ！」と応えると，二人はニコニコする。「こういう棒（手にもつ動作をしながら）と，バナナをつくる紙みたいなのがいるんだけど…」「そうだねえ。いいのあるかなあ。一緒に探しに行って見る？」と，材料が置かれている小部屋へ行き，割り箸のような棒と，アルミホイル，薄茶色の紙を持ってくる。棒にアルミホイルを巻きつけて芯にし，その上から紙を巻きつけてバナナのようにすることにしたらしい。それがいくつかできると，サヤカが「チョコをかけたい」と言う。「どうするといいかなあ？」と保育者。「チョコレートの色の絵の具をかけるといいかも」とアイが言い，ままごとコーナーのテーブルをチョコバナナを作る場所にすることにして準備する。絵の具をかけてチョコバナナが出来上がると，周囲の衝立をうまく使って屋台のようにしてお店やさんを開いた。

ワーク1

　エピソード1-3-1の3歳児と，エピソード1-3-2の5歳児の朝の保育の場面について，環境の構成や子ども達の姿，また保育者の援助について，どのように感じたでしょうか。自分の考えをまとめてみましょう。それをグループで話し合ってみましょう。

3歳児期の子ども達は，何かはっきりと目的をもって遊び始めるというよりは，室内にある環境に誘われて遊び出すといった側面が強い。そのため，エピソード1-3-1のように，ままごとコーナーでは，お家に見立てられやすいような空間づくりがなされ，なりきることを支えるエプロンや道具類等が準備されている。

　5歳児のままごとコーナーでは，3歳児に見られたような敷物や細々とした道具類は全く置かれていない。これは，お家ごっこがしたいのなら，必要なものを子ども達が自分たちで作り出していくことができる力がついてきているからである。また，そうした準備を友達と一緒にすることで自分たちのイメージを共有化していく体験や，自分達なりに作り上げていく体験の機会としていくことが大切であり必要でもあると保育者は考えているからである。この日，二人はこのコーナーを使ってチョコバナナ屋さんを展開している。その場合，3歳児のような細やかなお家としての環境が設えてあったら，むしろ子ども達が遊びを展開していくには邪魔になるだろう。このチョコバナナづくりをしていた子どもらにとっても，テーブル，棚や衝立といったすっきりとした環境となっていたことが，柔軟性をもって子どもの遊びの展開を支えている。

　このように子どもの登園前の物的環境の構成には，担任保育者のクラスの子ども達についての興味・関心や育ちへの理解の在りようと，その遊びの中でどのような体験をしてほしいかといった願いが反映されるのである。物的な環境は室内に限らない。ホールや園庭をどのように構成していくか，廊下や壁面をどう活用するかといった環境もある。さらに，散歩先の公園で子ども達がどのように遊び，またそれをどのように活用していくかなど，子どもが暮らしていく場を子どもにとって意味ある環境として子どもとともに発見し活用することが，「よりよい教育的環境を創造する」（幼稚園教育要領）ことになるであろう。

　一方で，環境に願いをこめて準備していても，子どもがどのような遊びを始め，どのように展開していくかは，実際にその日が始まってみなければわからない。保育者は，子どもの様子に添いながら環境の再構成を行ったり，子どもとともに動く中で遊びを支えたりなど，様々な役割を果たしながら子どもが豊かな活動を展開できるよう援助していくことが必要である。

　エピソード1-3-1での3歳児担任は玄関からすぐ見える廊下で子ども達を出迎えている。保護者と離れる場で出迎える担任の存在は，幼い子ども達が園生活をスタートする安心感につながることだろう。さらに，一人ひとりの身支度を手伝いながら心を通わせるひと時によって，子ども達の気持ちが園での生活へと向かっているように感じられる。そして多くの子は事前に担任が準備した保育室に入って遊び始めるが，保育者を拠りどころにするルナのような子どももいる。保育者はそれも十分わかっているので，そうした子ども達も遊び出せるように動いていく。担任は室内全体を見回した後，ままごとコーナーに入っている。ままごとは，ルナも楽しめそうな遊びであり，コーナーに居たのはミホだけで，保育者と保育者の動きに伴って参入してくる子どもも含めて，そのコーナーに入れる状況だろうとの判断があったと思われる。保育者はお家の中で過ごす一人のようにしてさりげ

なく入ってミホの遊びがより楽しくなるようかかわるとともに，ルナや周りにいた子どもの遊び出しを支え，子ども達が同じ場で遊ぶ楽しさを体験する機会となる援助を行っている。

エピソード1-3-2の5歳児では玄関で主任が出迎えるので，子ども達は自分で部屋までやってくる。廊下で身支度をしながらそこで一緒になった友達同士のやりとりを楽しむ。保育者はそうした時間も大切にしたいと思っており，また保育室内での遊びの援助をしていくことをこの時期は大切にしているので中にいることが多い。子ども達は入ってくると，保育者のところに声をかけにいく。挨拶だけの短いやり取りでも朝のルーティンのようになっているので，子ども達はそれをしないと落ち着かないようである。担任が登園してくる子の相手をしているうちに，アイらのように自分がやりたいことについての相談が持ち込まれる。保育者は子ども達が自ら思いついた遊びを「楽しそう」と後押しし，必要な材料を一緒に探しに行ったりするなど，実現していけるような援助を行っている。

（2） 養護と教育が一体となった保育

子どもが自ら遊び始めようとするのは，園が子どもにとって安心して過ごせる場となっており気持ちの安定があってこそであろう。そうした情緒の安定を図る保育者のかかわりは養護的側面の強いかかわりである。保育における養護とは「子どもたちの生命を保持し，その情緒の安定を図るための保育士等による細やかな配慮の下での援助や関わりを総称するもの」（保育所保育指針解説 第1章1（1）イ）であり，「養護と教育を一体的に展開するということは，保育士等が子どもを一人の人間として尊重し，その生命を守り，情緒の安定を図りつつ，乳幼児期にふさわしい経験が積み重ねられていくよう丁寧に援助すること」なのである。同時に「保育士等は，養護と教育が切り離せるものではないことを踏まえた上で，自らの保育をより的確に把握する視点をもつことが必要である」（保育所保育指針解説 第1章1（1）イ）とされている。エピソードを通して考えてみよう。

エピソード1-3-3　「だいちゃんのママに会いたい」

3歳児クラスの5月の連休明け。この春から入園したダイスケは朝，玄関で母と離れてからずっと「ママは？」と泣き続ける。担任は「ママはダイちゃんがいっぱい遊んだらお迎えに来るよ」と語りかけるが「ママがいい」「ママに会いたい」と言い泣く。ちょうど大勢の子どもが登園して来る時間帯で，担任は登園して来る子どもの身支度の手伝いなどもしなければならない。ダイスケは担任のそばで他の子どもの身支度を手伝う様子を見ながら「ママに会いたい」と大きな声で言い続け，担任はそれに応じながらも「ダイちゃんもコップ出そう」など身支度を促す。ダイスケは（泣いているというよりは）泣き声をあげながらも担任の働きかけに応じてコップを出

> していく。
> 　ダイスケはずっと泣き声をあげながら「ダイちゃんのママに会いたいよおお」と言い続ける。担任は多くの子どもが室内で遊び始めると,「ママに会いたいかもしれないけど,でも,ほら,お友達楽しそうなことやってるよ。わあ,楽しそうだなあ。ちょっと見に行ってみようかな。私見て見たいなあ」と話しながらお部屋の中に入っていくと,ダイスケも「ママに会いたいよお」と言いながらも担任の後についていく。車に見立てたミニカーくらいの小さな箱で遊んでいるリュウイチが,担任が入ってきたのを見て「先生,これ,青いバスにしたい」と言う。担任は「いい考えだねえ。じゃあ,この箱の周りに素敵な青の画用紙をはろうかねえ」と言いながら,リュウイチの持っていた箱に一緒に青い画用紙をはりつける。「いいねえ。かっこいいバスになったね」と担任が言うと,リュウイチはとても嬉しそうに笑い,床に走らせ始める。それを見ていたダイスケが「ダイちゃんも欲しい」と言う。担任は「ダイちゃんのも作ろうか。何色がいいかな?」とダイスケと一緒に箱を選ぶ。

ワーク❷

　エピソード1-3-3のダイスケの様子や保育者の援助について,「養護と教育の一体性」の視点から考えてみましょう。またグループで話し合ってみましょう。

　エピソード1-3-3のダイスケは母親と離れて情緒不安定となっており,本人の気持ちがとても園生活に向いているとはいえないだろう。それでも担任に自分の思いを訴え,担任にその都度応じてもらうことでなんとか堪えているという感じであった。それが,他の子どもが登園してきて保育者が忙しく身支度を手伝い始める様子を見ているうちに,泣き方が変化していった。大きな泣き声をあげてはいるのだが友達の様子を見ていて間が空いてきている。連休明けということもあり担任は,その姿を受けとめつつ,本人が気持ちを切り替えていくことを学ぶことが大切だと考えていた。そこで本人の気持ちを受け入れ辛抱強く寄り添っている(養護的側面)。同時に他の子どもへの援助も行い,様子を見ながらダイスケにも身支度を促している。こうして時間をかけて園にいること,園生活を始めていく状況をつくりだしながら,多くの子どもが楽しそうに遊び始めた様子を一緒に見て,担任が自分も楽しいことをしたい・しようと気持ちを切り替えるような言葉をつぶやく。何気ないように見えるが,ダイスケにとって気持ちを切り替えていくモデルとなることを願っての援助である。そして友達の姿に触れ,ダイスケの気持ちが動き出し,3歳児なりに小箱を車に見立てたり,製作したりといったこの時期なりの体験を積んでいくような遊びが始まるよう援助(教育的側面)を行っているといえるだろう。エピソード1-3-1のル

ナも，やはり園での生活に安心感をもっているとはいえない姿であろう。ここでも保育者の養護と教育が一体となったかかわりによって，ルナに笑顔が見られるようになり遊びが始まっていく。保育者を拠りどころとしながら少しずつ安心し自分から環境や友達，周囲へと関心が向いたり広がったりする姿である。一方で自分のやりたい遊びが見つかること，とりかかることができることが，安心や安定につながる側面もあることが，ダイスケやルナの姿からも伝わってくる。養護と教育は切り離せないことがわかるだろう。その子どもなりに遊びが始められるよう支えていくことが大切である。

今回は3歳児のエピソードを取り上げているが，情緒の安定が園生活の基盤となることは，乳児期から幼児期，どの時期であっても共通である。幼ければ幼いほど，養護的側面でのかかわりが求められることも多いだろう。また幼児期後半の子どもであっても情緒面が不安定になることはあるし，また同じ子どもでも状況によって変化する。子どもとかかわりながらその内面の在りようを丁寧に汲み取っていきたい。

ワーク3

朝，登園して玄関から離れず，母親が帰った方向をずっと見ている子どもがいます。あなたはどのようにかかわりますか？ グループで，その場面について子ども役や保育者役になって模擬保育を実践してみましょう。さらにクラス全体で，その模擬保育をお互いに見合って「養護と教育の一体性」の視点から考え合ってみましょう。

（3）子どもの主体性を尊重する保育

（2）でも触れたように，養護と教育を一体的に保育するというのは「子どもを一人の人間として尊重」することがその基底をなすものである。子どもの主体性を尊重する保育者の在りようについてエピソードを通して考えてみよう。

エピソード1-3-4　ここがいいの

3歳児5月。カオリは3月生まれで全体的に幼くまた小柄でもあった。入園後間もなく，マサツグがカオリに頻繁に近づいては抱きつくようになった。その頃のマサツグは好意をもつ子を見つけては抱きついて回っており，特にカオリに近寄っていくことが多いようだった。マサツグは親しみの気持ちから抱きつくのだが，体も大きく力もあるので，カオリにとっては突然羽交い締めされたかのようになり，嫌がって泣いて怒る。保育者はカオリのそばにつくようにしてマサツグにも話して聞かせるようにしていった。しかし，保育者がカオリのそばに居ることで，マサツグ

も保育者と一緒に遊ぼうと近づいて来ることが多く，カオリは保育者に誘われても遊びに入ってこなくなっていった。そして，登園すると保育室の隅の棚の間（三方向を囲まれた一人が入れるくらいのとても狭い空間）に入り一人じっと過ごすことが続くようになった。
　その後，マサツグは（誰に対しても）抱きつくことはなくなり，お昼を食べるときなどのカオリはマサツグを怖がる様子は見られなくなったのだが，それでも遊びの時間には保育室の隅にじっと入り続ける姿は続いていた。担任は，カオリが何か好きなことを見つけてそこから出ても安心して過ごせるようにしたいと思い，声をかけるのだが，カオリは誘われると余計に身を固くするような様子も感じられた。そこで担任はそこにいるカオリの姿をありのまま受けとめ，楽しく他の子どもと遊び，それがカオリの気持ちを動かすことになっていってくれればと願った。

ワーク④

マサツグ，カオリにあなただったらどのようにかかわりますか？　周りの人とも話し合ってみましょう。

　多くの子どもは園での暮らしに慣れてくると，遊びを見つけ楽しみ，友達ともかかわる生活を展開していくようになっていくが，子どもによっては思いがけない姿を見せることもある。担任にとっては，カオリがマサツグを怖がらなくなっても保育室の隅から一向に出てくる気配が感じられないのは思いがけない子どもの姿だった。当初，保育者は何か楽しい遊びが見つかればと思って声をかけたり誘ったりを繰り返した。もちろん，これはカオリの生活がより良くなることを願っての援助だったが，それが「カオリのありのままを受け入れていないことになるのではないか」と考えたという。そこで「隅にいるカオリの在りようをそのまま尊重する」ようにかかわりを見直していく。だからと言って，そのままにしておくというのではなく，隅にいるカオリの在りようは在りようとして尊重しながらも，できるだけカオリの視界に入るところで自分が楽しく遊ぶことを心がけ，その楽しさがカオリに届くことを願ってもいたのである。そうした保育者の在りようの転換により，朝のごく早いうちなど，まだ誰もいない場で保育者と二人であれば表情も和らぎやり取りをすることができるようになっていったという。それぞれの在りようで園生活を過ごすことが受容されること，そこから保育者の立ち位置を探っていくことが大切となる。
　また，主体性が尊重され育まれる保育というのは，園生活全般においてであることが必要である。時折，遊びの場面では子どもの主体性が尊重されているのに，給食やお昼寝といったいわゆる生活的な場面になると，保育者が指示していくような状況になっているこ

とがある。第2章のエピソード1－2－2のようにいわゆる生活場面でも子ども達の主体性が尊重されるかかわりとなっているかどうか保育者は自覚的にかかわっていくことを大切にしていきたい。

> **ワーク5**
> 　子どもの主体性を尊重することを念頭に，お昼寝前のひと時を子ども達とどのように過ごそうと思うか，指導案をパソコンを活用し作成しましょう。グループごとに年齢を決めて作成し，それぞれ模擬保育を実施してみましょう。

（4）　生活や発達の連続性を考慮した保育

　子どもの生活は園での生活だけで成り立っているわけではない。園で過ごす時間の長短はあるだろうが，家庭や地域での生活の地続きに子どもの園での生活があることに保育者は留意しながら，保育を行っていくことが求められる。

> **エピソード1-3-5**　「スーパーに行ってくださーい」
> 　3歳児クラス，積み木でバスを作ったユウトが運転手になっている。ユウトにお客さんになってと言われ保育者が後ろに乗ると，他の男児も何人か一緒に乗った。ユウト「発車しまーす。せんせい，どこ（に行きたい）ですか？」保育者「じゃあ，どこにしようかな？　みんなどこがいい？」　ユズル「スーパー」ショウ「ぼくもスーパー東」保育者「じゃあ，スーパーに行ってくださーい」。ユウト「はーい。発車しまーす」とハンドルを回し運転手になりきって動く。ユウト「スーパーに着きました」。保育者「さあ降りよう」。ユズル「お菓子売り場，行きたーい」「ぼく，おもちゃ」とショウ。

　ごっこ遊びのほんの一コマであるが，子ども達の生活の中での体験が現れていることがわかる。このように，家庭や地域社会において子どもが身近な環境に触れそれぞれ経験したことが，園での生活に現れるし，またそれが生かされていくことが大切である。地域のお祭りがきっかけになってお祭りごっこに発展することなどもよく見られる姿である。ただ，最近は広域からバスで通園してきている子どももおり，必ずしも地域での体験が共通しているわけではないが，それをきっかけに自分の地域のお祭りについての話が出て，それらが合わさってクラスオリジナルのお祭りが展開されたりする。逆に，園でお祭りの話が出たり遊びとなったことをきっかけにして家族で他の地域のお祭りに参加する場合もあるだろう。こうした体験を通して，子どもは身の周りの事物に対する興味・関心を広げ，

友達とのかかわりを深めていく。保育者には「家庭や地域社会を含めた子どもの生活全体を視野に入れながら，子どもの抱いている興味や関心，置かれている状況などに即して，必要な経験とそれにふさわしい環境の構成を考えることが求められる。そのためには，保育士等自身が地域における一人の生活者としての視点や感覚をもちながら毎日の生活を営む中で，家庭や地域社会と日常的に十分な連携をとり，一人一人の子どもの生活全体について互いに理解を深めることが不可欠」(保育所保育指針解説 第2章4(3))とされている。

> **ワーク⑥**
> あなたが今暮らしている地域で，子ども達が出かけているような場や施設は思い浮かびますか？ また行ったことはありますか？ その中の一か所に出かけ，子ども達がどのように過ごし，どのような体験になっているかレポートにまとめましょう。

(5) 保育内容の評価—PDCAサイクルを意識して

　保育者は，子ども達の生活がより充実したものとなるよう計画(P)を立てる。ただ実際の保育は，子ども達が登園して周りの環境や友達等とかかわりながら展開していくため，どのような遊びや活動が行われるかは実際にその生活が始まってみないとわからない。保育者はその実際の姿に寄り添いながら，その子ども達が何を楽しみ，どのような経験をしつつあるかをみとり，そこに保育者の願いを重ね合わせて臨機応変に援助していくことが求められる。その時点で考えられるできるだけ適切な援助を行うのが保育者である(D)。もちろん子ども達に寄り添った適切な援助ができる場合もあるが，かかわってみて子ども達とズレが生じることもあり，ズレたことではじめてみえてくることもある。またその場では判断できず，その後しばらくしてからの子ども達の姿から自分の行った援助の意味がみえてくる場合もあるだろう。そこで，保育終了後に保育を振り返り，子どもの姿や自分の援助について評価し(C)，明日への保育へつなげていくこと(A)が求められる。

> **エピソード1-3-6** 保育を終えて考える「急ぎすぎたかな。明日は…。」
>
> 　4歳児6月後半。好きな遊びの時間に，積み木の場で，ユヅキ，ユキナの二人が紙テープを千切って水に見立てて遊び始めた。後半になってその場の近くで関心をもって見ていたカコ，ノアが少し入れてもらっていた姿があった。この時期「友達と一緒に遊んでいく体験を積むこと」を大切にしていきたいと願っていた担任は，この4人でその体験を積んでいけるといいなと願い，翌日の案を立てた。「登園してきて遊び出す様子に注意して目を向けていき，必要に応じて背中を押していく。

紙テープの遊びは，改めて子どものイメージや楽しさのポイントはどこかなどを探っていくとともに，子どものイメージから遊びを広げていけるようなきっかけになったり，支えていったりできるよう，青いカラービニールやブルーシート，マットなどを必要に応じて出せるように保育室の隅に用意しておく（担任の指導案より）」（Plan/計画）。そして子ども達の登園を迎えた。

　朝，ユヅキ，ユキナは二人で前日と同じように積み木で周りを囲った場を作り，昨日しまっておいた細かく切った紙テープを出してきて撒き散らして遊び始める。昨日よりも場が大きく，周りへの影響も大きかったようで，カコ，ナナがすぐに入れてもらって遊び出していた。昨日の海のイメージはなく，「お風呂」とのこと。でも，お風呂らしい言動はなく，友達と紙テープを掛け合って遊んでいる。そこで「シャワーがあるといいね」など声をかけてみるが反応はない。しばらくすると薄い紙をつなげただけの，うちわのようなものを持って扇ぎ合う姿が見られた。それならと思い，風が起こるような，少し硬めの素材を担任が投げかけてみると4人で作り出した。だができ上がってしばらくするとそのうちわは脇に置いてあった。カコの強い思いでうちわが作られていたようだった。はじめは入れてもらってユヅキ，ユキナに合わせていたカコだが，少しずつ自分の思いを出し始め，うちわの頃からカコと他の3人がかみ合わなくなり始めていたようであった。うちわを箒に見立てて紙テープを掃除し始めたユヅキとぶつかり，最終的にはカコが抜け，戻ってきてももう入れないような，3人でピッタリの小さな場に縮小されていた。担任の投げかけたうちわも，カコの思い入れだけが強かった様子で，他の3人のイメージには合わなかったようだ。遊びの工夫やそれ（お風呂）らしくなどと，先を急ぎすぎてしまったと反省（担任の記録から）」（Do/実行・Check/評価）。

　明日は「引き続き，遊び始めに注意して目を向けていき，必要に応じて支えていく。紙テープの遊びは，自分たちの場ができて，その中で友達と一緒に楽しめている，という現状をしっかりと受け止め，楽しい気持ちに共感したり，一緒に遊んでいる友達同士が分かち合えるように言葉にして返したりしていく。また，引き続き楽しめるように紙テープを補充しておく（担任保育案より）」（Act/改善）。

　このような毎日の積み重ねが保育内容の充実には欠かせない。「保育内容等の評価」について保育所保育指針においても「保育士等は，保育の計画や保育の記録を通して，自らの保育実践を振り返り，自己評価することを通して，その専門性の向上や保育実践の改善に努めなければならない」こと，「保育士等による自己評価に当たっては，子どもの活動内容やその結果だけでなく，子どもの心の育ちや意欲，取り組む過程などにも十分配慮するよう留意すること」とされているが，何より，保育者自身のより良い実践を行っていきたいとの強い思いが原動力となるものである。あわせて「保育士等は，自己評価における自ら

の保育実践の振り返りや職員相互の話し合い等を通じて，専門性の向上及び保育の質の向上のための課題を明確にするとともに，保育所全体の保育の内容に関する認識を深めること」（保育所保育指針 第1章3（4）ア（ウ））とされている。この園ではすでに何十年にもわたって園内研修として各年齢の1クラスが公開保育を行い，お互いに保育を参観し合いその後に話し合うことを継続している。それがお互いに学び合う機会となるとともに，発達過程の見通しや生活の連続性をもって保育していくことにつながっているという。保育内容の充実には，保育者一人ひとりがこのような思いをもち園内全体で取り組んでいくことが大切である。

2．行事について

（1） 園における行事

園における行事には，園生活や子どもの育ちの節目となる「運動会」「展覧会」「発表会」のような行事や，季節や伝統行事の流れを汲む「こどもの日」「七夕」「節分」「雛祭り」といった行事もある。ただ，実際の行事の内容はその園および保育者自身が，その行事で何を大切にしたいかによって異なり，またどのようにその行事に取り組んでいくかによって，子ども達にとってどのような体験となるかは異なることになる。

> **ワーク7**
> インターネット等を活用して，幼稚園や保育所，認定こども園など，様々な園での年間の行事がどのように行われているのか調べ，まとめてみましょう。まとめたものをグループで発表し，気づいたことを話し合ってみましょう。

> **エピソード1-3-7** 運動会 ～体を動かしてみんなで楽しもう～
> 10月に運動会を実施している園である。10月に実施しているのは，雪の降る地域であり，気候が良い時期に楽しく体を動かす経験を十分にしていきたいと思っていること。また，秋はそれぞれの年齢なりに生活への取り組みや，心も体も安定して，より活動的，意欲的になってくる時でもあること。そうした子どもの成長を保護者も目にし，ともに喜び合う機会としたいこと。さらに，親子，保護者同士，いろいろな親子同士，体をともに動かし触れ合いを楽しむ機会にし，保護者の子ども理解を深めたり，保護者同士の親しさを深めたりすることにつなげたいといった思

いがあって秋に実施している。
　運動会当日は体を動かして，みんなで楽しもうというのが第一のねらいである。そのため全員参加型のようなプログラムが主となる構成になっている。参加者全員で行うウォーミングアップの「体操」。年齢ごとに子ども達が行う「かけっこ」。その日，家族で訪れている未就園の子どもや小学生用のかけっこもある。「リレー」や「綱引き」もあるがいずれも，子どもがチームに分かれて行うものと，保護者がチームに分かれて行うものがあり，その両方の結果で勝敗が決まる。その年によってクラス対抗のこともあり，紅白対抗のこともある。「ダンス」は保護者と子どもが一緒に踊る。このように，そこに集うみんなが体を動かして楽しむことが主となるプログラム構成で，一つだけ各々の年齢ごとに日々の生活でつくり上げてきたものを子ども達が披露し，保護者等がその様子を見る種目となっている。

　運動会という行事が，その園においてどのように位置づけられているかがプログラム構成にも表れていることが感じ取れるだろう。運動会の内容にも園の独自性や地域性がある。行事について幼稚園教育要領等では，「生活の自然な流れの中で生活に変化や潤いを与え，子どもが主体的に楽しく活動できるようにすることと，それぞれの行事についてはその教育的価値を十分に検討し，適切なものを精選し，子どもの負担にならないようにすること」とされている。それぞれの行事の目的，時期，対象，内容等を十分に検討し，精選することが求められる。

（2）行事の教育的価値の検討

　行事の精選にあたって，教育的価値を検討するとはどういうことだろうか。それは，各々の園で，その行事への取り組みを通じて子どもにとってどのような体験としていきたいのか（ねらい，内容，方法など）をしっかりと考え合い，見通しをもって取り組んでいくことではないだろうか。その際，大切なことは，子ども達の日頃の生活に位置づいたものであること，そして園生活の充実すなわち子どもの成長につながるためのものであることだと思われる。

エピソード1-3-8　3歳児は「だるまさんが転んだ」，5歳児は「オリンピック」をベースにして

　エピソード1-3-7の園，運動会で年齢ごとに披露するプログラムへの取り組みである。3歳児にとっては大勢の人の前で自分達が披露する初めての体験である。3歳児は2クラスが合同で披露するので日頃より密に担任は話し合いながら進めていく。夏休み明け，2クラスで一緒に活動するようにしていく中で，この年の子

も達は「だるまさんが転んだ」をとても喜び，2クラスの子ども達が一緒に一つの活動を楽しんでいく接着剤のようなものになっていった。動きの面でも前に進むだけでなく，合図を聞いて急いで止まる，タッチした後全力で逃げるなどの楽しさもある。子ども達にとっては魅力ある遊びで繰り返されていったので，これを生かした構成にしていくことにした。また，一つのクラスでは1学期から鳥になって動き回ったり，保育者がカラスのマネをすると子ども達が逃げたりといった遊びを子ども達が喜び楽しんできたという。もう一つのクラスではカエルが跳ぶのを見て，カエルになったつもりで跳んだり，カエルが怖がる生き物になって驚かせたりといった遊びを子ども達が喜び楽しんできた。これらの体の動きや表現も生かしてストーリー仕立てにして，花の衝立（3歳児なりに製作）から，森の仲間（カエル，蝶，トンボ，恐竜等）になった子ども達が園庭の中央に出て，その森の仲間が「だるまさんが転んだ」の遊びをし，その後それぞれになりたいもの（カエル等）になりきった動きや表現を順番に披露，最後に仲間みんなでダンスをして森に戻るという内容で展開するようにした。子ども達は'運動会の練習'というよりは，日々の生活の中でカエルになったりトンボになったりしながら楽しんでいって運動会を迎えたという感じであった。運動会当日，花の衝立から出る時に「はじめのい〜っぽ」とダルマさんが転んだをする時の掛け声で出ていったこともあり，大勢の前では緊張しやすい子どもも，いつもの掛け声でみなが楽しそうに踏み出す姿に後押しされて踏み出していたようだった。続くダルマさんが転んだの場面では，大勢の人が見ていても，鬼役（兼進行役）の保育者の方に意識が向くこともあり，あまり見られていることを意識せずにのびのびと体を動かし表現する姿が見られたようだった。

　5歳児では，2学期に入り運動会があることを担任が伝えると「前の〇〇組さんみたいにかっこいいことがしたい」という声や，オリンピックの開催があったこともあって「オリンピックみたいにしようよ！」という声があがってきて「そうしよう」「面白そう」と盛り上がったという。翌日にはオリンピックの時の新聞を切り抜いて持ってきた子どもや，家庭で競技について聞いてくる子どもなどもいた。クラスで話し合う中で，体操（鉄棒，平均台，跳び箱など）を中心にウェイトリフティングなども取り入れて「〇〇組オリンピック」として構成していくことになった。保育者は，子ども達からの声を大事にしつつ，どんな運動経験ができそうか，それは子どもの育ちにとって適切な動きかどうかなども意識していったという。披露する内容は，一人ひとりがオリンピックの選手のつもりになってスタートし，まず鉄棒をやり，次に跳び箱を飛び，一本橋の平均台を渡り，自分達がダンボール等を利用して作ったバーベルを上げてゴール（聖火台）へ向かうといったものに決まった。運動会に向けて，必要な道具を作ったり，鉄棒や平均台ではどんなことをするかをみなで一緒

に考えたりした。

　そうしたクラス全体での取り組みの中で，体を動かすことが得意な子は「カッコよく動けるようになりたい」など自分なりにめあてをもち何度も動きに挑戦していく姿が見られた。体を動かすことを苦手に感じている子もいるが，みなでの取り組みの中で自分もという気持ちが出てくるようである。跳び箱を苦手に感じていたミユキであったが，友達が繰り返し取り組む姿を目にし，運動会の日には自分も跳べるようになった姿を見てもらいたいと思うようになり，跳び箱の順番の列に並ぶようになった。だが，いざ跳ぶという時になると「先にしていいよ」と後ろの友達に譲ってしまう姿が最初は多かった。それでも友達の声援を受け斜面板を駆け上がるうちに「できるかもしれない」という感触をもち「もうちょっとだ」とチャレンジする姿に変わっていった。保育者はその気持ちを大切に支え，また跳べるような手助けもしていった。跳べるようになったことも嬉しかったが，運動会という行事が契機となり自分の苦手としていたことに取り組もうとしたミユキの気持ちや諦めずに取り組んだ姿勢の育ちが保育者にとっては何より嬉しいことだったという。

　また，年長としての役割も意識するようになり，「前の〇〇組さんはマイクでお話ししてたよ」という声が上がり，私たちもできるんでしょ？と運動会の司会をすることも自分たちが行うのだという意識があるようだった。小さな組の活動をこっそりのぞいてきて「あれってトンボかな？」「トンボの遊びをしますってマイクで言う？」と友達と話している姿があるなど，いろいろなところで園全体の動きを見ていたようで，子ども同士で情報交換する姿も見られた。そして「小さい組さんにもわかるように話したい」という思いが出てきて，どんなふうに言ったらいいかクラス全体で一緒になって考えていった。いい案が出ると「それがいいね！　早く覚えなきゃ」といって早速マイクを持つふりをしてその言葉を言ってみたり，自分なりに言いやすい言葉に変えている子どももいた。

　当日は，跳び箱などすべての道具類を自分たちで運んで設定するところから片づけるまでが5歳児の披露する内容であることがアナウンスされた。子ども達は，自分達で考えあって作り上げていったものだったので，道具を出すところから迷いなく動いていき，高さはあっているか，間隔はちょうどいいかなど，配置してから確かめ合っていく姿があった。これまで自分達の力で準備し，子ども達自身で考えたコースだからこそ出てきた姿であろう。周囲はその姿にも拍手を送っていた。また司会をやりたいとその役割を担ったメンバーはその多くが担任に促されずとも，自分が話す番になると本部へ行き，そこにいる先生からマイクを受け取って緊張しつつも堂々と自分で話す姿が見られていた。

乳幼児期は1年1年の実態の違いが大きい。日常から行事へとつなげていく保育の展開にあたっても，内容の違いや年齢なりに違った配慮が求められる。このエピソードでは，3歳児にとっては，まず大勢の前で何かをするということが，できるだけ楽しい体験となるようにすることを大切にしていた。そのためには不安感なく当日を迎え，当日も普段のようにのびのびと体を動かし表現できるような展開にすることが目指されていた。日頃取り組んでいた遊びや動きを大事にし「何かになったつもり」で動くことで子どもが緊張感をあまり感じずにのびのびとした動きや表現を引き出していくことになっていたと思われる。

　5歳児では，それまでの経験を踏まえ「自分達がやっていくぞ」という自信や期待感を大切に「自分達の運動会」との目的意識をもち，友達と力を合わせて取り組むような内容となるよう担任は意識していた。また小さい組のことも考えていこうとする年長としての自負のようなものを生かし進めていくことも心がけられていた。そこには子ども達が考えあったり試行錯誤したりできるような時間や環境を保障することや，子ども同士の伝わり合いを支える保育者の援助が必要であり大切であった。

　そして，こうした行事への取り組みについて，園内の保育者が話し合い，お互いの取り組みについて理解し合うとともに，長期の指導計画等に位置づけて見通しをもって行っていくこと，各行事の終了後にはその取り組みについて話し合い，学年末には年間を振り返って評価し，次年度の改善につなげていくようにすること（PDCAサイクル）などが，子どもにとっての行事の意味の見直しや日頃の保育内容の質向上へとつながることになる。

> **ワーク⑧**
> 　運動会の指導計画を立ててみましょう。その一部を模擬保育として実施し，振り返り話し合ってみましょう。

第4章 子ども理解と計画

1．観察と記録

（1） 保育における観察

　保育という営みは，子どもと生活をともにし，気持ちに添いながら子どもの育ちを支えることである。保育者は，食事や排泄，着替え，睡眠などの生活にかかわること，絵を描いたり走ったり等の遊びにかかわることを子どもとともにつくりあげることを通して子どもの育ちを援助している。そのため，保育者の生活は，常に自身の体を動かしながら，子どもに心を向けている生活になる。保育者の体の動きは，ただ自分勝手に動いているのではなく，子どもの側に立ちながら，子どもが何を求めているのか，どのような思いでいるのかなどを常に考えながらの動きになっている。保育は日常性が強く意識しにくいので，保育者は自身の動きに対して無自覚になっていることが多いだろう。しかし，体の動きは心の表れであり，そうした意味で保育者は常に頭や心を駆使しながら子どものために動いている存在である。

　このように動いていることが日常である保育者が行う観察は，実習（観察実習）や公開保育等の研修会等を除けば，動きながらの観察になる。その子どもと実際にかかわりながら，あるいは，他の仕事を行ったりしながらその子どもを観察することもある。保育者にとって観察することはとても重要である。なぜならば，保育の出発点は子どもを理解することだからであり，子どもを理解するためには子どもをしっかりとみなければならないからである。しかし，先ほど述べたように保育者は観察だけに専念できるわけではなく，また，一人の子どもを継続的に観察できる機会も少ない。常に動いたり他の業務と並行しながら行われる。つまり，その時点では子どもの姿や思いを記録したり，十分に考えたりすることはできないため，保育者は子どもが帰った後や子どもが寝ている間等の時間の中で，自分がみた子どもの姿を思い出し，記録し，子どもの思いや自分の保育を省察したりする。この時，保育者は体の動きを最小限に留めて，頭と心を動かしながら子どもの観察を再度行っているともいえる。

　保育者の一日は忙しい。そのため，時には保育者の関心事が子ども以外のことに向いてしまうこともある。そうなると保育者は，子どものことをみなくなる。視線は子どもの方

に向いているのかもしれないが，自分の枠や決められた軸の中だけで子どもをみてしまうため，子どもの思いが込められた姿を見落としてしまうことが多くなる。そうなると保育者は子どもと気持ちがつながらず，温かな関係が築けなくなる。保育者が子どもとの関係がうまくいかないと感じる時には，何らかの枠に縛られていることが多い。その時は，子どもの姿や心を捉えることができる温かくて肯定的で，専門性に支えられたまなざし（目）の獲得に全力を注がなければならない。

（2） 保育における記録

エピソード1-4-1

　A保育者は，最近のタケシ（4歳児クラス）の姿が気にかかっていた。その理由は，気に入らないことがあると「やらない」とクラスの活動に参加しなかったり，片づけなどにも応じずにいつまでも遊び続ける姿が目立っていたからである。保育者が声をかけたりすると「うるせー」と言ってみたり，知らん顔をして遊び続ける姿も見られた。どうやって伝えたら，どこまで注意したらタケシは自分の言葉を聞いてくれるようになるのだろうと思っていた。

　ある時，いつものようになかなか保育室に戻ってこないタケシがいたので，隣のクラスの保育者に他の子どものことを見ていてもらい，タケシのことを迎えに行った。保育者もいつもなら強い口調でタケシを注意したいところだが，その日は冷静にタケシの様子を見てみようと思い，何も言わず近くに行ってみた。すると，タケシが砂場の砂山にトンネルを掘っている姿があった。タケシは山が壊れないように丁寧に少しずつ砂を掘り出していた。保育者はタケシがこんなにも熱心に遊ぶ子どもなのだと改めて気付かされた。保育者は黙ったまま，砂場にしゃがんだ。しばらくするとタケシはトンネルを掘りながら，さっきまで3人で遊んでいたこと，トンネルつなげようと言っていたのに他の友達が部屋に戻って行ってしまったことなどをぼつぼつと話し始めた。タケシがトンネルを完成したがっていると感じた保育者は，「手伝おうか」と声をかけた。タケシは「いい，オレ一人でやる」と黙ってトンネルを掘った。間もなく「つながった！」とトンネルを完成させたタケシは嬉しそうに叫んだ。保育者が砂山をとっておくことを提案するとタケシはうなずき，散らばっていた砂場の遊具を黙々と片づけ始めた。保育者もタケシと一緒に片づけを行った。片づけが終わると満足そうに保育者の顔を見てタケシは保育室に走って戻っていった。

　保育者は今まで自分が捉えていたタケシの姿と今日のタケシの姿の違いに驚き，今まで自分はタケシのことを何も理解しようとしなかったのではないかと反省した。

保育の中で子どもが見せる姿は様々である。時にはエピソードのタケシのように保育者が理解することが難しい子どもの姿と出会うこともしばしばである。子どもはおとなと違って自分の気持ちや欲求，考えなどを言葉で表現したり，自分の気持ちを整理して人とかかわれたりする力が十分ではない。そのため，体の動きやちょっとした表情やしぐさ，あるいはおとなから見ると好ましくないような行動によって気持ちや考えを表すことが多い。保育者が見逃してしまうような小さな行動やつぶやきによって表れることもある。

　保育者は子ども一人ひとりの内面を理解し，信頼関係を築きながら，子どもが健やかに育っていくために必要な経験が積み重ねられる環境構成をしていくことがその専門性として求められている。そのため，子どもの生活する姿や遊びの中で見せる姿を記録し，それを読み返すことでその時のことを振り返ったり，他の場面とつなげてみたりすることで子ども理解を深めることが必要になる。また，記録には子どもだけでなく保育者自身のかかわりを含めて記すことも重要である。なぜならば，子どもがそこで見せる姿は保育者とのかかわりの中で見せている姿だからである。そのため，記録は子どもを理解するだけでなく，保育者が自分の保育を振り返る（省察する）手がかりでもある。それは，保育の計画を立てる時の土台でもある。

ワーク1

※エピソード1-4-1のタケシについて，あなたはどのような理解をしますか？
※友達同士で話し合ってみましょう。
※タケシに関して，明日以降の保育を考える時にどのような「ねらい」を立て，どのような「内容」を考えますか？

（3）保育における様々な記録

　保育における記録には様々なものがあり，また，その形式も一律ではない。ここでは保育における主な記録をみていく。

①子どもの園生活を支える基本的な記録

- 出席簿：子どもの出欠席の状況の記録
- 健康カード（記録）：年に数回行われる健康診断や毎月行われる身体測定等，子どもの健康に関する記録
- 保育日誌：園全体で日々の保育の実施内容を記録する。
- 保育記録：各保育者が自分のクラスや担当している子どもの姿等を記録する。

②保育記録の多様性

　保育記録は園や保育者によって様々である。どの形式が良いかは，子どもの実態や保育者が何を特に理解して保育を考えていきたいのかなどによっても異なる。

- 個人記録：子ども一人ひとりの記録。子どもの個人名を書いて，日々の様子を書き入れていくもの。発達の姿が大きく異なる低年齢の子どもや，4月など新しく出会った子どもの様子を把握するために有効である。
- クラス全体の遊びの様子を示した記録：クラス全体の環境構成を書き，それぞれの遊びがどのように展開しているのかを示した記録。子どもの興味や関心，友達関係，課題になっていることなどを捉えるのに有効である。
- エピソード記録：保育の中で特に印象に残ったこと（子ども同士のかかわり，子どもと保育者とのかかわりなど）をエピソードにまとめ，考察する記録。子どもの内面の理解，子どもの興味や関心，育ちのプロセスなどを捉えるのに有効である。
- ドキュメンテーション記録：子どもの遊びや生活する姿，つぶやき，遊びの中で生まれた作品などを写真や文字で残し，子ども理解や育ちのプロセスなどを読み取る記録。

③小学校との連携を目指す記録
- 要録：子どもが卒園する時に進学先の小学校に送付する一人ひとりの子どもの育ちの過程や園での指導の記録。幼稚園では「幼稚園幼児指導要録」，保育所では「保育所児童保育要録」，認定こども園は，幼保連携型では「幼保連携型認定こども園園児指導要録」，それ以外では，「認定こども園こども要録」と呼ばれている。小学校の教員がその子どもの育ちの過程を理解し，その子どもの良さや特徴など理解するために参考となる事項を書き込んでいく。

（4）子どもの観察の距離と記録

　子どもを観察して記録を書く時，子どもとの距離によっても書く内容は異なってくる。いわゆる俯瞰して書くのか，接近して書くのかということである。岡（2013）は，「鳥の眼と虫の眼」という表現を使い，保育者が捉える子どもの記録の特徴を述べている。

　「鳥の眼」というのは，鳥が空を飛びながら獲物を探す様子をたとえており，子どもを俯瞰してみるということである。「虫の眼」というのは子どもの表情や息遣いが感じられるいわゆる至近距離で，時にはそこにかかわる子どもと一緒に活動を行うことによって，子どもをみるということである。どちらの見方も長所，短所があるため，子どもを理解するために保育者はその両方の眼をもつことが必要になる。保育は子ども理解から始まるので「虫の眼」で子どもを理解することが重要であるが，一人の保育者が一人の子どもに一日中かかりきりになることは不可能である。また，クラス運営を行うためには，集団の中の個の育ちを見ていく視点，つまりは「鳥の眼」の視点も不可欠である。そのため，両方の眼で捉えた子どもの記録を重ね合わせながら，保育を深めていく必要があるだろう。

エピソード1-4-2

「鳥の眼」で捉えた記録
　AちゃんとBちゃんがままごとコーナーで遊んでいる。二人ともお母さん役になっているようで，エプロンを着けている。ままごとコーナーにある机の上にお皿を並べそれに食べ物をのせながら笑っている。どうやらおやつの準備をしているらしい。ままごとコーナーの近くで絵本を読んでいたC子は二人の遊んでいる様子を，絵本を抱えたまま見ている……

「虫の眼」で捉えた記録
　AちゃんとBちゃんがままごとコーナーでエプロンを着けて遊んでいる。AちゃんがBちゃんに「昨日みたいにお母さんごっこしよう！」と誘ってBちゃんもうなずき，この遊びは始まった。二人ともエプロンを着けることでお母さんになった気持ちが高まるのか，「今日のご飯カレーですよ」「子ども達がそろそろ帰ってくるわ」などお母さんらしい言葉も出てきていて，遊びが深まっている様子がうかがわれる。絵本を読んでいたC子は絵本をもったまま，ままごとコーナーに近付いていき，二人の様子を楽しそうに見ている。遊びに入りたいのかもしれないが，絵本を抱えている様子から続きを読みたいのかもしれない……

ワーク②
エピソード1-4-2の2つの記録の特徴を話し合ってみましょう。

ワーク③
　幼稚園，保育所，認定こども園などに行き，子どもの姿を観察して記録してみましょう。その際，可能であれば，「鳥の眼」で捉えた記録と「虫の眼」で捉えた記録を書いてみましょう。

2．保育における計画

（1） 保育における計画の意義

　幼稚園，保育所，認定こども園は，就学前の子どもの保育を行う公的な施設である。その営みにおいては，子どもの自発性や主体性を重視しながらも，各施設がもつ目的や目標を果たす使命がある。そのため，保育者の気分や興味・関心だけで保育を行うことはできず，また，子どもの興味や関心だけに頼って保育を行うこともできない。大切なことは，保育者が子ども理解に基づき適切な環境を用意し，そこに子どもが意欲的にかかわることで，子どもが充実感を味わいながら，子どもの育ちを十分に支えることができるようにすることである。

　また，保育においては，小学校教育のように国が定めた教科書のようなものはない。教育や福祉の法令，幼稚園教育要領や保育所保育指針，幼保連携型認定こども園教育・保育要領などでは，保育の基本や方向性が示されているが，具体的な保育の内容や方法，そこで使用される教材や環境構成等が逐一示されているわけではない。つまり，その分，保育をしっかりと計画しながら適切な保育の内容・方法を考えることが必要になる。

　保育における計画は旅行の計画などのようにスケジュールだけを決めればよいというものではない。もちろん，スケジュール的な側面がないわけではないが，それ以上に，子ども自身がどのように育ちたいと願っているのか，加えて，保育者が子どもにどのような力を育み，どのような人に育ってほしいと考えるのかを意識し，「ねらい」を明確に示していくことが必要になる。子どもは個人差もあり，興味や関心も異なる。また，実際の保育はその時の流れや状況，季節や天候などによっても大きく左右されることが多い。そのため，保育の計画においては，スケジュール的な側面はむしろずれてくることが当たり前でもある。大事なことは，子どもがその子なりに自分の力を発揮していかれるような柔軟で発展性のある保育を組み立てていくこと(計画していくこと)である。

（2） 保育における計画の種類

　幼稚園教育要領，保育所保育指針，幼保連携型認定こども園教育・保育要領では，どこの施設に通っても子どもが公的な教育・保育を受けられるために，可能な限り，教育・保育の内容およびそのことを示す用語や文言が整理されている。

①**全体的な計画**

　「全体的な計画」とは，子どもの育ちを踏まえ，園の保育を総合的に行うための計画である。旧保育所保育指針では，保育所におけるすべての計画の最上位に位置する計画を「保育課程」としていた。しかし，平成29年度の改定以降，保育所保育の全体を包括的に表す計画として「全体的な計画」となった。

幼稚園においては,「教育課程」という一日4時間の標準保育時間の中で,入園から修了までを見通した計画,それに加えて,預かり保育,つまり「教育課程に係る教育時間の終了後等に行う教育活動の計画」を別に作成するという形で計画が作成されてきた。しかし,その2つの計画の関係や関連性などについては十分に触れられてこなかった。また,預かり保育は「教育活動」であると明記されているにもかかわらず,教育課程には含まれない「預かり」であるというニュアンスが強く,適切な計画などが作成されずにいる園もあった。現在では,そうした幼稚園での教育をすべて含んだ計画である「全体的な計画」が位置付けられ,この中に教育課程も預かり保育の計画などが含まれている。

　また,認定こども園という「教育及び児童福祉施設」は,その数も年々増えてきている。ここに通う子ども達は,保護者の状況に合わせた保育を受けている。そのため,認定区分が1号認定の子ども(短時間過ごす,いわゆる幼稚園の教育を受ける子ども)と2号認定(長時間過ごす,いわゆる教育と保育を受ける子ども)では,園生活での過ごし方は大きく異なる。加えて3号認定(3歳未満児で保育を受ける子ども)がいる。認定こども園の保育を包括的に示す計画として「全体的な計画」が位置付けられている。

　このように,幼稚園,保育所,認定こども園で「全体的な計画」が各保育施設に保育の全体を表す計画として,共通に位置付いたことは意義深いことである。しかし,それぞれの施設の特性によって,その内容は若干の異なりがあることも理解する必要がある。

> **ワーク❹**
>
> ・幼稚園教育要領　第1章 総則　第3 教育課程の役割と編成等　6 全体的な計画の作成
> ・保育所保育指針　第1章 総則　3 保育の計画及び評価　(1) 全体的な計画の作成
> ・幼保連携型認定こども園教育・保育要領　第1章 総則　第2 教育及び保育の内容並びに子育ての支援等に関する全体的な計画等　1 教育及び保育の内容並びに子育ての支援等に関する全体的な計画の作成等
>
> を読み,比較してみましょう。気付いたこと,共通点,相違点などをレポートにまとめてみましょう。

②指導計画

　指導計画とは,幼稚園,保育所,認定こども園において,子ども達が主体的に環境にかかわり,意欲をもって園生活を過ごし,遊びを中心とした活動に意欲的に取り組んでいかれるよう作成される具体的な計画である。指導計画には,子どもの長期的な発達や生活などを見通した年,学期や期,月などの長期的な指導計画と,より具体的な週や日などの短期的な計画がある。また,指導計画の形式は園ごと,あるいは保育者によって異なる場合

もある。いずれにしても，それぞれの保育者が子どもの実態を捉え，子どもの興味や関心，発達の課題などを明確にしながら適切なねらいや内容を示していかれる指導計画となることが必要である。また，指導計画には，乳幼児期の子ども達がそれぞれの育ちに適した生活を送り，必要な経験が得られるように，個人差や発達の連続性等にも考慮しながら作成する必要がある。

指導計画は，長期的な計画から短期的な計画へと立案されていくことが一般的である。先に述べたように短期的な計画になるに従い，より目の前にいる具体的な子どもの姿を捉えながら，具体的な指導や援助を考えていく必要がある。しかし，計画はあくまでも保育者が考えた仮説である。指導計画は予想した子どもの姿をもとに考えられる部分も多いため，実際の子どもの姿と異なることも多い。そのような場合，保育者は指導計画を柔軟に変更していく必要がある。子どもを指導計画に合わせるのではなく，あくまでも子どもを中心に，子どもに合わせて変更していくことが大切になる。

③**指導計画の作成および「ねらい」「内容」「幼児期の終わりまでに育ってほしい姿」**

指導計画の作成の具体的な手順は，以下の通りである。

長期の指導計画の場合は，まずは過去の子どもの記録や資料などを基に，子どもの発達のプロセスを予測していくことが必要になる。また，指導計画を作成する時にも「幼児期の終わりまでに育ってほしい姿」を意識することも必要になる。特に意識するのはこの時期にもっとも近い5歳児の指導計画になるだろうが，4歳児や3歳児，3歳未満児の指導計画においても意識することは必要である。しかし，それは低年齢の子どもに幼児の保育内容を繰り下げて行うことでもなければ，幼児期の終わりまでに育ってほしい姿を前倒しで身に付けさせることでもない。

子どもの育ちは日々の生活や遊びの中で積み重なりながら達成されていくものであり，時に後退したかのように思われる姿もある。つまり，「幼児期の終わりまでに育ってほしい姿」はいきなり身に付くものでもなければ，一方向的にその姿に子ども達が育っていくものでもない。それぞれの育ちの時期において，存分に必要な経験を重ねていくこと，楽しさや嬉しさだけでなく，葛藤や迷いなどを経験しながら次第に身に付けていくものである。

短期の指導計画の作成の場合，子どもの実態をより具体的に，より深く捉えることが必要になる。つまり，子どもが何に興味や関心をもっているのか，何につまずいているのか，どのような力が育ってきているのか，何を経験しているのかなどを捉える。その上で，保育者が子どもに育ってほしいこと，身に付けてほしいことなどの「願い」を盛り込みながら「ねらい」を立てる。保育者の「願い」と子どもの興味や関心のバランスをどのように考慮していくかは，非常に難しいところがある。保育者の「願い」だけが優先されてしまえば，子どもの自発性や主体性が失われてしまう。先に記したように，保育は日常性が強く，また，子どもによっては表現や発信が小さく，保育者が見逃してしまうことも多い。そのため，子どもの実態を捉えるためには，子どもの声や動きなどの小さなことにも心に留められる

専門性が保育者には必要になる。保育における指導計画は、そうした子どもの「声」や「姿」などを取り入れながら、保育者の願いをすり合わせて考えて作成していくところにその特性がある。

短期の指導計画は、長期の指導計画よりもより具体的なものであるが、あまりに「ねらい」や「内容」を狭めてしまうと、限られた時間や内容の中ですべての子どもが同じような姿を示すことを期待してしまいがちになる。

たとえば、しばしば実習でゲームや鬼遊びを行う指導計画を作成する時など、学生が立てた指導計画では、「ルールのある遊びを楽しむ」という「ねらい」が立てられ、「内容」に「ルールを守りながら、鬼遊びを楽しむ」とだけ書かれたものが多く見られる。しかし、ルールのあるゲームを楽しむためには、ルールを守ることだけが必要なのだろうか。もちろん、実習という限られた時間や活動の中での保育であるため、「ねらい」や「内容」を絞ることも必要である。しかし、鬼遊びを楽しんでいる子どもは、ルールを守ることだけでなく、仲の良い友達と一緒に遊べることを楽しんでいたり、思いっきり走ることを楽しいと感じていたり、つかまらないように逃げることのスリル感を感じていたりするなど、いろいろな思いをもっているはずである。また、遊びにおける「ルール」というのは既存に決められたものだけではない。そもそも鬼遊びが多様になっていった背景には、子ども達が遊びを楽しくするために、「高いところは捕まらない」「捕まったら動けないけど仲間が来ればもう一度逃げられる」「10数えたら安全地帯から出ないといけない」などを取り入れ、それらが整理されて遊びの「ルール」になっていったと考えられる。そのように考えていけば、「必要性に気付いたり」「考えを出し合ったり」「友達と思いを調整したり」する中で、遊びの「ルール」はつくられていくものでもある。ただ、鬼遊びができるようになったかどうかだけを保育者が評価するのではなく、考え、工夫し、迷い、葛藤している過程にある子どもの育ちの姿を捉えていくことが保育者の専門性でもある。また、こうした子どもが考え工夫していく姿は、幼稚園教育要領、保育所保育指針、幼保連携型認定こども園教育・保育要領などにも示されている「育みたい資質・能力」にもつながるものである（**図表1-4-1**参照）。

「ねらい」や「内容」が示されたら、それにふさわしい環境構成をする必要がある。保育は「環境を通して行う教育」であるため、どのような環境を準備していくかは、保育の中心的な課題でもある。通常、指導計画には環境構成図が示されるが、その環境の中で子どもがどのような姿を見せるのかを予想していきながら、必要な「指導や援助」を考えていく。「指導や援助」を考える時には、「ねらい」を意識することが必要である。なぜならば、保育者の「指導や援助」は「ねらい」によって変わるからである。たとえば、製作を行う場合にも、素材の多様性に気付いてほしい時と、作った物で遊ぶ楽しさを経験してほしい時と、友達と考えを伝え合いながら作る楽しさを経験してほしい時では「指導や援助」は異なってくるからである（**図表1-4-2**参照）。

> **ワーク5**
>
> （環境構成を含む）製作活動において以下の「ねらい」があった時には，具体的にどのような「指導や援助」が必要となるか，予想してみましょう。
> 1．素材の多様性に気付く。
> 2．作った製作物で遊ぶ。
> 3．友達とアイデアを出し合って製作を楽しむ。

3．記録と計画の実際

　指導計画の作成の基本は，子どもの日常の姿を捉え（記録），子どもの育ちのプロセスに即しながら，領域（乳児保育においては視点）ごとに示されている「ねらい」「育みたい資質・能力」「幼児期の終わりまでに育ってほしい子どもの姿」を意識していくことが必要になる。これらを図式すると**図表1-4-1**のようになる。

　では，実際に保育者が自分の記録を手掛かりにしながら，どのような指導計画を立てて保育を実践したのかを具体的な例から考えていく。

（1）保育者の記録

　保育者の記録のスタイルは多様である。その理由は，先述したようにどのような子どもの実態を捉えたいのかなどによって記録の取り方が異なるからである。入園したばかりの頃は一人ひとりの子どもの好きな遊びや性格のようなものなどがつかみきれておらず，仲間関係も築けていなかったりするために個人記録を取ることで一人ひとりの子どもの好きな遊びや興味・関心を捉えることが有効である。しかし，子ども同士の結びつきが出てくると，遊びごとで仲間関係や一人ひとりの子どもの興味・関心を捉えていく方が子どもの実態を理解しやすいことが多い。また，1週間とか1か月などの少し長いスパンで捉えた記録によって遊びや仲間関係の変化などが捉えられることもある。近年では写真などを使った記録を活用し，子どもの姿を視覚的に残すことで子どもの実態を捉えていく方法なども活用されている。保育者の捉えたい視点に即したふさわしい記録のあり方を模索していくことは大切である。

　p.74より，ある保育者の1週間の子どもの遊びを中心とした記録を手掛かりにしながら，指導計画の立案を具体的に示していく。

図表1-4-1　3歳以上児の保育を計画する基本

子どもの日常	3歳以上児の保育に関する領域におけるねらい	子どもの生活と育ちの評価（視点や領域の横断）	
発達過程　生活と遊び	**健康** ① 明るく伸び伸びと行動し，充実感を味わう。 ② 自分の体を十分に動かし，進んで運動しようとする。 ③ 健康，安全な生活に必要な習慣や態度を身に付け，見通しをもって行動する。 **人間関係** ① 保育所の生活を楽しみ，自分の力で行動することの充実感を味わう。 ② 身近な人と親しみ，関わりを深め，工夫したり，協力したりして一緒に活動する楽しさを味わい，愛情や信頼感をもつ。 ③ 社会生活における望ましい習慣や態度を身に付ける。 **環境** ① 身近な環境に親しみ，自然と触れ合う中で様々な事象に興味や関心をもつ。 ② 身近な環境に自分から関わり，発見を楽しんだり，考えたりし，それを生活に取り入れようとする。 ③ 身近な事象を見たり，考えたり，扱ったりする中で，物の性質や数量，文字などに対する感覚を豊かにする。 **言葉** ① 自分の気持ちを言葉で表現する楽しさを味わう。 ② 人の言葉や話などをよく聞き，自分の経験したことや考えたことを話し，伝え合う喜びを味わう。 ③ 日常生活に必要な言葉が分かるようになるとともに，絵本や物語などに親しみ，言葉に対する感覚を豊かにし，保育士等や友達と心を通わせる。 **表現** ① いろいろなものの美しさなどに対する豊かな感性をもつ。 ② 感じたことや考えたことを自分なりに表現して楽しむ。 ③ 生活の中でイメージを豊かにし，様々な表現を楽しむ。	ねらいと内容を通して育みたい資質・能力 (1) 豊かな体験を通じて，感じたり，気付いたり，分かったり，できるようになったりする「知識及び技能の基礎」 (2) 気付いたことや，できるようになったことなどを使い，考えたり，試したり，工夫したり，表現したりする「思考力，判断力，表現力等の基礎」 (3) 心情，意欲，態度が育つ中で，よりよい生活を営もうとする「学びに向かう力，人間性等」	育みたい資質・能力の幼児期の終わりまでに育ってほしい具体的な子どもの姿 (1) 健康な心と体 (2) 自立心 (3) 協同性 (4) 道徳性・規範意識の芽生え (5) 社会生活との関わり (6) 思考力の芽生え (7) 自然との関わり・生命尊重 (8) 数量や図形，標識や文字などへの関心・感覚 (9) 言葉による伝え合い (10) 豊かな感性と表現
幼児期の終わり			

4歳児クラス　すみれ組　計19名（男児10名／女児9名）　担任　H.W.
10月18日（月）〜22日（金）

　運動会から数週間経ち，子ども達は落ち着いて遊んでいる姿が多く見られている。運動会を通して体を動かす楽しさを経験した子も多く，外遊びも活発である。大きな行事を終えたことで自信を付けた子も多いようだ。以前よりも自分の思いや考えを表現しようとする子どもが多くなってきている。

〈園庭〉
縄跳び：先週までは運動会のプレゼントでもらった縄跳びで一人縄跳びに挑戦する子どもの姿が多く見られたが，なかなかうまく跳べずにあきらめてしまったり，他の遊びに興味が移った子も多く，今週は数人の子ども達だけが一人縄跳びを続けていた。縄の回し方などをアドバイスしたり，もっと励ましたりすればあきらめずに続ける子も多かったのかもしれないと反省した。一人縄跳びをあきらめた子ども達も，大縄跳びが始めると参加して挑戦する姿が見られた。大縄跳びで跳べることで，縄跳びの面白さを感じたり，跳ぶコツをつかんだりすれば，また一人縄跳びに挑戦する気持ちになるのではないかとも考えられるのでその姿を見守っていきたい。縄跳びに限らず，運動会の経験で得た体を動かすことの心地よさを感じながら，少し難しいことにも挑戦しようとする気持ちを育てていきたい。
　ヒカリは毎日一人縄跳びに挑戦し続け，今週，ついに前回しが10回できるようになった。そのことがうれしいらしく，毎日，「先生，見てて！」と私や近くにいる保育者に声をかけて披露している。常に10回続けて跳ぶことはできないのだが，自分ができたことを認められ，励まされたりすることがうれしい様子である。ヒカリの姿が他の子どもの刺激になってくれると良い。

しっぽ取り：運動会で行ったしっぽ取りを継続して遊んでいる。チーム分けも自分たちで行っているが，仲の良い友達と同じチームになりたくて，人数が異なってしまうなど，チーム決めでもめている様子も見られる。そのような時には保育者を呼びに来たりもするので，お互いの気持ちを聞いたりしているが，できるだけ子ども達で解決の糸口が見付けられるようにもしていきたい。

砂遊び：天気の良い日が多いこともあり，砂場はいつもにぎわっている。他のクラスの子ども達も遊んでいることが多いので，自然と異年齢での交流も見られている。同じクラスの子どもに何かモノを取られたりするとひどく怒るユウヒも，相手が小さい

組の子ども達だと気遣うようで，この間はやさしく諭している姿，取られないように何気なく隠す姿などがありほほえましく思った。ユウヒも徐々に相手の気持ちを考えながら行動できるようになっているのかもしれない。砂場はしっぽ取りや縄跳びに疲れた子どもが後から加わることもあり，子どもにとっては気持ちが落ちつく場所になっているようであり，そこをまた丁寧に受け止めていきたい。

〈室内〉

　サトルを中心とした男児たちのヒーローごっこ，女児たちのままごと，ままごとの遊びからのつながりでジンたちが自動販売機を作り始める姿が見られていた。

ヒーローごっこ：1学期から時々途切れながらも続いている遊びである。先週，運動会が終わったことを機に剣やベルトなどを保育者と一緒に新しいものに作り替えたので，再度，遊びが盛りあがっている。ヒーローのポーズをとることや決め台詞を言うことの繰り返しの遊びには，マンネリ化を感じているようなので，大積み木での基地づくりを提案してみたところ，子ども達も賛成してくれた。しかし，基地のイメージがかみ合わず，基地づくりはなかなか進まなかった。TVで見た基地にこだわるハヤトと自分たちのアイデアで作っていきたいサトルのイメージが衝突する姿も見られた。ハヤトは今まではサトルの言うことを聞くだけで満足している様子だったので，ハヤトの変化は大切にしていきたい。同じく，みんなの流れにただついていくだけであったタカアキも自分の考えを強く主張する場面が一度だけだが見られた。基地を作ることだけを目的としないで，自分の考えを伝えること，お互いの意見をすり合わせて遊ぶという体験ができるように見守りながら援助していきたい。

ままごと：ミサキなどの女児を中心に続いてきたが，運動会のお弁当づくりという新しい要素が加わり，盛り上がりを見せている。サンドイッチやおにぎり，空揚げなど，実際に自分が食べたようなものを作って，バスケットや箱に丁寧に入れている。お弁当の売り出しも始まり，買いに来た男児たちが「飲み物がほしい」ということでペットボトルを探したことから，ジュースの自動販売機が出来上がった。ユウミが自動販売機係になり，段ボールの青いところを押すとペットボトルのジュースがもらえるという簡単な仕組みから始まったが，マサハルたちが加わり，自動販売機に飲み物の絵やボタンなどが描かれるようになった。この遊びは面白くなりそうなので，継続していくようにしたい。

この記録の中には，子どもの姿だけではなく，保育者がその姿からどのような<u>援助の方向を考えていったのか</u>も記されている。この部分が，次に指導計画を立てる時の土台になってくる。

（2） 記録から指導計画へ

　子どもの実態を捉え，保育者自身が考えたり願ったりしたことを土台にしながら指導計画は立てられる。この保育者は，以下のような「ねらい」「内容」を踏まえ，週間指導計画を作成した（図表1-4-2参照）。

　　　　　行事：28日（木）誕生会　10月の誕生児　マユミ　ダイキ　コウタロウ
　　　　　　　　　　　　　　　　　　　　　　　　　　10月25日（月）〜29日（金）

〈ねらい〉
・好きな遊びを通して体を動かす心地よさを楽しむ。
・自分の思いや考えを伝えたり，相手の思いや考えを聞くことの大切さに気付く。
・様々な素材を使ってモノづくりの楽しさを味わう。
・友達の誕生日をお祝いする。

〈内容〉
・縄跳びや鬼遊び，しっぽ取りなど，戸外で体を十分に動かす。
・できたことを喜んだり，難しいことに挑戦する喜びを感じる。
・自分の思いやアイデアを伝えるとともに，相手の思いや考えに気付く。
・いろいろな素材（段ボール，大積み木，クレープ紙，綿等）を使って，遊びに使うものを考え，作ろうとする。
・誕生会に参加し，友達の誕生日を祝う。

ワーク6

　図表1-4-2の指導計画例1を見て，「ねらい」「内容」「環境構成」「子どもの活動」「指導・援助」のつながりを考えてみましょう。また，この指導計画に加えてみたい「指導・援助」について意見を出し合ってみましょう。

図表1-4-2　指導計画例1（3歳以上児の週間指導計画）

10月第4週　指導計画　4歳児　すみれ組　計19名（男児10名／女児9名）　担任：H.W.					
〈前週までの子どもの姿〉 園庭では縄跳び，しっぽ取り，砂場など好きな遊びに取り組み，体を動かすことを楽しんでいる。1学期から続いていたヒーローごっこから基地づくりが続いているが友達同士でイメージがかみ合わず，なかなか完成までに至っていない。ままごとから弁当づくり，自動販売機という新しい要素を加え，本物らしいものにしたいという気持ちが生まれてきている。			〈ねらい〉 好きな遊びを通して体を動かす心地よさを楽しむ。自分の思いや考えを伝えたり，相手の思いや考えを聞くことの大切さに気付く。様々な素材を使う楽しさを味わう。友達の誕生日を祝う。 〈内容〉 縄跳びやしっぽ取りなどで体を十分に動かす。頑張ったことを喜んだり，難しいことに挑戦しようとする。自分の思いや考えを友達にわかりやすく伝える。友達の思いや考えに気付き，一緒に考えようとする。いろいろな素材を使って作ることを楽しむ（段ボール，クレープ紙，綿等）。誕生会に参加し，友達を祝う。		〈環境構成〉 必要な材料を子どもの目の付く場所に用意しておく。また，子どもが作りたいものを実現できるような素材や作り方を一緒に考える。誕生児のプレゼントの準備を子ども達と一緒に行う。秋の自然物などをさり気なく飾り，季節の変化にも気付けるようにする。意見が対立した時にはお互いの考えが最後まで言えるように援助し，相手の考えや思いを理解できるようにしていく。 〈環境の再構成〉 色水づくり（絵の具，ペットボトル等），廃材製作
	25日（月）	26日（火）	27日（水）	28日（木）	29日（金）
子どもの活動／保育者の指導や援助	基地ごっこ お家のイメージで基地を作りたいサトルと，テレビで見た基地にしたいハヤトとで意見が分かれていた。他の子ども達も含めて自分の考えを言えること，相手の思いに気付くこと等を大切にしていく。 〈環境の再構成〉 色水遊び （ジュースづくり） 移動販売グッズづくり （廃材利用）	ままごと（弁当づくり） 唐揚げ・ウインナー等の素材を作ることに凝っている子と，箱やかごに詰めて飾ることに凝っている子がいる。それぞれの思いが満足できるような素材を用意しておく。自動販売機づくりの男児達とお互い影響し合いながら遊びを進めていきたい。 自動販売機づくり 先週はただ段ボールに書いてある模様をボタンに見立てるところから，絵を描いてそれらしいものにしようとする動きが出てきた。普段なかなかそうした丁寧にモノづくりをするタイプではないジンが熱中しているので気持ちを持続させたい。 自動販売機のイメージが付きやすいよう，カタログをさりげなく置いたり，油性のマジックや廃材なども置いておくようにする。お弁当を作っている女児達から影響を受けられると良いと思う。		誕生会 誕生児へのプレゼントづくりは，仲良しの友達を中心に行っていく。前日は何の歌をプレゼントするかをみんなで相談し，練習もしたい。 砂遊び いろいろなクラスの子ども達とのかかわりを大事にしていけるようにする。自分達で考えながら遊びを進めていかれるので，木の実や木の葉など素材を用意しておく。 絵本 『おかえし』『14ひきのおつきみ』『もりのかくれんぼう』 紙芝居 『ききみみずきん』『ヘンゼルとグレーテル』	縄跳び・しっぽ取り等 天気の良い日は外での遊びにも誘っていくようにする。各自が挑戦したいことに取り組めるようにし，頑張ったことなどは適切に認めていくようにする。
	25日（月）	26日（火）	27日（水）	28日（木）	29日（金）
評価・省察	自分の考えを言えるようになってきた姿を大切にしたく，基地づくりに多くの時間，かかわった。ハヤトは初めはテレビで見た基地と同じということを主張していたが，基地の外枠ができて，中の空間に入り込むとそのこだわりはなくなっていったようだった。食料が必要というアイデアを自分で出し，女児達が作ったお弁当を買いに行く姿もあった。基地の中にはパソコンがないと敵の様子が見えないというアイデアをタカアキが出し，それにみんなも賛同し，空き箱でのパソコンづくりが始まった。もっと基地の外観などを工夫するのかと思ったが，パソコンづくりの方に関心が行き，各自がパソコンづくりに熱中。みんなで一つのものをつくるよりまずは自分のイメージを自由に出して何かをつくる経験の方が必要なのかもしれない。	自動販売機づくりは，本物らしく作りたいという思いが出てきたので，カタログを置いておいたのだが，ジンはあまり関心をもたなかった。それよりも，空のペットボトルでは飲み物がないのと同じなので，中にジュースみたいなのを入れたいと言ってきた。そこで，急きょ絵の具で，色水のジュースづくりをすることにした。色水づくりを始めると，そのこと自体に面白さを感じて今日はその遊びに熱中して終わった。弁当づくりの女児達も加わり，色水づくりに熱中する子ども達が大かった。もしかすると，自動販売機への関心はそれほど強いものではなかったのかもしれないし，本物のように転がって出てくるようなイメージをもちにくかったのかもしれない。	ジン達は登園してくるとすぐに「色水やりたい」と要求してきた。そのため，今日は準備から一緒に行おうと，絵の具も気前よくたくさん手伝ってもらった。色水もみんなで相談したり考えたりして色を混ぜていった。途中，色を混ぜすぎあまりきれいでない色もあったが，それも面白いようだった。今日は，たくさんジュースができたので，ゴウの提案で売り歩くことになった。他のクラスにも売りに行きたいというので，移動販売ができるためのグッズづくりを一緒に行った。結果，ジュースの移動販売の遊びが始まった。誕生児へのプレゼントは順調に完成し，明日，数人で最後の仕上げをしようと思う。歌のプレゼントは，誕生児達も含めて相談して決めた。「きのこ」は皆が好きな歌なので楽しみである。	誕生会はみんな楽しんで過ごせた。歌も大好きな歌だったので，元気よく楽しそうに歌えていた。年長にも負けない迫力のある声で歌っていた。誕生会後はみんなで外で遊ぼうという提案をし，外に出てしっぽとりや大縄跳びをした。「ゆうびんやさん」の歌に合わせて跳べる子が増えてきた。ユウスケは27回も跳べて，みんなから拍手。得意げな顔で再度挑戦していた。ヒカリも郵便屋さんで17回跳べるなど，練習の成果が出ている。午後はそれぞれ好きな遊びに取り組んでいたが，あまり時間に余裕がなく，パソコンが完成したサトルやハヤト達基地づくりのメンバーは物足りなさそうであった。明日は十分に遊ぶ時間を取りたいと思う。	

（3） 3歳未満児の指導計画

　平成29年度に告示された保育所保育指針，幼保連携型認定こども園教育・保育要領では，満1歳未満児の乳児保育，および，1歳以上3歳未満児の保育内容が従来よりもさらに充実して記されている。その理由として，3歳未満児の保育ニーズが高くなり，在園数も伸び続けているという実態がある。

　乳児保育については，身体的発達に関する視点「健やかに伸び伸びと育つ」，社会的発達に関する視点「身近な人と気持ちが通じ合う」，精神的発達に関する視点「身近なものと関わり感性が育つ」の3つの視点を保育者がもちながら子どもの育ちを捉えていくことが示され，各視点に「ねらい」「内容」が示されている。満1歳以上3歳未満児の保育においては，5領域ごとに「ねらい」「内容」が示されている。

　3歳未満児については，「一人一人の子どもの生育歴，心身の発達，活動の実態等に即して，個別的な計画を作成すること」（保育所保育指針，幼保連携型認定こども園教育・保育要領）と記されている。個人差，月齢差が顕著であるこの時期の子ども達の指導計画においては，満3歳以上の子どもより，さらにその子どもに合わせて指導を考えていくことが重要になる。乳児期での経験が幼児期の育ちにつながり，幼児期での経験が学童期へとつながっていく。そのような連続性を視野に入れると，幼い子どもの指導計画においても「幼児期の終わりまでに育ってほしい姿」を意識していくことは必要である。それは，子どもの育ちを急がせることや知識のようなものを教えて早期に身に付けさせることではない。その子どもなりにその年齢にふさわしい生活を存分に過ごすことによって得られた経験が「幼児期の終わりまでに育ってほしい姿」につながるということを意識することである。このことを図式すると**図表1-4-3**，**図表1-4-4**のようになる。

図表1-4-3 乳児保育を計画する基本

子どもの日常	乳児保育のねらい	子どもの生活と育ちの評価（視点や領域の横断）	
発達過程 ↓ 生活と遊び ↓ 幼児期の終わり	**視点** **健やかに伸び伸びと育つ** ① 身体感覚が育ち、快適な環境に心地よさを感じる。 ② 伸び伸びと体を動かし、はう、歩くなどの運動をしようとする。 ③ 食事、睡眠等の生活のリズムの感覚が芽生える。 **身近な人と気持ちが通じ合う** ① 安心できる関係の下で、身近な人と共に過ごす喜びを感じる。 ② 体の動きや表情、発声等により、保育士等と気持ちを通わせようとする。 ③ 身近な人と親しみ、関わりを深め、愛情や信頼感が芽生える。 **身近なものと関わり感性が育つ** ① 身の回りのものに親しみ、様々なものに興味や関心をもつ。 ② 見る、触れる、探索するなど、身近な環境に自分から関わろうとする。 ③ 身体の諸感覚による認識が豊かになり、表情や手足、体の動き等で表現する。	ねらいと内容を通して育みたい資質・能力 (1) 豊かな体験を通じて、感じたり、気付いたり、分かったり、できるようになったりする「知識及び技能の基礎」 (2) 気付いたことや、できるようになったことなどを使い、考えたり、試したり、工夫したり、表現したりする「思考力、判断力、表現力等の基礎」 (3) 心情、意欲、態度が育つ中で、よりよい生活を営もうとする「学びに向かう力、人間性等」	育みたい資質・能力の幼児期の終わりまでに育ってほしい具体的な子どもの姿 (1) 健康な心と体 (2) 自立心 (3) 協同性 (4) 道徳性・規範意識の芽生え (5) 社会生活との関わり (6) 思考力の芽生え (7) 自然との関わり・生命尊重 (8) 数量や図形、標識や文字などへの関心・感覚 (9) 言葉による伝え合い (10) 豊かな感性と表現

図表1-4-4 1歳以上3歳未満児の保育を計画する基本

子どもの日常	1歳以上3歳未満児の保育に関わる領域におけるねらい	子どもの生活と育ちの評価（視点や領域の横断）	
発達過程　　生活と遊び　　↓　　幼児期の終わり	**健康** ① 明るく伸び伸びと生活し，自分から体を動かすことを楽しむ。 ② 自分の体を十分に動かし，様々な動きをしようとする。 ③ 健康，安全な生活に必要な習慣に気付き，自分でしてみようとする気持ちが育つ。 **人間関係** ① 保育所での生活を楽しみ，身近な人と関わる心地よさを感じる。 ② 周囲の子ども等への興味や関心が高まり，関わりをもとうとする。 ③ 保育所の生活の仕方に慣れ，きまりの大切さに気付く。 **環境** ① 身近な環境に親しみ，触れ合う中で，様々なものに興味や関心をもつ。 ② 様々なものに関わる中で，発見を楽しんだり，考えたりしようとする。 ③ 見る，聞く，触るなどの経験を通して，感覚の働きを豊かにする。 **言葉** ① 言葉遊びや言葉で表現する楽しさを感じる。 ② 人の言葉や話などを聞き，自分でも思ったことを伝えようとする。 ③ 絵本や物語等に親しむとともに，言葉のやり取りを通じて身近な人と気持ちを通わせる。 **表現** ① 身体の諸感覚の経験を豊かにし，様々な感覚を味わう。 ② 感じたことや考えたことなどを自分なりに表現しようとする。 ③ 生活や遊びの様々な体験を通して，イメージや感性が豊かになる。	ねらいと内容を通して育みたい資質・能力 (1) 豊かな体験を通じて，感じたり，気付いたり，分かったり，できるようになったりする「知識及び技能の基礎」 (2) 気付いたことや，できるようになったことなどを使い，考えたり，試したり，工夫したり，表現したりする「思考力，判断力，表現力等の基礎」 (3) 心情，意欲，態度が育つ中で，よりよい生活を営もうとする「学びに向かう力，人間性等」	育みたい資質・能力の幼児期の終わりまでに育ってほしい具体的な子どもの姿 (1) 健康な心と体 (2) 自立心 (3) 協同性 (4) 道徳性・規範意識の芽生え (5) 社会生活との関わり (6) 思考力の芽生え (7) 自然との関わり・生命尊重 (8) 数量や図形，標識や文字などへの関心・感覚 (9) 言葉による伝え合い (10) 豊かな感性と表現

（4）特別な配慮を必要とする子どもの指導計画

　近年ではどの園においても，障がいのある子ども，海外から帰国した子ども，日本語の習得に困難のある子どもなど，特別な配慮を必要とする子ども達の存在がある。子ども達一人ひとりが園生活が楽しむことで生涯にわたる生きる力の基礎を培う経験ができるようにするためには，一人ひとりに即した必要な指導や環境構成などについて考えていくことが不可欠である。そのため，特別な配慮が必要な子どもには個別の指導計画を作成し，その子どもの現在の姿に必要な「ねらい」「内容」，クラスや園全体で行う活動などにおいての配慮事項などを整理し，明確にしていくことが重要である。

　具体的な例をあげれば，じっとしていることが他の子ども達に比べて苦手な子どもの場合，必要以上に動きまわってしまったり，衝動的に他の子どもに手を出してしまうことがある。自分の動きが上手にコントロールできずにいることに対して最も困っているのは本人である。そうした子どもの困り感を保育者が理解し，ふさわしい指導や援助を工夫しながら，その子ども自身が安定することで自分をコントロールしていく力が身に付けられるようにすることが必要となる。

　また，来日したばかりで入園した外国人の子どもは，言葉や文化が異なる生活の中で，多くの不安や困惑を抱えている。そのような状態の子ども達に，他の日本の子どもと同じ姿を求めるのは無理がある。そのため，まずはその子どもの出身国の文化や生育歴等を保育者が理解し，その子どものわかる言葉（母語）等も使いながら，子どもとの信頼関係を築き，その子どもが安心して園生活を過ごせるようにすることが必要となる。こうした特別な配慮を織り込んだ指導計画によって，子ども一人ひとりの育ちを支えていくことが重要である。

　指導計画の具体例を示すと，**図表1-4-5**の指導計画例2のようになる。これは12月の月間個別指導計画である。これは4歳児の時に診断を受け，療育機関などにも通って指導を受けているが，園生活の中で友達と一緒に過ごす経験がその子の育ちに有効であると考えられている子どもの例である。

図表1-4-5　指導計画例2（月間個別指導計画）

12月　月間個別指導計画　4歳児　さくらんぼ組　児童名：A男　担任教諭：○○　補助教諭：△△		
〈前週までの子どもの姿〉 ・インフルエンザで数日休んだ後は、落ち着かず走り回ったり、通りがかりに友達を突き飛ばしてしまったりする姿が見られた。保育者が他児の気持ちを伝えると反省する姿もみられた。 ・自宅で見たテレビ番組のことをよく覚えており保育者に一方的に話す姿も多かった。話を最後まで聞くと落ち着いて遊びだすが、こちらの質問には返答が少ない。 ・片づけや身支度などは相変わらず苦手だが、保育者からの励ましで最後までやろうとする時もあった。	〈ねらい〉 ・遊びや生活などを通して、安心して園生活を過ごす。 ・好きな遊びを通して、保育者や他の子どもとのかかわりを深める ・友達と一緒に行事（生活発表会）を楽しむ 〈内容〉 ・好きな遊びを楽しむ。（お絵描き、製作、鬼ごっこなど） ・わからないこと困ったことなどを、自分の気持ちを保育者に伝えようとする。 ・他の子どもの気持ちに気付こうとする。 ・遊びや園生活のルールを知り、守ろうとする。 ・生活発表会の行事に期待をもって参加し、楽しむ。 ・行事を通して友達とかかわる楽しさ、頑張ったことを認めてもらえることを喜ぶ。	〈行事〉 ・生活発表会 ・誕生会 〈関連機関や保護者との連携〉 12月16日 療育センター指導員の先生の訪問 12月5日 生活発表会への参加について保護者と面談。

〈環境構成・援助〉
・保育者も一緒に遊びに参加し、トラブルになりそうな時には介入する。
・砂場に必要な材料は用意しておく。

〈友達と鬼遊びを楽しむ〉
・走ることが好きなので遊び始めてしまえば喜ぶ。
・自分が鬼がやりたい時にできないと怒って友達をたたいたりする。
⇒A男の気持ちを受け止めながら、友達の気持ちにも気付けるように丁寧に話す。

〈牛乳パックでの電車製作〉
好きなものを製作する時などは落ち着いて椅子に座っていられるようになった。
〈プラネタリウムづくり〉
遠足で行ったプラネタリウムの印象が強かったようで、同じように作ろうとする。
⇒図鑑を見ながら、星座を書き写しているので、一緒に楽しみながら、他児ともつながりがもてるようにしたい。

園庭：鬼遊び・砂場　　電車製作・プラネタリウム製作

A男

お絵描き　　生活発表会

〈生活および健康面への配慮〉
・身支度は言われてやるまでにとても時間がかかる。たまに早く遊びたくてさっと済ませられる時があるので、次の活動を伝えて身支度する必要性を丁寧に伝えていきたい（焦らせない）。
・常に動きまわっているため、疲れてしまって機嫌が悪くなることも多い。A男自身は動きを止めたくても衝動的に動いてしまうのだと思われる。好きな電車の図鑑を見る時間をつくったりしながら、休息が適宜とれるように気を付ける。
・嫌いな食べ物も「先生見てて」と頑張る姿が出てきた。頑張りを認め、自己肯定感が高まるようにしたい。

〈電車の絵を描く〉
相変わらず好きな電車の絵を描くことを楽しんでいる。
⇒大作の山手線の15両連結の絵を保育室に貼ったところ、同じ電車が好きなG夫が興味をもち、最近は一緒に電車の絵を描く姿も見られる。この関係を大事にしていきたい。

〈環境構成・援助〉
・劇のストーリーを絵で示し、流れがつかめるようにする。
・A男が立つ位置にはテープで丸く印を付けわかりやすいようにする。

〈みんなと一緒に歌を歌ったり、演じたりすることを楽しむ〉
・自分が出る時には張り切って行う姿があるが、他の子どもの番の時に待つことが難しい。
⇒劇の流れを丁寧に伝えながら、少しずつ慣れるようにしていく。
・当日の雰囲気に驚き興奮したりする。
⇒当日は少し早めに登園してもらい、少し外で遊んで発散してから本番を迎えるようにする。雰囲気に徐々に慣れるようにする。舞台に出ることを嫌がる時には無理はさせないが、友達に声をかけてもらうなどして一緒に参加する意味を伝えていくようにする。

〈評価・省察〉
　生活発表会に向けての練習は、その日の気分でやってみたり激しく拒否をしたりと安定しなかった。特に女児達のダンスの時間は長く、じっとして待つことが難しかった。それでも、A男が親しみをもっているK美に注意をされ落ち込む姿が見られたのは成長の証と捉えた。当日は何とか参加でき、保護者も喜んでくれた。自分で決めたクマ役をやり遂げたことで少し自信をもてたようにも感じる。
　製作では、電車製作と先月から始まったプラネタリウムをつくっている。A男なりのこだわりで、星座の名前を調べては模写しているがとても楽しい様子。電車製作で一緒に遊んだG夫が興味をもったが、A男のこだわりがわからず、いざこざになりすぐに他の遊びに行ってしまった。A男が楽しく遊ぶ経験の中で友達の存在を心地よく感じられるようになることが課題だと思う。

4．保育の実践・評価と省察，カリキュラム・マネジメント

（1） 評価と省察

　保育は，計画→実践→評価→改善→計画…という操り返しであることは，このテキストで繰り返し述べられている。保育における記録は，保育者が行う評価・改善の第一歩であり，記録を書くことで気が付いたことなどが明日以降の保育の計画に活かされるという構造になっている。

　指導計画例1（**図表1-4-2**），指導計画例2（**図表1-4-5**）を見ると，すでに保育が行われた後の「評価と省察」が記されている。指導計画そのものは，評価・省察を除いた部分であるのだが，通常，指導計画の中にはこの例のように評価・省察等が記せるような形式をとっていることが多い。それは，記録によって見えてきた新しく見えてきたことについて，必要があればすぐに指導計画に反映し，活かしていくことができるからである。

　指導計画例1を例にあげると，自動販売機づくりから，色水を使ったジュースづくりを始めている子どもの実態が記録されている。保育者は，計画を立てた段階では子ども達が自動販売機の機械をもっと本物らしく作りたいと思うのではないだろうかと予想しており，それに向けての援助や材料などを用意していた。実際，保育者自身もそうした材料を使うことで，ジン達にモノづくりを楽しむという経験をしてほしいという思いを抱いていた。しかし，ジン達は自動販売機を本物のように作ることではなく，ペットボトルに液体を入れて本物の飲料水やジュースみたいにしようと考えたのである。ジン達の思いに応え，保育者は環境の再構成を行っている。これが指導計画に加えられた「環境の再構成」の部分である（図表1-4-2左下網かけ部分）。このように，指導計画は，子どもの実態に合わせて常に変化していくという側面を抱えている。

　一方，指導計画には修正が加えられたが，その修正は子どもの興味や関心，活動内容などに関するものであり，「ねらい」や「内容」そのものにはほとんど影響を受けていないことがわかる。具体的に言えば，色水を使ったジュースづくりを楽しんだ後にジン達はジュースを自分達で売り歩くという「移動販売」という遊びを加えていった。「移動販売」をするためには，ジュースを運べるモノづくり，つまり，遊びに必要な新たなモノづくりが必要となっている。同時に，ジン達が動きまわりながら自分たちのジュース屋さんを伝えることが基地ごっこで遊んでいる子ども達の遊びと結びつく可能性も生じてきている。このように保育者の予想とは違う遊びの展開になったものの「モノづくりの楽しさ」「相手の思いや考えを聞くことの大切さに気付く」は経験され，指導計画の「ねらい」とのズレはほとんどないと考えられる。実際の保育においては，常にこのようにうまくいく時ばかりではないのだが，保育者が子どもの興味・関心を的確に捉え，指導計画を修正することで，子どもの主体性が発揮されながら保育者の立てた「ねらい」が達成されていくということも多い。

子どもを無理に計画に当てはめることでは，もっとも大切な子どもの主体性が失せ，遊びそのものの活気がなくなり，結果として「ねらい」も達成できなくなる可能性が強くなる。

> **ワーク7**
> ジン達の「ジュース屋さん」の遊びがさらに盛りあがるためには，どのような環境構成や保育者の援助が考えられますか？ グループで考えてみましょう。

（2）カリキュラム・マネジメント

　保育者の評価・省察は日々の保育の中で蓄積され，活かされていくことによって，保育の質が向上されていくものである。一方，その取り組みが保育者間で差が生じたり，また，保育者一人だけでは捉えきれる範囲が限られてしまったりすることもある。そのため，園という組織全体で，園の保育全体について評価・改善を行っていくということを意識し，そうした機会を恒常的にもてることを保障していく必要がある。そうした取り組みを「カリキュラム・マネジメント」という。

　幼稚園教育要領ではカリキュラム・マネジメントについて，以下のように示されている。（幼保連携型認定こども園教育・保育要領でもほぼ同じ文章で掲載されている）。

第1章　総則
　第3　教育課程の役割と編成等
　　1　教育課程の役割
　　　（前略）また，各幼稚園においては，6に示す全体的な計画にも留意しながら，「幼児期の終わりまでに育ってほしい姿」を踏まえ教育課程を編成すること，教育課程の実施状況を評価して，改善を図っていくこと，教育課程の実施に必要な人的又は物的な体制を確保するとともにその改善を図っていくことなどを通して，教育課程に基づき組織的かつ計画的に各幼稚園の教育活動の質の向上を図っていくこと（以下「カリキュラム・マネジメント」という。）に努めるものとする。

　第6　幼稚園運営上の留意事項
　　1　各幼稚園においては，園長の方針の下に，園務分掌に基づき教職員が適切に役割を分担しつつ，相互に連携しながら，教育課程や指導の改善を図るものとする。また，各幼稚園が行う学校評価については，教育課程の編成，実施，改善が教育活動や幼稚園運営の中核となることを踏まえ，カリキュラム・マネジメントと関連付けながら実施するよう留意するものとする。

保育所保育指針ではカリキュラム・マネジメントという文言は使用していないが，以下のように示されている。

保育所保育指針
第1章　総則
　3　保育の計画及び評価
　　(5)　評価を踏まえた計画の改善
　　　　ア　保育所は，評価の結果を踏まえ，当該保育所の保育の内容等の改善を図ること。
　　　　イ　保育の計画に基づく保育，保育の内容の評価及びこれに基づく改善という一連の取組により，保育の質の向上が図られるよう，全職員が共通理解をもって取り組むことに留意すること。

　「教育課程」「全体的な計画」の評価・改善を行うためには，「指導計画」の評価・改善の繰り返しがその土台となる。そのため，「指導計画」における評価・改善について組織的に取り組んでいくことも「カリキュラム・マネジメント」である。
　たとえば，指導計画例2は，障がいのある子どもの個別の指導計画であるが，この反省・評価で示されている事柄，たとえば当日の子どもの様子などをクラス担任同士で検討し子ども理解を深め，さらに園全体でも検討することで，子どもが主体的に取り組める行事の在り方などを考えていくことが可能である。あるいは，評価・省察には記されていないが，行事に関して保護者との連携を具体的にどのように行っていったのかなどを検討することで，園全体の保護者との連携，保護者への子育ての支援などを評価・改善していくことも可能である。日々の保育に対する評価・省察から保育を改善し続けていくことが，園の保育の質の向上につながっていくのである。

第5章
子どもの育ちを支えるための連携

1. 重視される連携

(1) 「移行」の多様化

　2015(平成27)年度より，子ども・子育て支援新制度が施行された。これまでの保育制度の枠組みを大きく変更するものであり，現場においても様々な変化が生じている。たとえば，次のような幼稚園の例がある。

> **エピソード1-5-1**　幼稚園の満3歳児の受け入れ
>
> 　新制度の施行に伴い，満3歳児保育を始めた。幼稚園は本来満3歳の4月から新入園となる。しかし，新制度の施行に伴う保育施設の変化や待機児童の受け入れの必要性から，年度途中で満3歳の誕生日を迎えた子どもを随時入園できるようにしたのである。そのことが混乱を引き起こした。
>
> 　その幼稚園では，年度途中の満3歳児を，3歳児の年少クラスに受け入れていた。しかし，年度当初から3歳児として集団生活をしている子ども達と，満3歳になって途中からクラスに加入した子どもとでは，生活の在り方が全く異なる。それを一緒にしているから，生活の流れが調整されない。途中入園の子はなかなかクラスの生活に馴染めずに不安定である。しかも一人目が少し慣れてきた頃に，二人目三人目が入園してくる。年間を通すと10人以上になり，毎月誰かしらの入園があるような状態である。
>
> 　新入園児が慣れないだけでなく，その不安定な様子が在園児にも影響してしまう。3歳児クラスとして落ち着いた状態がないまま，1年を過ごすことになる。翌年も3歳児クラスは同じような状態になるから，3年保育として積み上げていくことが，困難になってしまっている。

　このエピソードに類似するようなことがあちこちの幼稚園で生じている。新制度の影響

の一つである。新制度は，幼稚園，保育所という2元化されていた制度を，「施設型給付」として一つにまとめようとしており，そのことによって，特に幼稚園に大きな変化をもたらした。というのは，新制度は非定型的形態を強化する仕組みになっているからである。

　本来幼稚園は，満3歳以上の子どもを保育する施設であり，4月の年度当初に入園した園児は，転勤等の事情がなければ，3月の年度末まで在園する。年度途中での変動は基本的に生じない。年度当初，新入園の3歳児は当然慣れるのに時間がかかるが，それは例年のことであり，保育者も事前に予測を立てて対応する姿勢をとっている。

　それが，年度途中で満3歳の誕生日を迎えた子どもを受け入れるとなると，様子が違ってくる。そのことの戸惑いを先の例は示している。翻って考えてみると，エピソードのように年度途中での入園は，保育所では一般的である。しかし，保育所でエピソードのように対応に苦慮しているということはない。

　待機児童が発生していない地域の保育所は，年度始めの入所より，年度途中の入所の方が多い傾向にある。それは，保育を必要とする状況が4月に生じるわけではないからである。産休や育休の終了，働き始めのタイミング，家庭の事情の発生などは，年間を通していつ起きるかわからないものであり，そのため保育所への入所は年度途中になるのが一般的である。

　そして，保育所において，先ほどの例の途中入園児は，2歳児である。保育所には当然2歳児クラスがあるから，その子たちは同年齢クラスに入ることになる。そしてクラス運営も，途中入所があるのを前提にしているので，配慮がなされている。保育者が戸惑うことはない。

　それに対して先の例の幼稚園では，途中入園の満3歳児は，年齢が上のクラスに編入される。また，途中入園を想定していないので，子どもより保育者の戸惑いの方が大きい。これでは対応することが難しくなるのは，容易に想像できる。対応策としては，保育所と同様に考えればさほど難しいことではない。しかし，幼稚園にとっては，そのように意識を切り替えることに困難さがある。

　ここに生じているのは，定型的形態から非定型的形態への変化である。定型的形態とは，年度当初から年度末まで，クラス編成がなされたら人数の増減が生じないような形態である。

　非定型的形態とは，年度を通して人数の増減がしばしば生じるような形態である。このような形態は，福祉分野では一般的である。たとえば特別養護老人ホームでは，常時利用者の入れ替わりがあるのが普通である。年度当初から年度末まで一定ということはない。

　保育所は児童福祉施設であり，従来から非定型的形態である。それに対して幼稚園は，従来は定型的形態であった。しかし，子ども・子育て支援新制度が施行されることにより，非定型的形態の比重が大きくなってきている。そのことを表すのが，施設型給付における子どもの認定区分であり，保育料の応能負担である。子どもの認定区分は，次の図表1－5－1のようになっている。

図表1-5-1 施設型給付費等の支給を受ける子どもの認定区分

子ども・子育て支援法では，教育・保育を利用する子どもについて3つの認定区分が設けられ，これに従って施設型給付等が行われる（施設・事業者が代理受領）。

認定区分	給付の内容	利用定員を設定し，給付を受けることとなる施設・事業
満3歳以上の小学校就学前の子どもであって，2号認定子ども以外のもの（1号認定子ども） （第19条第1項第1号）	教育標準時間 （※）	幼稚園 認定こども園
満3歳以上の小学校就学前の子どもであって，保護者の労働又は疾病その他の内閣府令で定める事由により家庭において必要な保育を受けることが困難であるもの（2号認定子ども） （第19条第1項第2号）	保育短時間 保育標準時間	保育所 認定こども園
満3歳未満の小学校就学前の子どもであって，保護者の労働又は疾病その他の内閣府令で定める事由により家庭において必要な保育を受けることが困難であるもの（3号認定子ども） （第19条第1項第3号）	保育短時間 保育標準時間	保育所 認定こども園 小規模保育等

（※）教育標準時間外の利用については，一時預かり事業（幼稚園型）等の対象となる。

内閣府「子ども・子育て支援新制度ハンドブック（平成27年7月改訂版）」内閣府ホームページ，2015年

　認定区分に応じた保護者の利用料は，どの認定であっても応能負担である。応能負担とは，保護者の経済状況に応じて負担割合を変動させる仕組みである。保育所の保育料は，以前から応能負担であった。

　それに対して，従来の幼稚園は，保護者の保育料負担は一律であり，応能負担ではなかった。しかし，新制度に移行した幼稚園，それに認定こども園は，保育所同様の応能負担になっている。

　従来は，子どもは施設に在籍することによって位置づけられていた。幼稚園だから幼稚園児，保育所だから保育園児という位置づけである。新制度においては，まず子どもの認定があり，その後所属する施設を選択することになる。そして，認定区分の基準にあるのが，「保育の必要性」である。

　以前は「保育に欠ける」という文言で示されていたが，この用語には，マイナスイメージがある，「欠ける」という用語が保護者の子育ての不十分さを意味している，などの批判があり，新制度の施行に伴い，「保育の必要性」となり，次の図表1-5-2のように示されている。

　この表でわかるように，従来よりも事由についての項目が増えているが，これは現在の社会状況を反映させようとしたからである。なお，「保育の必要性」の事由は，保護者というおとな側の事情を考慮するものとなっており，子ども側の事情は考慮されていない。たとえば，子どもに障がいがあるなどの事態は，保育を必要とする事由にならないということである。このことについては，いろいろな議論や批判があるが，現状ではこうなっている。

　さて，このように保育の必要性を基準とする認定区分が示されたことが，先述した幼稚園の満3歳児保育の混乱につながっている。つまり，幼稚園に非定型的形態が入ってきて

図表1-5-2 保育の必要性の認定について

1. **概要**
   ○子ども・子育て支援新制度では，実施主体である市町村が，保護者の申請を受け，客観的な基準に基づき，保育の必要性を認定した上で，給付を支給する仕組み。
   ○保育の必要性の認定に当たっては，①「事由」（保護者の就労，疾病など），②「区分」（保育標準時間，保育短時間の2区分。保育必要量）について，国が基準を設定。
2. **「事由」について**
   ○給付の対象となる教育・保育の適切な提供等に当たって施設・事業者に対して求める基準を設定。

現行の「保育に欠ける」事由	新制度における「保育の必要性」の事由
○以下のいずれかの事由に該当し，かつ，同居の親族その他の者が当該児童を保育することができないと認められること ①昼間労働することを常態としていること（就労） ②妊娠中であるか又は出産後間がないこと（妊娠，出産） ③疾病にかかり，若しくは負傷し，又は精神若しくは身体に障害を有していること（保護者の疾病，障害） ④同居の親族を常時介護していること。（同居親族の介護） ⑤震災，風水害，火災その他の災害の復旧に当たつていること（災害復旧） ⑥前各号に類する状態にあること。（その他）	○以下のいずれかの事由に該当すること ※同居の親族その他の者が当該児童を保育することができる場合，その優先度を調整することが可能 ①就労 ・フルタイムのほか，パートタイム，夜間など基本的にすべての就労に対応（一時預かりで対応可能な短時間の就労は除く） ②妊娠，出産 ③保護者の疾病，障害 ④同居又は長期入院等している親族の介護・看護 ・兄弟姉妹の小児慢性疾患に伴う看護など，同居又は長期入院・入所している親族の常時の介護，看護 ⑤災害復旧 ⑥求職活動・起業準備を含む ⑦就学・職業訓練校等における職業訓練を含む ⑧虐待やDVのおそれがあること ⑨育児休業取得時に，既に保育を利用している子どもがいて継続利用が必要であること ⑩その他，上記に類する状態として市町村が認める場合

内閣府「子ども子育て新制度について：V．保育の必要性の認定・確認制度」，2018年

いるのである。さらに，幼稚園において，教育課程終了後に行われる預かり保育も私立幼稚園を中心に一般的になっているが，これも保育の必要性への対応である。

このような移行は，新しく現れてきたパターンである。それ以外にも，思いつくままあげると，以下のようなものがある。

- 幼稚園における満3歳保育
- 幼稚園における標準時間の保育から預かり保育への移行
- 保育所における標準時間から延長保育への移行
- 認定こども園における3号認定から2号認定への移行
- 認定こども園における3号認定から1号認定への移行
- 認定こども園における1号認定児の預かり保育への移行
- 地域型保育給付の施設から幼稚園，保育所，認定こども園への移行

また，当然，園から小学校への移行というどの子も避けることのできないものもある。このように大きなものだけでなく，日常に潜む移行もたくさんある。登降園に伴う家庭と園との移行は，日常の移行の典型的なものである。このように子どもが経験する移行は多岐にわたることを認識しておく必要がある。

（2） 保育者が「応答的存在」であるということ

保育における移行の多様化をみてきた。同時にそれは，保育者同士の連携の重要性が高まっていることを示している。移行の多くは，保育者単独で対応できないからである。そのことが「応答的」という用語と関連する。

保育者は，子どもにとって応答的存在であることが重要である。幼稚園教育要領や保育所保育指針，幼保連携型認定こども園教育・保育要領において，原文だけでなく解説まで含めた文章の中に，「応答」「応答性」「応答的」という用語がしきりに使用されている。

では，「応答的」とはどういうことであろうか。

まず重要なことは，子どもの主体が前提にあるということである。子どもの主体的な動きがあり，そこに保育者は応答する，対応するという意味がある。その意味で，応答的とは，子どもの主体性を尊重している。

ただ，そこで終わりではない。私たちは日常語において，「応答」という用語を使用することはあまりない。それに対して「対応」という用語は，比較的よく使用される。では「対応」でもよいのではないかと思われそうだが，「対応的存在」とは言わない。それは，語感としておかしいというだけでなく，意味の深みを伴っていないからである。

「応答的」とは英語の"responsive"に相当する。"responsive"は"respond"（反応する，応える，応じる）から派生したものだが，"respond"からは"responsibility"という単語も派生している。"responsibility"は「責任」と訳されるが，これは「応答的」ということに関連しているのである。

"respond"の語源は，ラテン語の"respondere"である。これは，"re"は「返す」，"spondere"は「約束する」という意味なので，「返すことを約束する，約束をもって応える」という意味になる。

"responsibility"は，"respond"に"-ibility"を付けたものである。"-ibility"は，「－されうること」の意味であるから，「約束をもって応じられうること」「応えることが約束されうること」となる。ここから，「責任」という意味が生じてくる。

いささかわかりにくいが，これらを踏まえると，「応答的」とは，「約束という責任をもって応じる」という意味になる。

つまり，子どもにとって保育者が応答的存在であるということは，主体である子どもに対して，よりよい育ちの実現という保育者としての約束を伴った責任をもって応じていくということである。それは責任が大きすぎる，と感じるかもしれない。子どもという存在，

それも一人ではなく複数の子ども達の育ちに対する責任であるから，それを大きく感じるのも当然である。だから，応答的存在である保育者も一人では対応しきれない。したがって，責任を分担する必要がある。

一人の人間が他者に対して全責任を負うということは，現実的ではない。また，責任は分担できるものである。「担」は，「肩の上にのせて支える」という意味であるが，それを分かち合うのが「分担」である。大きな神輿を大人数で支える図を，イメージするといいかもしれない。大勢の肩の上に神輿という大切なものが担われている。

支え手のお互いの息が合っていなければならない，それが連携である。保育者は，担任という立場を意識しすぎると，孤軍奮闘に追い込まれ，孤立無援になりかねない。それでは，子どもの育ちを支えることは困難である。一人では，子どもを囲い込むだけになってしまう。担任としての役割の重要さは当然であるが，それが孤軍奮闘になってはいけない。

また，0～2歳児においては，複数担任になるのが一般的である。その際，担当制をきっちりと定めて，子どもと保育者を単線で結ぼうとすることは避けるべきである。年齢が低くなるほど，保育者と子どもの信頼関係，いわゆる愛着形成が重要である。しかしそのことは，一人だけで対応するということではない。愛着は，一人としか形成されないものではないし，またデジタル式の1か0のように，形成しているかしていないかという二者択一でもない。複数の保育者とゆるやかに形成されるものである。その意味で，保育者同士の連携が重要になる。

たとえた言い方になるが，一人の超人的な保育者による孤軍奮闘よりも，連携することを知っている一般的に優秀な保育者集団の方が，はるかに質の高い実践が可能になるのである。

前節で子どもには様々な移行があると述べた。その移行は，園内のものもあれば，園外との移行もある。それゆえ，連携は園内に止まるものではない。保育現場以外の様々な場や機関との連携も必要なのである。それらのことについて以下では考えていく。

2．日常の連携

（1） 家庭と保育現場の連携

保育は，保育現場だけで完結するものではない。子どもは，登園して降園するということを毎日繰り返している。家庭という生活の場と，園という保育の生活の場とを，日々乗り換えている。

家庭と保育現場をそれぞれ船にたとえてみよう。家庭という船と園という船，そこには大きな違いがある。家庭は，血縁など緊密な関係にある少人数を乗せている船である。園は，ゆるやかなつながりのある大人数を乗せている船である。

どちらの船も，それぞれのペースで進んでいる。登園とは，家庭という船から園という

船へ乗り移ることであり，降園とは，園の船から家庭の船に乗り移ることである。子どもは，これを日常的に繰り返している。

　それぞれの船だけで過ごしている時は，それぞれのペースで進めばいいかもしれない。しかし，船を乗り移るということは，一つの流れからもう一つの流れへと自分の身体を馴染(な じ)ませることである。乳幼児期の子どもにとってそれは容易なことではない。したがって，保育者は，十分な配慮をもってかかわることが求められる。

　保育の世界においては，朝の出会いが，ことのほか重視される。それは，子どもが二つの生活の場を移ることへの配慮である。そのときに大事なことは，お互いの速度を考慮する必要があるということである。特に園という船は，大勢が乗って進む。そこに移るためには，速度が速いと困難になる。ゆっくりであるから，落ち着いて乗り移れる。

　エスカレーターに乗るとき，そのスピードが速いと萎縮するだろう。エスカレーターの速度はゆっくりだから，私たちは乗り移れる。しかし，そのゆっくりさであっても，私たちは足の運びに注意を払っていく。それがうまくいかないと，体勢を崩したり転んだりする。

　それと同じで，園という船に乗り移るには，園の船の速度がゆっくりであることが必要であるが，同時に乗り移ってその速度に馴染んでいくことを支えてもらうことが，子どもには必要である。その支えをするのは，信頼できる人でなければならない。

> **エピソード1-5-2**　登園の風景
>
> 　ナギちゃん(2歳児)は，最近不安定な様子が見られている。母親が仕事の異動で以前より忙しくなったようで，気ぜわしい状態になっている。母親はそのことをわかっているが，対応することが難しいようで，自家用車で送ってきてナギちゃんを降ろし，保育者を拝むかのようにお願いしながら，慌ただしく職場へ向かっていく。ナギちゃんは，置いてきぼりにされたような気持ちなのか，後追いしながら泣いている。保育者が部屋に連れて行こうとしても抵抗している。そこで保育者は，門に入ってから園舎の方に向かわずに，園庭の反対側にある飼育小屋の方に向かう。園舎には行こうとしなかったナギちゃんだが，動物には惹かれたのか，ときどきしゃくり上げながら飼育小屋のところでじっとウサギを見ている。15分ぐらい経つと落ち着いてきたのか，泣き止んで体に力が入ってきた感じがうかがえる。その変化に沿うように保育者が動きを促すと，ナギちゃんは園舎に向かい，自分の部屋に入っていった。

　このエピソードで，ナギちゃんは，保護者の仕事の変化により影響を受けている。家庭という船も，常に同じ状態で進むわけではなく，いろいろな変化を被るものであり，その

影響は子どもにダイレクトに及んでいく。それまで落ち着いていたナギちゃんも，その変化を受けて登園時の泣き渋りが見られている。それまでであったら，登園したらそのまま保育室へ向かっていたのが，どうにもそうならなくなっている。その時子ども自身は，なぜそのようになっているのか，自分で自覚しているわけではない。なぜかわからないが，そのような行動や表現をとっているのである。自分でも自覚できないのであるから，そのような抵抗感をもったままの状態で登園から保育室までのいつもの朝の行動を取らせようとしても困難である。

　保育者はそのことがわかっているので，園舎から遠ざかるように，そして子どもの気持ちに方向性をもたせるように，飼育小屋へナギちゃんを誘っている。それがナギちゃんの気持ちの落ち着きにつながっている。

　飼育小屋にナギちゃんを誘うのは，いつでも有効とは限らない。このようなかかわりは，マニュアルとしてパターン化されるものではない。つまり，子どもが登園時に泣き渋ったら飼育小屋に連れて行けばいい，という理解の仕方をしてはならない。そうではなく，ナギちゃんの気持ちの揺れ動きを受けとめ，支えていくにはどのようなかかわりが必要かを，瞬時に的確に保育者が判断しての行動であると理解しなければならない。ウサギ嫌いの子どもを飼育小屋に連れて行ったりしたら，余計に情緒不安定になるだろう。それ以上に，子どもからしたら，自分を見ないでマニュアルにしたがって行動するようなかかわりは，とうてい受け入れられるものではない。

　このエピソードのように，家庭と園との連携を取ることが，子どもの生活を支えるために必要であるが，そのためにはナギちゃんにかかわる保育者が孤立していてはいけない。というのは，ナギちゃんの登園を受け入れるために，この保育者は短くない時間を使っている。その間にも，他の大勢の子ども達が登園してくるし，登園した子ども達はそれぞれに動き始めている。

　当然ながら，子ども一人に保育者一人という対応関係を全員に行き渡らせることはできない。ということは，その保育者がナギちゃんにゆっくりとかかわることができるためには，他の保育者との連携が背景にあることを見過ごしてはならない。

　もし保育者が孤立していたら，ナギちゃんにゆっくりかかわることはできない。そうすると，ナギちゃんの不安定さはより大きくなり，それが他の子どもにも増幅して伝わり，園全体が不安定な様相を示さないとも限らない。そんな状態で朝が始まる園生活は，とても不安定なものにしかならないだろう。

　つまり，先のエピソードは，ナギちゃん一人のことのようであるが，それが園全体の安定につながるものであり，それを可能にしているのが保育者同士の連携である。

　このような配慮は，降園という，園という船から家庭という船に乗り移る時にも必要である。

　登園と降園は，園生活という日常における大きな移行場面であり，保育現場と家庭の連携の要になる。それをしっかりと支えるためには，保育者同士の連携が重要なのである。

（2） 長時間化する保育

　登園，降園の重要さを先に示したが，同時に留意しなければならないのは，保育の長時間化である。幼稚園の保育は一日４時間を標準にしている。これは，幼保連携型認定こども園の１号認定の子どもも同じである。しかし現在では，一日４時間で降園する子どもは少なくなっている。１号認定の子どもには，その後に延長分として預かり保育となっている子が増えている。それも午後６時頃までの長時間の預かり保育が一般化している。１号認定の子どもは，本来は４時間の保育時間であるが，実際には預かり保育を含めて，朝から夕方まで園で過ごすことが日常化している。

　２号・３号認定の子どもの標準時間は，一日11時間である。なお，短時間は１日８時間である。この標準時間（短時間も同様）は，１号認定の子どもの標準時間とは意味が違う。１号認定の子どもの標準時間は最小を意味しており，一日４時間というのはそれが最小値である。一方，２号・３号認定の子どもの標準時間は最大値であり，一日11時間というのは最長それだけの保育が可能であるということである。

　意味はそのように違うが，一般に２号・３号認定の子どもの方が保育時間は長い。そして，２号・３号認定の子どもには，さらに延長保育がなされていることが多い。

　つまり，１号認定の子どもも２号・３号認定の子どもも，保育の長時間化の傾向がある。その背景には，女性の就労率の増加すなわち共働き家庭の増加や，長時間労働の実態などがある。それにともなって保育者の業務も増えているが，しかし，保育時間全体をカバーするような働き方を保育者ができるわけではない。

　登園から降園までを子どもとともに生活する，といっても，現実はそうはいかない。１号認定の子どもの４時間だけに限ればそれは可能かもしれない。しかしそれは少数である。

　１号認定の子どもが預かり保育をしている場合，預かり保育の担当保育者は，クラス担任とは別になることが多い。午後の数時間を担任とは別の保育者と過ごすのが，１号認定の子どもでは日常になる。

　２号・３号認定の子どもは，より長時間になる。延長保育を４時間分実施しているような園では，午前７時から午後10時までという15時間に及ぶ保育時間が設定されているところもある。そこでは，園の滞在時間が10時間をはるかに超えるような子どももいる。それは，保育者の職務時間を大幅に超えている。

　したがって，保育所や幼保連携型認定こども園において職員の勤務体制は，ローテーション形態やシフト制を取るのが一般的である。遅出の保育者が，午前９時に出勤してくる。そのとき園にはすでに大勢の子ども達がいて，保育者を出迎えてくれる。早出の保育者が午後４時に退勤する時，在園の子ども達が手を振って見送ってくれる。そんな風景が普通に見られる。

　朝保育者が子どもを出迎え，夕方保育者が子どもを見送る，そんな風景もあるが，その逆の風景もあるのが普通である。つまり，登園してからしばらくの時間帯での保育，夕方

から降園までの時間帯での保育，その時に子どもがかかわる保育者が，担任や担当の保育者とは限らない。それらが部分化していくと，子どもの日常が断片化してしまうことになる。それでは生活の流れのある園とはいえなくなる。モザイクをパッチワークで組み合わせたような，奇妙でそして子どもに大きな負担を要求する園になりかねない。

そうならないためには，保育者同士が支え合って，子どもの日常生活を，その根底から支えることが必要になる。たとえば，朝担当した保育者から次の保育者への受け渡しを，子どもの流れに応じて行う。その際，必要事項の伝達もなされる。降園の時も同じである。

そのためには，保育者全員が子どものことや生活の流れを把握し理解している必要がある。そして，今自分の動いていることが，他の保育者とのどのような連携によっているかということを考えないといけないし，逆に自分はどのような連携を取ることが必要かということを考えることも求められる。

（3） 地域との連携

園生活は，家庭の生活と連動していると述べた。園生活が連動しているのは家庭だけではない。どの園であっても，必ずどこかの地域に存在している。それがどのような地域であるかは，一言では言えない。本書が対象にしているのは日本国内の保育であるが，それでも様々な地域があり，住民の生活がある。それらと連携を取ることが重要になる。

その中で，特別な配慮を必要とする子どもにかかわることに伴う連携，卒園児が進んでいく小学校との連携は，この後別項目で扱う。本項では，それらを除いたところで，日常における地域との連携を考えてみたい。

地域との連携というとどのようなことを想像するだろうか。地域にある施設に出かける，地域主催の行事に参加する，そのようなこともある。しかしここでは，そのような形式的，イベント的なことではなく，もっと日常的なところで考えてみよう。

日常において地域とのかかわりをもつことが多いのは，園外保育だろう。地域に出て行って様々な人との交流がよく起きる場である。

エピソード1-5-3　　キュウリをもらった

これはある山間部の保育園でのことである。4，5歳児30名，保育者4名で園外保育に出かけた。この園では園外保育が盛んであり，子ども達も2，3kmの距離は，ごく普通に歩いている。ある時，軽トラックと行き会った。運転手は，野菜農家であり以前の園児の保護者であった。保育者が目視であいさつすると，車を止めて立ち話となった。子ども達は，軽トラックの荷台をのぞき込みながら，興味を示している。「これはキュウリだよ」と保育者がいうと，こんなにたくさん，とびっくりして荷台いっぱいのキュウリを見つめている。その様子を見た農家の人が，「そ

> れじゃあ，一人一本ずつあげよう」といって，子ども達に持たせてくれた。子ども達は大喜び。一本を丸ごと持つという体験に興奮しながらも，大事に持って帰らなくては，と帰り道が弾んだ。持って帰って給食室へのお土産になった。
> 　その日は無理だったが，翌日はキュウリのサラダが食卓に並んだ。子ども達は，散歩のときの様子を話しながら楽しそうに食べている。苦手な子どもも，この日は例外。おいしそうに食べている。キュウリがどんな人によって作られて，どんな風にして運ばれて，そして自分達の食卓まで来るのか，想像をふくらませる得がたい体験となった。

　このエピソードは，保育者と顔見知りの農家の人とのやりとりから生じた例である。散歩から人との交流が生まれ，それが子どものキュウリになり，食卓につながった。堅苦しくいえば，地域の農業への理解を深めるとか，食卓の素材への関心を高めるとかいえるだろう。でもそれを最初からねらいとするのではなく，散歩での偶然の出会いがもたらしてくれた，生活に彩りを添えるハプニングである。そしてそれは，人との交流があって生じたものである。

　類似のことを，前もって設定して行うことはできるかもしれない。農家の仕事に関心をもつように，連絡してそのような場を見せてもらうように計画することは，可能である。しかし，地域との連携を形として捉えるだけでなく，日常の中で出会う人との交流から広がる多彩さとして捉えることも大事である。そのような連携によって，保育施設は地域の中に根づいていく。

　これは園外での連携の例だが，園内における地域との連携もある。なぜなら，保育施設も地域と無関係に存在することはできないからである。

　たとえば，毎日の給食の食材は園外から搬入されている。搬入している業者，つまり人が必ず存在する。自動化の進む世の中であるが，まだかなりの部分で，現実の人間が介在しないと成立しない業務がたくさんある。画用紙やクレヨンなどの保育材料も，それを運んでくる人がいる。エアコン，パソコンなどの機器の調整や修繕にやってくる人もいる。地域によっては，保安のため警察官の立ち寄りがあったりする。

　これらの人たちの動線がどうなっているかは，園によって異なる。その姿がほとんど見えない園もあるかもしれない。しかし，中には，園庭を通り保育室前の廊下を通って人が行き来するようなところもあるだろう。その時，保育者はどのような振る舞いをしているだろうか。あれは保育とは直接関係ない人だからと，すぐ近くを通っても知らん顔をしているだろうか。それはもったいない話である。

　あいさつをする，ちょっとした言葉を交わす，そのような中で，世の中にはいろんな人がいるということを，子ども達が認識する場になる。保育施設というところは，内部に限ると人の多様性はあまり高くない。保育者，栄養士，調理師，看護師，事務員などの職種

はあるが，多様とよべるほどではない。

　それに対して園外からの人は，多様である。園での滞在時間は短いかもしれないが，そこでのちょっとしたやりとりが，子どもの世界を広げることになる。

　また，園庭開放を行っている園も少なくない。そのようなところには，何組かの母子がやってくる。そのかかわりによって，園の中だけではない子どもとの出会いもある。

　このような場において，保育者は他のおとなのかかわりを積極的にもつことが必要である。いわば，保育者が，子どもにとっての開かれた窓の役割を果たすことになる。

3．特別な配慮を必要とする子どもの保育をめぐる連携

（1）　特別な配慮とは

　特別な配慮，とはどのようなものだろうか。そこから考えていきたい。「特別」を考えるためには，対比的に特別ではないことを考えることになる。では，特別ではない，とはどういうことだろうか。

　特別ではない，というと，「普通」ということが思い浮かぶかもしれない。では普通とはどういうことだろうか。

　ここでは特別な配慮を必要とする子どもを考えるのであるが，それと対比すると，普通の配慮を要する子どもということになる。普通の配慮とはどのようなものだろうか。

　そもそも，特別・普通にかかわらず，配慮そのものを要しない子どもが存在するだろうか。それは存在しない。少なくとも，保育の対象時期である乳幼児期の子どもは，配慮そのものを要しない状態はない。

　乳幼児に対して配慮そのものをしなかったらどうなるだろうか。配慮されない0歳児という状況は，子どもの命にかかわることが容易に想像できる。では配慮されない5歳児はどうだろうか。登園してきてから保育者の配慮を受けないまま過ごしている，と仮定してみよう。その5歳児が，たとえば，鬼ごっこをしていてはずみで転倒し，足を打撲したとする。打撲の程度を自分で判断し，簡単な手当をするだろうか。骨に異常がないかどうかを確認するために病院に行くだろうか。そのことを想像することは難しい。いささか極端なことを示したかもしれない。でも，昼時になって昼食はどのようにするだろうか。遊んで服が汚れたら自分でさっさと着替えるだろうか。

　配慮そのものがなされない状態というのは，このように見てくると，いわゆる浮浪児，ストリートチルドレンの姿が思い浮かぶ。そして浮浪児は，決して健やかに生きて育つ状態とはいえない。

　『ホームレス中学生』という本が話題になったことがあった。ホームレスは，一般におとなであるが，それを中学生が行ったということで，際物的な内容とともにベストセラーになった本である。それを読むとわかるが，中学生はまだまだ対社会的な言動を十分とれな

いために，非常に危うい状態で過ごしている。それが書籍となって社会に受け入れられたのは，かろうじて生存を可能にしたからである。中学生でもかろうじて，である。乳幼児のホームレスは，まず生存可能ではないだろうと，そこから推測できる。

　言い換えれば，乳幼児は，信頼できるおとなの配慮を必然的に要するということである。だから，保育者は，「子どもとともに生きる」といわれるのである。それは単に一緒にいるということではなく，子どもに適切な配慮をすることを前提にしている。

　その上で，特別と普通を考えてみよう。いま述べたように，適切な配慮をすることは大前提である。適切な配慮，それを普通の配慮とまずよんでおく。その上で，特別と普通の違いをどう考えたらいいだろうか，ということになる。

　ぱっと思いつくのは，特別と普通の違いは，配慮の手厚さである。つまり，一般的に思われている以上の手厚さをしなければならない時に，それが特別ということになる。だが，その基準で，すんなりいくわけではない。たとえば，０歳児の着替えるという行為は，全面的に保育者に依存をしている。５歳児はかなりの部分自分で着替えることが可能である。それを対比して，５歳児の着脱の配慮は普通だが，０歳児の着脱には特別の配慮が必要だという言い方はおかしい。ここには子どもの状態に応じて，という視点が欠けている。子どもの発達の状態に応じて，と考えれば，どちらも適切な配慮であることがわかる。

　配慮において重要なのは，子どもの状態や発達に応じた適切さである。そういう視点において，普通や特別という違いはないといってよい。

　では，ここにいう特別な配慮を要するとは，どういうことだろうか。それは保育者の配慮の手厚さの意味ではない。特別な配慮とは，保育者や保育施設だけで対応することが困難なものを，他の職種や専門機関との連携によって，配慮を可能にすることである。

　一例として，与薬を考えてみよう。
　「与薬に関する留意点」として，保育所保育指針解説には次のようにある。

　　　保育所において子どもに薬（座薬等を含む。）を与える場合は，医師の診断及び指示による薬に限定する。その際は，保護者に医師名，薬の種類，服用方法等を具体的に記載した与薬依頼票を持参させることが必須である。
　　　保護者から預かった薬については，他の子どもが誤って服用することのないように施錠のできる場所に保管するなど，管理を徹底しなくてはならない。
　　　また，与薬に当たっては，複数の保育士等で，対象児を確認し，重複与薬や与薬量の確認，与薬忘れ等の誤りがないようにする必要がある。与薬後には，子どもの観察を十分に行う。（保育所保育指針解説　第３章１（３）エ⑤）

　子どもが薬を持参することは，現場ではよくある。その際の留意点であるが，ここで着目したいのは，「医師の診断及び指示による薬」のみを，「与薬依頼票」に基づいて保育者は子どもに薬を与えるということである。これは，子どもに薬を与えるという行為が，子ど

もへの侵害になってはならないからである。毒と薬は裏表，というように，与薬はきわめて危険な行為になる可能性がある。保育者は，それだけの責任を負う専門職ではない。だから，「保育園へ登園するこども達は，ほとんど集団生活に支障がない健康状態にあり，通常業務として保育園でくすりを扱うことはない。」(日本保育保健協議会ホームページ)として捉えられており，与薬は保育者の通常業務としては位置づけられていない。それを行うのであるから，与薬依頼票が必須になる。保育所保育指針解説の文章を解釈すれば，保育者は保護者の代わりに与薬するのではなく，医師の指示に基づいて特別に与薬を行うと理解できる。

　このことを踏まえれば，与薬は，特別な配慮を要する行為であるといえる。それは，保育者だけで配慮行為を決定できるのではなく，医師という他分野との連携によって成立する行為である。

　このように考えれば，特別な配慮を要する子どもとは，障がい児に限定されないことが理解される。

　障がい児は，確かに手厚い配慮を必要とすることが多い。たとえば，筋ジストロフィーのような難病を抱えている子どもは，5歳であっても着替えを自分で行うことに困難を伴うことがあり，そこでは保育者の手厚い配慮が必要である。しかしそれは，障がいゆえの特別な配慮ではなく，その子の発達の状況に対して適切な配慮が求められるということである。

　それに対して，食物アレルギーのある子どもに対しては，医師の指示に基づいて除去食を用意することが多い。除去食を行うには，単にその食品が含まれていないというだけでなく，包丁やまな板などの調理器具などを含めた完全除去が求められるが，それを保育者だけで対応することはできない。もちろん，食事のときに，誤配や誤食を防止するという配慮も含めて，他職種との連携をもって行うことが必要になる。これは特別な配慮といえるが，アレルギーのある子どもを，一般に障がい児とは呼ばない。

　このように，保育者が保育という行為を行うのに，自分の判断を根拠にして行えるものは通常の，あるいは普通の配慮といえる。それに対して，医師の指示や調理担当との連携など，他との連携があって初めて成立する配慮を，特別の配慮とよぶことができる。

(2) 保育者だけではない支え手

　前節で，特別な配慮とは，他との連携があって成立する保育上の配慮であると述べた。それが障がい児に対する配慮と混同されるのは，障がい児の保育が，保育者の通常の配慮に止まらないことが多いからである。ただそのために，障がい児以外において，たとえばアレルギーのある子どものように，特別な配慮を要する事態があることを見落としてはならない。

　そして，特別な配慮を要するということは，他との連携を必然的に要請することになる。保育者が，保育施設だけが，内部だけで完結することはできないことを意味する。ここで

は，近年増えている療育施設との並行通園の事例を考えてみよう。

> **エピソード1-5-4** 療育施設との並行通園
>
> サダムくん（3歳児）は，3歳児健診の結果，療育施設での療育をすすめられた。同時に，集団生活の経験の必要性も望ましいといわれたので，同一法人で保育園と児童発達支援を経営しているところを利用することになった。そこは，小規模の療育施設であり，保育園との距離が200メートルほどしか離れていないので，二つの施設の間をスタッフが子どもと一緒に歩いて移動している。スタッフが保育園にサダムくんを迎えに来て，療育が終わると，今度は保育園まで送ってくれる。
> 　サダムくんは，当初は不安で落ち着かなさそうにしていたが，いつも同じスタッフが送り迎えをしてくれるし，保育園の保育者との連携もとれているので，落ち着いて過ごせるようになった。保育園の保育者と療育のスタッフも，お互いの情報交換を直接行っているので，サダムくんの日常は安定してきた。
> 　保護者も，当初は早く発達させたいという焦りが見られたが，療育のスタッフ，保育園の保育者の両方とも日常的にかかわりがあるので，サダムくんの成長をゆっくり見守る姿勢をとれるようになってきた。

　療育施設と保育現場との並行通園は近年増加している。その際，連携が不十分だと，子どもは両方の現場での実践がねじれて，苦労することがある。子どものために行っていることが，子どもに負担をかけては本末転倒である。

　並行通園は，二つの現場の良さを生かし合うことが重要である。そのためには，先の事例のように，お互いの意思疎通を十分図って連携することが必要になる。実際にはこのように近接していない場合が多いと思われるが，だからこそお互いの意識的な連携が必要である。自分の守備範囲だけを考えているようでは，子どもの日常生活の質は保たれないのである。

4．小学校との接続

（1）小学校との接続がなぜ重要か

　本書の随所で触れられているが，子ども・子育て支援新制度の施行および要領・指針の改訂（定）によって，乳幼児の保育状況が格段に複雑になった。保育の必要性に対応することと，どの施設であっても幼児期の教育を保障することを同時に成立させるために，複雑になったことを理解しておく必要がある。その結果，保育状況において多様な移行が生じ，

連携の重要性がいやがうえにも増している。

その中でも最大の移行が，保育施設から小学校への移行である。どの保育施設に在籍していても，就学年齢に達すれば必ず小学校に入学することは，従来から変わりないが，今回の要領・指針の改訂(定)によって，この移行がより重視されることになった。それを明確にしたのが，「育みたい資質・能力及び幼児期の終わりまでに育ってほしい姿」である。

この「育みたい資質・能力」は，中央教育審議会教育課程企画特別部会において示された「育成すべき資質・能力」が土台になっている。そこでは，三つの柱として，

- 「何を知っているか，何ができるか(個別の知識・技能)」
- 「知っていること・できることをどう使うか(思考力・判断力・表現力等)」
- 「どのように社会・世界と関わり，よりよい人生を送るか(学びに向かう力，人間性等)」

という項目が，18歳までの成長を見通して示されている。

それを踏まえて幼児期における「育みたい資質・能力」が要領・指針に共通して示されたのである。同様の柱が，小学校，中学校，高等学校の各学習指導要領にも示され，学びの連続性を保障しようとしている。

移行は，移行前の状況から移行後の状況に移ることである。それは，前もって移行後の状況に合わせることではない。もしそうすると，前もって次の状況に合わせることが主となり，子どもが「今」を生きることを妨げてしまう。移行においては，今を生きることをどのように尊重し，それを次につなげるかということが重要になる。

小学校への移行についていえば，幼児期に十分な体験を蓄積することが，移行を乗り越える力となる。そのことは，次のようなエピソードからもうかがえる。

エピソード1-5-5　おれ，石になっとく

保育園を卒園したリョウタくん。新入学早々の頃，学童保育にやってきて，「おれ，石になっとくんだ」と保育者に話しかけてきた。どういうことかと聞いてみると，小学校では，保育園のように自由な活動がふんだんにあるわけではなく，時間割に沿って行動することが求められる。リョウタくんは，保育園では率先して活発に遊ぶ子どもであった。しかし，そのやり方が小学校では通用しないことを，早々に気づいたと見える。そこで先の発言になったのである。つまり，授業のときは石のようにじっとしておくことを自分で決めたわけである。リョウタくんとしては，小学校でも保育園と同様に活発に行動しようと思っていたが，どうも勝手が違う，だから授業中は動かないようにすると決めたわけである。

このエピソードのリョウタくんは，保育所と小学校の違いを理解し，それを自分なりのやり方で対応しようとしている。それが「おれ，石になっとく」という発言である。そして，

4月，5月と進むにつれて，授業に馴染んでいき，1学期の終わり頃には，生来の活発さを失うことなく授業に参加する姿が見られるようになった。

リョウタくんの例では，保育の場と小学校との違いを理解すること，そこでどのように行動すべきかを自分で判断すること，その判断を実行する行動力，というものが必要になることがわかる。保育においてそのような力が育まれていたから，移行を乗り越えられたのである。

小学校への移行に現れる力は，幼児期には潜在していて見えにくい。それが育まれるような保育実践になっているか，ということが問われるのである。決して表面的に小学校とつながるのではなく，子ども自身の移行する力を育てるために，小学校の教育についての理解を深めることが必要になる。

発達の在り方は，幼児期から学童期にかけて大きく変化する。幼児期の遊びを通して発達することから，学童期の指導によって学習することへの変化である。当然生活も，遊びを中心とした生活から授業における学習指導を中心とした生活に変わっていく。

そのためには，幼児期の保育者と小学校の教員とが，お互いの特徴を理解し合うと同時に，子どもの移行を支えられるように連携を取ることが重要である。そのポイントになるのが，保育者が小学校の学習内容への理解を深めることと，小学校教員が保育内容への理解を深めることである。

このことを保育者側から捉えていえば，次のようになる。まずは，保育者が小学校において，子どもがどのような生活をし，どのような学びを展開しているかを理解することである。そして，自分たちの保育内容を知ってもらえるように，小学校に向けて発信することである。

このような連携において留意しなければならないのは，何を学ぶのかということである。たとえば小学校の授業参観に参加した場合，教室での風景に目を奪われがちになる。そこで，小学校の授業の形式つまり子どもの学習スタイルが印象づけられてしまうと，保育においても授業のようなスタイルが必要だと間違えかねない。

小学校の授業を通して保育者が学ぶべきことは，学習スタイルではなく，学習の中身についての洞察である。子どもは，幼児期から学童期にかけて，学びのスタイルを大きく変えていく。遊びを通して学ぶスタイルから，指導を通して学ぶスタイルへの変化である。

小学校との接続というと，円滑に移ることがイメージされ，そのために変化が小さい方がよいように思われがちである。しかし実際には，子どもの学びのスタイルは大きく変化する。それは人間の発達上の特質である。そこにある程度の段差が生じるのはやむをえない。子ども自身の変化であるから，保育において小学校のような授業を行うのはおかしいし，小学校が遊びを中心とした生活になるのもおかしい。したがって，そこは合わせる部分ではない。そこに生じる段差を子ども自身の力で越えていくために，お互いの連携が求められるのである。

移行を乗り越える力を蓄積するのが保育である。保育者は，小学校での学びのスタイル

ではなく，その中身を洞察することにより子どもに育てたいものを認識し，それが実践を通して育まれるように取り組む。そしてそのことを小学校に的確に伝えていくことが必要とされるのである。

（2）　小学校との具体的な接続

　先に述べたように，小学校への移行を乗り越える力を蓄えることが，保育において求められている。そして，そのことを具体的な形にして小学校に引き継ぐことが，それぞれの要領・指針に示されている。次がその原文である。

　　　評価の妥当性や信頼性が高められるよう創意工夫を行い，組織的かつ計画的な取組を推進するとともに，次年度又は小学校等にその内容が適切に引き継がれるようにすること。（幼稚園教育要領　第1章第4　4（2））

　　　評価の妥当性や信頼性が高められるよう創意工夫を行い，組織的かつ計画的な取組を推進するとともに，次年度又は小学校等にその内容が適切に引き継がれるようにすること。（幼保連携型認定こども園教育・保育要領　第1章第2　2（4）イ）

　　　子どもに関する情報共有に関して，保育所に入所している子どもの就学に際し，市町村の支援の下に，子どもの育ちを支えるための資料が保育所から小学校へ送付されるようにすること。（保育所保育指針　第2章4（2））

　幼稚園教育要領，幼保連携型認定こども園教育・保育要領の文言と，保育所保育指針の文言とに少し相違があるが，いわんとすることは同じである。小学校との接続のために，情報共有するための資料の伝達が求められているのである。この名称は，それぞれ「幼稚園幼児指導要録」「幼保連携型認定こども園園児指導要録」「保育所児童保育要録」となっている。
　各保育施設によって呼称が違うので，ここでは，まとめて「要録」と記述していく。
　要録は，定まった様式があるわけではない。したがって，それぞれの保育施設において，あるいはそれぞれの地域において，独自の様式を定めることができる。ここでは，文部科学省が参考例として示している幼稚園幼児指導要録の様式を，次に示しておく（**図表1-5-3**）。同様のものは，幼保連携型認定こども園園児指導要録，保育所児童保育要録においても，それぞれ内閣府，厚生労働省から参考例として示されている。どれも類似の様式になっており，全国的に使用されていると思われる。
　ここで留意すべきは，領域と幼児期の終わりまでに育ってほしい姿とが，並記されていることである。領域，幼児期の終わりまでに育ってほしい姿については，これまでのところで説明されている。ただ，この様式例のように並記されていると，どうしてもこれを到

図表1-5-3　幼稚園幼児指導要録（最終学年の指導に関する記録）

ふりがな				平成　　年度		幼児期の終わりまでに育ってほしい姿	
氏名		平成　年　月　日生	指導の重点等	（学年の重点）		「幼児期の終わりまでに育ってほしい姿」は、幼稚園教育要領第2章に示すねらい及び内容に基づいて、各幼稚園で、幼児期にふさわしい遊びや生活を積み重ねることにより、幼稚園教育において育みたい資質・能力が育まれている幼児の具体的な姿であり、特に5歳児後半に見られるようになる姿である。「幼児期の終わりまでに育ってほしい姿」は、とりわけ幼児の自発的な活動としての遊びを通して、一人一人の発達の特性に応じて、これらの姿が育っていくものであり、全ての幼児に同じように見られるものではないことに留意すること。	
性別				（個人の重点）			
ねらい（発達を捉える視点）					健康な心と体	幼稚園生活の中で、充実感をもって自分のやりたいことに向かって心と体を十分に働かせ、見通しをもって行動し、自ら健康で安全な生活をつくり出すようになる。	
健康	明るく伸び伸びと行動し、充実感を味わう。		指導上参考となる事項		自立心	身近な環境に主体的に関わり様々な活動を楽しむ中で、しなければならないことを自覚し、自分の力で行うために考えたり、工夫したりしながら、諦めずにやり遂げることで達成感を味わい、自信をもって行動するようになる。	
	自分の体を十分に動かし、進んで運動しようとする。						
	健康、安全な生活に必要な習慣や態度を身に付け、見通しをもって行動する。				協同性	友達と関わる中で、互いの思いや考えなどを共有し、共通の目的の実現に向けて、考えたり、工夫したり、協力したりし、充実感をもってやり遂げるようになる。	
人間関係	幼稚園生活を楽しみ、自分の力で行動することの充実感を味わう。				道徳性・規範意識の芽生え	友達と様々な体験を重ねる中で、してよいことや悪いことが分かり、自分の行動を振り返ったり、友達の気持ちに共感したりし、相手の立場に立って行動するようになる。また、きまりを守る必要性が分かり、自分の気持ちを調整し、友達と折り合いを付けながら、きまりをつくったり、守ったりするようになる。	
	身近な人と親しみ、関わりを深め、工夫したり、協力したりして一緒に活動する楽しさを味わい、愛情や信頼感をもつ。						
	社会生活における望ましい習慣や態度を身に付ける。				社会生活との関わり	家族を大切にしようとする気持ちをもつとともに、地域の身近な人と触れ合う中で、人との様々な関わり方に気付き、相手の気持ちを考えて関わり、自分が役に立つ喜びを感じ、地域に親しみをもつようになる。また、幼稚園内外の様々な環境に関わる中で、遊びや生活に必要な情報を取り入れ、情報に基づき判断したり、情報を伝え合ったり、活用したりするなど、情報を役立てながら活動するようになるとともに、公共の施設を大切に利用するなどして、社会とのつながりなどを意識するようになる。	
環境	身近な環境に親しみ、自然と触れ合う中で様々な事象に興味や関心をもつ。						
	身近な環境に自分から関わり、発見を楽しんだり、考えたり、それを生活に取り入れようとする。				思考力の芽生え	身近な事象に積極的に関わる中で、物の性質や仕組みなどを感じ取ったり、気付いたりし、考えたり、予想したり、工夫したりするなど、多様な関わりを楽しむようになる。また、友達の様々な考えに触れる中で、自分と異なる考えがあることに気付き、自ら判断したり、考え直したりするなど、新しい考えを生み出す喜びを味わいながら、自分の考えをよりよいものにするようになる。	
	身近な事象を見たり、考えたり、扱ったりする中で、物の性質や数量、文字などに対する感覚を豊かにする。						
言葉	自分の気持ちを言葉で表現する楽しさを味わう。				自然との関わり・生命尊重	自然に触れて感動する体験を通して、自然の変化などを感じ取り、好奇心や探究心をもって考え言葉などで表現しながら、身近な事象への関心が高まるとともに、自然への愛情や畏敬の念をもつようになる。また、身近な動植物に心を動かされる中で、生命の不思議さや尊さに気付き、身近な動植物への接し方を考え、命あるものとしていたわり、大切にする気持ちをもって関わるようになる。	
	人の言葉や話などをよく聞き、自分の経験したことや考えたことを話し、伝え合う喜びを味わう。						
	日常生活に必要な言葉が分かるようになるとともに、絵本や物語などに親しみ、言葉に対する感覚を豊かにし、先生や友達と心を通わせる。				数量や図形、標識や文字などへの関心・感覚	遊びや生活の中で、数量や図形、標識や文字などに親しむ体験を重ねたり、標識や文字の役割に気付いたりし、自らの必要感に基づきこれらを活用し、興味や関心、感覚をもつようになる。	
表現	いろいろなものの美しさなどに対する豊かな感性をもつ。				言葉による伝え合い	先生や友達と心を通わせる中で、絵本や物語などに親しみながら、豊かな言葉や表現を身に付け、経験したことや考えたことなどを言葉で伝えたり、相手の話を注意して聞いたりし、言葉による伝え合いを楽しむようになる。	
	感じたことや考えたことを自分なりに表現して楽しむ。						
	生活の中でイメージを豊かにし、様々な表現を楽しむ。				豊かな感性と表現	心を動かす出来事などに触れ感性を働かせる中で、様々な素材の特徴や表現の仕方などに気付き、感じたことや考えたことを自分で表現したり、友達同士で表現する過程を楽しんだりし、表現する喜びを味わい、意欲をもつようになる。	
出欠状況		年度	備考				
	教育日数						
	出席日数						

学年の重点：年度当初に、教育課程に基づき長期の見通しとして設定したものを記入
個人の重点：1年間を振り返って、当該幼児の指導について特に重視してきた点を記入
指導上参考となる事項：
（1）次の事項について記入すること。
　①1年間の指導の過程と幼児の発達の姿について以下の事項を踏まえ記入すること。
　　・幼稚園教育要領第2章「ねらい及び内容」に示された各領域のねらいを視点として、当該幼児の発達の実情から向上が著しいと思われるもの。
　　　その際、他の幼児との比較や一定の基準に対する達成度についての評定によって捉えるものではないことに留意すること。
　　・幼稚園生活を通して全体的、総合的に捉えた幼児の発達の姿。
　②次の年度の指導に必要と考えられる配慮事項等について記入すること。
　③最終年度の記入に当たっては、特に小学校等における児童の指導に生かされるよう、幼稚園教育要領第1章総則に示された「幼児期の終わりまでに育ってほしい姿」を活用して幼児に育まれた資質・能力を捉え、指導の過程と育ちつつある姿を分かりやすく記入するように留意すること。また、「幼児期の終わりまでに育ってほしい姿」が到達すべき目標ではないことに留意し、項目別に幼児の育ちつつある姿を記入するのではなく、全体的、総合的に捉えて記入すること。
（2）幼児の健康の状況等指導上特に留意する必要がある場合等について記入すること。
備考：教育課程に係る教育時間の終了後等に行う教育活動を行っている場合には、必要に応じて当該教育活動を通した幼児の発達の姿を記入すること。

達目標のように理解してしまいがちである。

　繰り返しになるが，領域は，発達を見る窓口であり，経験内容と育ちの方向性を示したものである。幼児期の終わりまでに育ってほしい姿は，育みたい資質・能力と関連づけて示されているものであり，育みたい資質・能力は，18歳までの長いスパンで育ちを捉える軸になるものである。どちらも到達目標にすべきものではない。もしそのように理解してしまうと，要録の意味が失われてしまう。要録は，子どもの育ちの方向性を，小学校と共有するものである。

　そのためには，小学校との具体的な連絡会などの機会を利用して，理解の共有を図ることが必要である。というのは，小学校，中学校，高等学校で行われるテストは，到達度テストとして見なされることが多いからである。たとえば，中学校の中間テストや期末テストなどでは，試験範囲が定まっていて，そこでの学習の定着度をテストで測定するという，到達度テストとして実施されることが多い。そのことから，小学校以上の教員は，目標として設定したものにどの程度到達しているか，という視点を一般的にもっている。そこでの目標は到達目標である。

　したがって，小学校教員が，幼児期の終わりまでに育ってほしい姿を理解しようとすると，到達目標として理解する傾向があることが予想される。そうすると，小学校からは，要録の記入について，到達度がわかるような記述を求められる可能性がある。さらにいうと，幼児期の終わりまでに育ってほしい姿にどの程度到達しているかを，5段階評価するような要録の記述を要請してくるかもしれない。

　このことは，乳幼児期の保育者としては，断じて避けなければならない。そのためには，要録の内容の記入と同時に，それが方向目標に沿った記述であるという理解を，小学校と共有することが必要になる。そのために普段から，小学校との接続にあたり，お互いの特性をお互いが理解しつつ，子どもの育ちについての連携を図ることが重要になる。

ワーク1

小学校の教員に保育参観をしてもらうとして，どのような保育実践を行うか試みてみましょう。また，実際に行ってみて内容についてディスカッションしましょう。

ワーク2

本章で示した要録を，方向目標として記述することに注意しながら，パソコンで作成してみましょう。また，それを題材に，方向目標と到達目標の違いについてディスカッションしましょう。

Part 2

実 践

第1章
乳児保育（0歳児クラス）

1．乳児（0歳児クラス）の生活の実際

　0歳児の保育所（以下断りがない限り，認定こども園を含む）生活においても，子どもの主体的な生活という点，保育を通して「育みたい資質・能力」で表すという点などは1歳以上児と同じである。

　しかし，具体的な日々の生活（遊び）に目を向けると，同じように日々の生活（登園し遊んで，食事をして，午睡をして…）を営んでいるが，乳児期という発達の過程を踏まえると，その働きかけの方向（保育のねらいや具体的な内容）が大きく異なっている。

　保育所の一日の生活（以下断りがない限り，遊びを含む）を形づくるのは，日課（デイリープログラム）である。日課は，子どもの「寝る－食べる－遊ぶ」のリズムと子どもが暮らす社会を支えている生活のリズムとの折り合いの中で形づくられる。

　おおよそ0歳児は，一人ひとりの生理的なリズムをもとに，食事（ミルク・離乳食）－睡眠のリズムが個別にある。子どもの睡眠と覚醒のリズムが「夜は目覚めずに眠り，昼寝が一回，それ以外の時間は目覚めている」になると，集団の生活のリズムが成立する。昼寝一回のリズムが獲得されるのが，1歳過ぎ（0歳児クラスは，4月1日現在で0歳の子ども達で編成されるので，実際には産休明けの57日目の子どもから1歳11か月までの子どもがいる）であるから，それ以降は集団の日課が成立することになる。しかし，実際には発達の個人差や子どもの生活の背景などを配慮して，ゆるやかな日課で生活することになる。

（1）乳児（0歳児クラス）の一日の流れ

　最大の年齢幅で考えると，生後57日目から，1歳11か月の子どもが，一つの保育室で生活することになる。本章で取り上げる事例は，0歳児12人と保育者4人（＋1名）のクラスである。

　0歳児クラスの最大の特徴は，それまでの家庭での保護者との生活（それぞれの家族の生活の仕方がある）とは異なる場所での生活を初めて経験することである。また，発達的には，社会的な生活のリズムを獲得していく途上にあることである。したがって，0歳児の保育は，子どもが受けとめきれないような生活ではなく，できるだけ，一人ひとりの子どもの家庭での生活を尊重することになる。それは，子ども一人ひとりの生理的なリズム

に沿った日課であることが重要になる。

　０歳児における安心・安定した生活は，一人ひとりの生理的な欲求が満たされることが重要になる。しかし，この時期の子どもの欲求の読み取りは，繊細な表情やしぐさ，泣き声によって表現されるために難しいこともある。保育者が，できるだけ一人ひとりの子どもの欲求を的確に読み取って（その子どもの理解），その欲求に沿って共感的に応答するためには，ある程度持続した１対１の関係が必要になる。そのような関係の中で，子どもは欲求を満たされる経験をより多くすることになる。子どもは，欲求したことに共感的・応答的に対応される経験を重ねることで，応答する他者に対する，そして，欲求する自分自身に対しての基本的信頼感を形成していく。

　生理的な欲求である睡眠と覚醒のリズムを，一人ひとりの子どもに保障することが第一である。このリズムが保障されることで，子どもは機嫌よく目覚める。そのことが保育者を安心・安定させる。保育者の安心・安定が子どもからの欲求を読み取りやすくし，ゆとりをもった穏やかな対応へと導く。このような考えから，クラスの複数の子ども全体を複数の保育者で保育するという方法が導き出され，クラスの複数の子どもを数人に分ける（０歳児では１人で主に３人の子どもを担当，１，２歳児では１人の保育者が主に５，６人の子どもを担当する）という担当制が考え出された。本章で事例にあげた保育園は担当制をとっている。

　本節でこれからふれていくエピソードの，クラスの日課表が**図表２-１-１**である。この図表から０歳児は，ほとんど個別の日課表で生活していることが理解できる。さらに，この日課表に従って，それぞれの子どもが生活するための仕事の分担が示され，子どもに直接かかわる以外の準備と後始末を，保育者がいかに多くしているかがわかる。ここに，保育者の勤務時間が複雑に絡み合う（**図表２-１-２**）。この勤務表をもとにしながら，一人ひとりの子どもの生理的なリズムを尊重した生活，さらには子どもの興味・関心から保育を展開する，その保育を成り立たせている準備・後始末も合わせた日々の日課がある。このような複雑な要素を考えると，保育者間の連携（時間の流れの中での引継ぎ，あるいは，子どもとの生活の中での役割分担間の連携）が重要になる。たとえば，**図表２-１-１**の保育者ａがある週において，主に生活の準備や後始末に責任をもつとしても，その役割に固執することなく，保育者ａが担当している子どもにどうしても対応したほうがよい場合は，保育者間で連携して，代わってその仕事を引き受けるなど，子どもの安心で安定した生活を第一に考えて，柔軟に対応することになる。

図表2-1-1　ある日の0歳児クラスの日課表

保育者の動き			
主に保育者a 子どもの様子に応じて適宜交代	保育者a以外の保育者b，c，d 準備，後始末の状況に応じて適宜交代	日課（一日の生活）における配慮	
	●健康観察（顔色，表情，体温，傷の有無，爪の確認，前日や朝の様子を保護者に聞く）。 ●子どもの受け入れ，保護者対応。	◎身支度し気持ちを整える。 ◎家庭での過ごし方を考慮し，子ども一人ひとりが心地よく無理のない生活リズムを心がける。	
●ポットをスイッチON，70℃に設定。哺乳びんのセット。 ●（月）哺乳びんの殺菌30分。 ●ミルク，果汁を配膳室から受け取り，調乳室に保管，午前用ミルクの用意。 ●室内，廊下，トイレ整備，安全確認。 ●窓開け，洗濯物の片づけ。掃除機，床拭き，棚拭き。 ●玩具拭き。 ●おしぼりタオルづくり。ホットおむつづくり。 ●エプロンや衣類のセットを適所に置く。 ●おやつ準備。 ●テーブル，食卓イス，コンビラックのテーブルを拭く。エプロン，おしぼりの準備。 ●ワゴン運び。	●連絡事項の引き継ぎ。 ●健康観察（顔色，表情，体温，傷の有無，爪の確認，前日や朝の様子を保護者に聞く）。 ●子どもの受け入れ。 ●連絡帳確認，保護者対応。 ●アレルギー児の食事確認（欠席時は配膳室に連絡）。 ●子どもと遊び，一緒に過ごす。 ●子どもと一緒に遊びながらも，適宜，使っていない玩具を片づける。	◎長時間保育と日中保育がスムーズにつながるように，当番保育者と担任保育者で連絡を十分に取り合う。 ◎遊びの場面では子どもの要求を見極め，一人ひとりの遊びを大切にしながら，全員に目と心を配り，温かく見守り，機嫌よく過ごすよう配慮する。	
●おやつ準備。 ●テーブル，食卓イス，コンビラックのテーブルを拭く。エプロン，おしぼりの準備。 ●ワゴン運び。おやつ配膳。おやつの準備，片づけ。エプロン，おしぼりの片づけ。 ●床拭き。ワゴンをさげる。 ●おむつの仕分け。 ●冷凍母乳の解凍，用意あるいはミルクの用意。 ●使用した哺乳びんを洗う（殺菌庫に入れる）。 ●布団を敷く。 ●午睡室の温度，湿度の確認。 ●カーテンを閉める。カーテンを開ける。 ●布団の片づけ。	●子どもにエプロンをして，おしぼりで手を拭く。 ●おやつ介助，必要な子は授乳。 ●出欠簿記入，配膳室に人数報告。 ●おむつ交換。 ●授乳する。 ●子どもに合わせて抱っこやラックなどで寝かせる。 ●睡眠表記入（対応した保育者が記入）。 ●目覚め時そばについて顔を見せる。 ●子どもが落ち着いてから検温。 ●子どもと遊び，一緒に過ごす。 ●子どもと一緒に遊びながらも，適宜，使っていない玩具を片づける。	◎落ち着いた雰囲気のなかで，「おいしいね」「食べたいな」という気持ちがわくような語りかけをする。 ◎授乳は，胸に抱いてやさしく話しかけるなど，温もりを伝えながら行う。 ◎不快感を取り除き，「さっぱりしたね，気持ちいいね」と語りかけながらおむつを換え，気持ちのよい時間となるようにする。 ◎子どもの体調を把握し，必要に応じて一人ひとりの状態に合わせて眠りへと誘う。 ◎子どもの動き，発達を大切にし，運動機能の発達を助けるような玩具の工夫，やさしく温かい言葉かけをする。 ◎子どもの一人ひとりの要求を見逃さず温かく受け入れ，心の状態，成長に合わせて対応する。また，手肌の温もりや触れ合い，穏やかな語りかけで愛情豊かに接する。	
●食事準備。 ●テーブル，食卓イス，コンビラックのテーブルを拭く。エプロン，おしぼりの準備。 ●テーブル用，床用のバケツ準備。 ●ワゴン運び。 ●食事適宜配膳。 ●冷凍母乳の解凍，用意あるいはミルクの用意。食事の片づけ，床拭き。 ●エプロン，おしぼりの片づけ。 ●ワゴン片づけ。 ●テーブル用，床用のバケツを洗う。 ●テーブル拭き，雑巾を洗濯に出す。 ●使用した哺乳びんを洗う（殺菌庫へ入れる）。 ●午後用ミルクの用意。 ●適宜果汁や白湯などを用意。	●子どもにエプロンをする。また，できる子はできるところまで見守りながら手伝う。おしぼりで手を拭くことを手伝う。 ●必要に応じておやつ介助，必要な子は授乳。 ●出欠簿記入，配膳室に人数報告。 ●おむつ交換。 ●授乳する。 ●寝ている子の睡眠表記入。 ●目覚めて遊んでいる子の相手をする（一人ひとりの興味に合わせて）。	◎特定の保育者とかかわりながら，食べることが喜びとなるよう静かで落ち着いた環境づくりをする。 ◎やさしい声，語りかけで気持ちのよい目覚めを誘う。 ◎月齢およびその日の体調に応じて睡眠時間の調節を考える。目覚めた子どもがまどろんでいる状態も大切にする。 ◎子どもの体調を把握し，必要に応じて一人ひとりの状態に合わせて眠りへと誘う。 ◎汗をかいた時，汚れた時はまめに衣類を取り替える。	

	目安の時間	子どもの一日の流れ						
		A （4か月）	D （5か月）	KO （6か月）	B （10か月）	C （13か月）	K （18か月）	他6名 省略
	7:00				7:30 登園 目覚め	7:00 登園 目覚め	7:00 登園 目覚め	・M （7か月） ・S （9か月） ・AS（12か月） ・KA（12か月） ・T （15か月） ・AN（16か月）
	8:30		8:00 登園 睡眠	8:00 登園 睡眠				
		8:50 登園 目覚め						
			9:00 目覚め	9:00 目覚め	9:00 おやつ・果汁	9:00 おやつ・果汁	9:00 おやつ・果汁	
	9:30							
		10:00 睡眠				10:00 睡眠		
	10:30			10:30 睡眠			10:30 睡眠	
		11:00 目覚め ミルク	11:00 食事・ミルク 睡眠					
					11:30 食事 睡眠	11:30 目覚め 食事		

第1章 乳児保育（0歳児クラス） 111

保育者の動き			
主に保育者a 子どもの様子に応じて適宜交代	保育者a以外の保育者b，c，d 準備，後始末の状況に応じて適宜交代	日課(一日の生活)における配慮	
●ワゴン片づけ。 ●テーブル用，床用のバケツを洗う。 ●テーブル拭き，雑巾を洗濯に出す。 ●使用した哺乳びんを洗う(殺菌庫へ入れる)。 ●午後用ミルクの用意。 ●適宜果汁や白湯などを用意。 ●布団を敷く。カーテンを閉める。 ●午睡室の室温，湿度の確認。 ●カーテンを開ける。布団の片づけ。 ●洗濯：(木)マットカバー，(金)ラックカバー。食事，おやつ準備。テーブル，食卓イス，コンビラックのテーブルを拭く。 ●エプロン，おしぼりの準備。 ●テーブル用，床用のバケツ準備。 ●ワゴン運び。 ●食事およびおやつ配膳。 ●冷凍母乳の解凍，用意あるいはミルクの用意。食事の片づけ，床拭き。 ●エプロン，おしぼりの片づけ。 ●ワゴン片づけ。	●子どもに合わせて抱っこやラックなどで寝かせる。 ●睡眠表記入。 ●目覚め時そばに行って優しく対応する。 ●子どもが落ち着いてから検温。 ●子どもと遊び，一緒に過ごす。 ●子どもの興味に合わせて一緒に遊びながらも，適宜，使っていない玩具を片づける。 ●子どもにエプロンをする，また，できる子はできるところまで見守りながら手伝う。おしぼりで手を拭くことを手伝う。 ●食事介助・授乳。排気を促す。 ●起きている子どもは，眠っている子どもと別の部屋で一緒に遊ぶ。 ●適宜，果汁や白湯などを飲ませる。 ●子どもに合わせて午睡。 ●午睡表記入。 ●適宜休憩を取る(12:00～13:30の間)。 ●目覚め時にそばに行って優しく対応する。	◎午前寝に準じた配慮を行う。 ◎やさしい声，語りかけで気持ちのよい目覚めを誘う。 ◎汗をかいた時，汚れた時はまめに衣類を取り替える。	
●食事およびおやつ配膳。 ●冷凍母乳の解凍，用意あるいはミルクの用意。食事の片づけ，床拭き。 ●エプロン，おしぼりの片づけ。 ●ワゴン片づけ。 ●テーブル用，床用のバケツを洗う。 ●テーブル拭き，雑巾を洗濯に出す。 ●使用した哺乳びんを洗う(殺菌庫へ入れる)。 ●調乳室の清掃。 ※殺菌庫は24時間スイッチON・金曜日にOFFにする。 ●午睡室の清掃(掃除機，床拭き，棚拭き)。 ●遊び室の清掃(掃除機，床拭き，棚拭き)。 ●棚，ベッド，ほふく室の柵拭き，玩具拭き，玩具洗い，玩具干し。 ●(金)シーツはずし。 ●余ったホットおむつを干す。 ●おむつの仕分け。 ●夕方保育の子の荷物と当番用のおむつかごを夕方保育の保育室に持っていく。 ●使用した貸しおむつを始末する。	●落ち着いてから検温。着替え介助(できるところは見守りながら)。 ●連絡帳の記入。日誌を書く。 ●子どもにエプロンをする，また，できる子はできるところまで見守りながら手伝う。おしぼりで手を拭くことを手伝う ●食事およびおやつの介助。楽しく食べる。 ●必要な子に授乳。排気を促す。 ●子どもと一緒に遊び，楽しく過ごす。 ●健康表のチェックを記入。	◎午前のおやつ・食事・授乳に準じた配慮を行う。 ◎午前の遊びに準じた配慮を行う。 ◎一日生活した満足感とともに身体疲労度も高くなっているので，けがその他に十分注意し，温かな雰囲気のなかで落ち着いて過ごせるようにする。 ◎長時間保育と日中の保育がスムーズにつながるように，担任保育者と当番保育者で連絡を十分に取り合う。	
●ベッド・ラックにカバーをかける。 ●延長保育児，スポット保育※ ●子どもの荷物用意。 ●ゴミ捨て(午睡室，遊び室，トイレ)。 ●(金)土曜日保育の準備。	●ベッド・ラックにカバーをかける。 ●延長保育児，スポット保育※ ●子どもの荷物用意。 ●ゴミ捨て(午睡室，遊び室，トイレ)。 ●(金)土曜日保育の準備。		

※スポット保育：18時15分以降の保育を必要とする子どもの保育。

目安の時間	子どもの一日の流れ						
	A（4か月）	D（5か月）	KO（6か月）	B（10か月）	C（13か月）	K（18か月）	他6名省略
12:00	12:00 睡眠	12:00 目覚め	12:00 目覚め 食事・ミルク	12:00 睡眠	12:00 睡眠	12:00 目覚め 食事	
		13:00 睡眠					
		14:00 目覚め	14:00 食事・ミルク	14:00 目覚め おやつ・ミルク	14:00 目覚め		
14:30		14:30 食事・ミルク 睡眠	14:30 睡眠				
	15:00 目覚め ミルク				15:00 おやつ・ミルク	15:00 おやつ・ミルク 睡眠	
		15:30 目覚め				15:30 目覚め	
			16:00 目覚め				
	16:30 降園	16:30 降園					
17:00			17:00 降園				
				17:30 降園		17:30 降園	
19:00					19:00 降園		

第1章 乳児保育（0歳児クラス）

図表2-1-2　保育者の一日の勤務時間

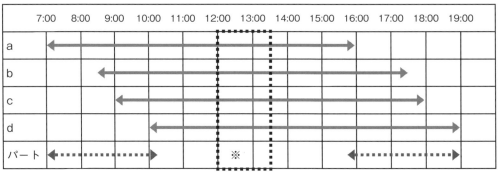

※適宜交代で休憩

（2）一日の流れに沿った子どもの姿

以下のエピソードに見られる子どもの姿は，0歳児クラスの5月の終わりの週の子どもの一日（**図表2-1-1**をもとに）をおおよそイメージできるように並べたものである。

〈登園時〉

登園時は，家庭から保育所へ，保護者から保育者へというように生活から生活への節目であるため，多少の不安定さを伴う。保育者はエピソード2-1-1のように子どもの気持ちに丁寧に応えて，心地よいスタートが切れるように配慮する。このクラスには12人の子ども達が通っていて，**図表2-1-1**に見るように登園時間はそれぞれである。

エピソード2-1-1

登園後，保護者からKO（6か月）を抱き取ると，泣きだす。

「KOちゃん，KOちゃんどうしたのかな」と歌うように言いながら，リズムに合わせて揺らすと体を保育者にぴったりとくっつけて泣き止む。

しばらく抱いて，KOちゃんの好きなプレイボードのところに行き，それに向かい合うように膝に座らせ，それを鳴らして，「ゆうやけこやけだよ」と誘うと，いじりだす。夢中になり保育者の膝からずり降りる。そのことに気がついてKOが，振り返るので，「ばー，ここにいるわよ」と顔を近づけると，また前を向いていじりだす。少ししてまた振り向くので「大丈夫よ」と声をかけるとまた遊びだすを何回か繰り返して，その都度「ここよ」と答えると，今度は安心したのか，「あーあー」と声を出しながらいじっている。少しして寝る。

〈登園して少し落ち着いてそれぞれに遊びだす〉

　保育者に受けとめられて安心するのか，月齢の低い子はすぐに眠くなり寝る。それ以外の子ども達は，保育者と一緒に，あるいは周囲の玩具等に引き寄せられるようにして思い思いに遊びだす（エピソード2-1-2〜2-1-5参照）。人とかかわり，ものとかかわり，また，他の人同士のやり取りに影響を受けながら，遊びを展開していることが理解できる。

エピソード2-1-2

　B（10か月）は，這って柵に下げてあるカスタネットのところへ行き，それを手に取り，座り，なめたり振ったり，カスタネットを柵と柵の隙間に入れたり出したりいそがしくしていたかと思うとまた這い出し，少し離れたところのカスタネットのところに行き，今度はカスタネットを吊るしている紐のところを持って振り回している。

エピソード2-1-3

　保育者が朝保育室に入っていくと，C（13か月）が寄ってきて，「あっ，あっ」と友達を次々と指さす。保育者が指された子どもの名前を「Tちゃんもいるね」「Sちゃんもいるね」と次々に言っていくと，最後に最初に指さしたTに戻り何度も何度もTを指差し，何度も「Tちゃん」と言わせる。

エピソード2-1-4

　K（18か月），KA（12か月），AS（12か月），T（15か月）が平均台の上にまたがり，保育者はその前にいて「大型バスに乗っています」の歌と動作をして遊んでいる。その歌の中で「はい」と言いながら切符を順に回すところで，子ども達が「はい」と大きな声で言うと，そばで後ろを向いて別の遊びをしていたC（13か月）が，その「はい」のところで遊びを中断して「はい」と自分でも言って手を上げる。そこを過ぎるとまた遊びだすがまた，「はい」のところになると同じく「はい」と言って手を上げる。

エピソード2-1-5

　保育者が眠たそうなD（5か月）を抱いて「ねんね，ねんね」と言っているのを聞いて，C（13か月）はそばのぬいぐるみを枕にして「ねんね，ねんね」と言いながら横になる。

〈果汁等のおやつの時間〉
（日により登園時間がずれたり，おやつの時間がずれたりするので，おおよそ9時前後）

　1歳近くなってくると，だいたい9時頃に目覚めている子が多く，その子たちはおやつ（果汁）の時間になる。この時間になると。登園してから，ひと眠りした子たちも目を覚まして遊びだす。また，月齢の低い子が登園するなど，この時間帯の保育室では様々な活動が展開されている。

> **エピソード2-1-6**
>
> 　A（4か月）は登園してしばらくは，ベッドの中でベッドメリーで遊んでいたが，飽きたのか泣き出してしまう。保育者が「飽きたのかな」と言って抱き上げると泣き止む。少しして下に降ろそうとするとしがみついてまた泣く。保育者は，Aを抱いたまま，リズムをつけて「ほーら，ほーら」一緒に体を前後に揺らすと顔を強ばらせ，体に力を入れてされるままになっている。その様子をそばで玩具をいじって遊んでいたKO（6か月）とM（7か月）が，その手を止めてじっと見ている。保育者はAを揺らしながら，KOとMの方にAの顔を近付け「KOちゃん，ばー」「Mちゃん，ばー」と交互に近付けると，3人でケタケタ笑いだす。しばらくして止めると，抱かれているAが「もっと」というように，2人のいるほうへ体を向けるように力を入れる。「もっとなの」と言って続きをすると3人で繰り返し笑う。

> **エピソード2-1-7**
>
> 　朝のおやつの時間，B（10か月）は椅子に座って待つが待ちきれない。他の子に果汁を飲ませている保育者の手の動きを目で追いながら，Bは泣きながら「まんま，まんま」と催促する。ようやくBの順番になり，「おまたせしました，大好きなまんまですよ」と言いながら飲ませてもらうと，一息にゴクゴクと飲みほす。それでも足りない様子で，他の子が飲ませてもらっているのを見ながら「まんま」と泣いて催促している。

　月齢の高い子たちは，数人集まって果汁を飲む。他の子が飲ませてもらうところを見て待ちきれなくて催促する。足りない分は麦茶や湯ざましなどで水分補給をする。果汁を飲み終わると，ごちそうさまをして，それぞれに遊びだす（エピソード2-1-8）。散歩に出かける前のひと時である。

エピソード2-1-8

　AN（16か月）は，不安定な足取りで，キャッ，キャッと言いながら楽しそうに走り（？）回っている。保育者が他の子の相手をしているところに来て，肩に手をかけて顔をのぞき込み，ニコニコ笑いかける，保育者に笑い返されると，また楽しそうにキャッ，キャッと笑いながら走りだす。

〈天気の良い日は散歩か園庭で遊ぶ〉
　この園では，5月末頃になると9時30分頃から10時頃は，だいたいの子どもが目覚めているので，天気の良い日は近くの公園まで散歩に出かける。この日は，低月齢のA，D，KO，Mも目覚めていた（日によっては眠っている時もあるが）ので，12人全員でベビーカーに乗ったり，保育者と手をつないだりしてゆっくりと子どものペースに合わせて散歩に出ている。散歩は思いがけない出会いがある（エピソード2-1-9）。また，保育所では経験できないような経験をする（エピソード2-1-10，2-1-11）。

エピソード2-1-9

　散歩中，小学校のウサギ小屋のところで保育者が「ほら，ピョンピョンよ」と見せると，途中からベビーカーに乗ったC（13か月）が「オーオー」と体全体に力を込めてベビーカーから乗り出すようにして，ウサギの方を指さす。「ウサギさんいたねー」と応えてもらうと，なおも「オー」と指さしながら言って保育者の顔を見る。

エピソード2-1-10

　A（4か月）は保育者に抱っこされて公園に散歩に行く。公園でもしばらく抱っこされていたが，木陰の下にござを敷いてその上に仰向けにされる。上の木の葉が揺れるのを見ているのだろうか，木が揺れる時の影を見ているのだろうか，歌うような声を出し，手足もゆっくりと動かしながらしばらく一人で遊ぶ。

エピソード2-1-11

　公園からの帰り道，保育者同士が「Cちゃんの1歳の誕生日はいつだっけ？　もう1歳過ぎたのよ，早いわね」と話しているのをAN（16か月）が聞いていて「うっ，うっ」とC（13か月）を指さして保育者の顔を下から見上げる。保育者が「そうよ，

Cちゃん，1歳になったんだよ」と言いながらまた，話し続けると「うっ，うっ」とその話の中に入ろうとする。

エピソード2-1-12

散歩から保育園に帰り，そこに居合わせた他のクラスの保育者に「おかえり」と声をかけられ，K（18か月）は大きな声で「おかえり」と応える。担当の保育者が「まあ，上手。お帰りじゃなくて，ただいまって言うんだよ」と言いながらも，「おかえり」とKが言えたことを大喜びする。

散歩から帰ると，それぞれに，おむつを替えてもらったり，トイレに行ったりして，準備のできた子から順に椅子に座って水分補給をする。子ども達は，ちょっとの合間にも楽しい遊びを見つけ出して楽しむ（エピソード2-1-13）。水分補給の後は，眠くなって睡眠に入る子，そのまま遊びつづける子，逆に睡眠から目覚めて，ミルクの時間の子もいる（一人ひとりの子どものリズムが尊重される）。授乳はゆったりと子どものペースや気持ちを受け入れながら行う（エピソード2-1-14）。

エピソード2-1-13

散歩から帰って，麦茶を飲むことになる。KA（12か月），AS（12か月），C（13か月），K（18か月）の4人は保育者に次々と椅子に座らせてもらいニコニコしている。Kが両手でテーブルをバタバタ打ち始めるとみんなニコニコしてバタバタ打っている。

エピソード2-1-14

保育者がA（4か月）に「おまたせ，おなかすいたね」とミルクを飲ませる。少しして「Aちゃん，おいしそうだね」と話しかけると，飲むのをやめて喉からの低い声で「うーうー」と答える。「そう，おいしいの」というと「キャッ，キャッ」と声をたてて笑いだし，ミルクが進まない。すると保育者がAに顔を近づけるようにしながら「遊ばないで飲んでください」と楽しそうに言う。Aはよけいに大きな声で笑って飲まない。保育者が話しかけるのをやめて，Aの口もとをトントンして飲むことを促すと飲みだす。保育者が，静かにAを見ながら飲ませていると，今度は，突然にAが「キャッ，キャッ」と声をたてて笑いだし，止まらないというようにゆっくりとAの

ペースに合わせて応じる。

〈食事時間，午睡，遊び〉

　2回食が始まっている4人の子ども達が食事の時間になる。他の子たちは睡眠中だったり，遊んだりしている。これより1時間ほど遅れて，月齢の高い子たちが食事をする。そのころには先に食事をしたＫＡ（12か月）を除く3人は午睡に入る。

エピソード2-1-15

　Ｓ（9か月）は，離乳食が運ばれてきたのを素早く見付けて「まんま」と叫ぶ。保育者が「Ｓちゃん，おなかすいたのかな，さっき寝る時もまんまって言っていたね，ほら，Ｓちゃんの好きなまんまだよ」と言いながら椅子に座らせる。

エピソード2-1-16

　ＫＡ（12か月）はそれまで，玩具のピアノでポンポンと音を鳴らして遊んでいたが，今日はそのピアノの横に貼ってあるシールに気がついて，そのシールを右手の人差し指でカリカリひっかいている。なかなか取れない。イーッと鼻の穴が膨らむほどに息を吐き，体に力を入れてまたカリカリし始める。しかし取れずについに左手の人差し指も出てきて両手でカリカリする。なかなか取れない。しばらく続けるが取れずにあきらめる。

　以上，保育所の午前中の時間の流れに沿って，子ども達の様子を見てきたが，これらのエピソードから，ほぼ一人ひとりの日課表に従って生活（遊びを含む）していること，その一人ひとりの状況に合わせて，保育者は育ちへの願いをもって子どもに対応し，また，その生活を成り立たせている準備や後始末をしていることが具体的に理解できる。さらに，0歳児クラスの一人ひとりの日課は，一人ひとりの生理的な欲求（睡眠と覚醒のリズム）に依拠しているが，毎日同じ日課ではない。同じ子どもでも，日により日課が異なることもあり，それをも受け入れられて経験を重ねることで，徐々に生理的リズムから社会的な生活のリズム（夜寝て昼は起きて活動する）を獲得していく時期でもある。食事だけに限ってみても，ミルクだけの子ども，離乳食1回とミルクの子ども，2回食になった子ども，その後の1回食とおやつになった子どもがいるのが0歳児クラスである。

2．日々の保育実践の背景

　日々の保育において，一日の流れと子どもの生活(遊びを含む)が成り立つためには，目に見えやすい「保育者と子どもの実際のやり取り」だけではなく，その日々を支える準備や後始末があることを前節で確認した(**図表2-1-1**の保育者の動き参照)。

　さらに，保育はその日々が安心・安全の上に，心地よく過ごすことも重要であるが，それらを営むことで，望ましい未来をつくり出す力の基礎を培うことを保育の目標としている。そのために，保育は計画（現在の自園の子どもの姿－全体的な計画－年間指導計画－期間計画－月案－週案）を立てる必要がある。計画をもとに実践をした後は，その振り返りと，計画の改善をすることになる。

　図表2-1-3は，計画と実践の往還を示している。日々の保育日誌は，子どもの姿や保育の在りようが記入されたもの，つまり実践の記録である。そこに記されたエピソードから子どもの興味・関心や発達過程を読み取り，次の計画（本節では5月の月案を踏まえて修正・改善した，6月の月案のねらいや内容）を立案するという過程がある。

　まず，年間指導計画と月案を中心に，計画と実践の往還を具体的に見ていく。

（1）年間指導計画の作成

　たとえば，1歳児クラスの年間指導計画は，0歳児の1年間の保育実践を振り返り（保育の在りようや子どもの育ちの姿を）評価され，この子ども達の1歳クラスの1年間の年間指導計画を立てることになる。この時に，保育の全体的な計画との関係も考えながら行う。しかし，0歳児に関しては，厳密には保育所生活1年目であるため，この子ども達の前年度の年間指導計画がない。したがって，0歳児クラスの年間指導計画は，今年度の0歳児の姿を参照して計画することになる。そして，4月の月案は，入所当初の子どもの姿を，丁寧に観察しながら立てるということになる。ここでは，前年度の0歳児の実践や，これまでに重ねてきた0歳児の実践を参照してつくり変えられてきた0歳児の年間指導計画（直接に子どもとかかわる部分のみ，他は省略）を**図表2-1-4**に示す。つまり，**図表2-1-3**の「計画および修正・改善」の層の◯◯枠0歳の部分に当たる。

（2）月案の作成

　年間指導計画（**図表2-1-4**）をもとにして，さらに，4月の実践を踏まえて作成した，5月の月案（指導計画）が**図表2-1-5**である。0歳児を含む3歳未満の子ども達の保育の計画は，その発達差や個人差が著しいこともあり，一人ひとりの計画も同時に立案される。**図表2-1-5**は0歳児クラス全体の計画と個別の計画（3名のみ代表で載せてある）が一体となったものである。実際の現場では，決まった様式があるわけではないので一例ということである。この指導計画には，「前月の子どもの姿」（事例は4月の末），その姿から導き

図表2-1-3　全体的な計画から週案までと日々の実践から計画の修正へ

全体的な計画 ➡ 年間指導計画 ➡ 期間計画 ➡ 月案 ➡ 週案 … 保育日誌	それぞれの計画の振り返り・評価

計画および修正・改善の層

- 全体的な計画：0歳 → 1歳 → 2歳 → 3歳 → 4歳 → 5歳
  （全体的な計画　振り返り・評価（の記録））
- 年間指導計画：0歳
  年度末に、1年間の振り返り・評価をもとに保育の経過記録を整理する。
  0歳児の振り返り評価は、1歳児の計画と、次年度に入所する子どもの計画になる。
  （年間指導計画　振り返り・評価（の記録））
- 期間計画：Ⅰ期 → Ⅱ期 → Ⅲ期 → Ⅳ期
  それぞれの期の最後に期の振り返り・評価をもとに保育の経過記録（児童票）も整理する（一人ひとりの子どもの発達過程の理解のためにも）。
  （期間計画　期の振り返り・評価（の記録））
- 月案：4月 → 5月 → 6月 …… 1月 → 2月 → 3月
  （月案　それぞれの月の振り返り・評価（の記録））
- 週案：第1週 → 第2週 → 第3週 → 第4週　翌月の第1週に続く
  （週案　それぞれの週の振り返り・評価（の記録））

↓計画　↑改善

実践の層

- 月→火→水→木→金→土（各週）

日々の保育日誌
- 1週目の1日目の振り返り・評価
  ↓
  2日目の振り返り
  ⋮
  1週間の振り返り・評価
- 次の週のねらいや内容の修正（計画）
  2週目の1日目の振り返り・評価
  ⋮

だされる「保育のねらい」（保育の目標を年齢やクラスの状態に合わせて具体化したもの），そのねらいを達成するために経験してほしい「保育の内容」（教育的側面から），子どもが経験できるように配慮することとして「養護的側面と環境構成」（保育所保育の特性である養護と教育が一体的に行われるため，そして，子どもの主体性を尊重した保育を実践するために子どもの発達過程や興味・関心に沿った環境による保育のため），「保護者等との連携」，最後に，その月の実践を振り返る欄が設けられている。

　つまり，先にあげた0歳児クラスの一日の流れの中の子どもの姿は，この5月の指導計画に従って実践された5月最後の週のものである。

　6月の指導計画は，年間指導計画（**図表2-1-4**）の各月齢の子どもの姿と5月の子どもの育ちの姿から，6月のねらいと内容を考えることになる。

第1章　乳児保育（0歳児クラス）　121

図表2-1-4　0歳児クラスの年間指導計画

年間保育目標
- 一人ひとりの生理的リズム・生活リズムで気持ちよく過ごす。
- 一人ひとりの欲求が受けとめられ、保育者との共感的で受容的なかかわりの中で保育者に対する、また自分に対する信頼感をもつ。
- 見る、触れる、探索するなど、身近な環境に自分からかかわろうとする。

	6か月頃まで	6か月頃から12か月頃まで	
発達のめやす	・睡眠と覚醒のリズムがある程度整ってくる。 ・なめらかにすりつぶしたどろどろ状態のものを食べる。 ・自分の手をかざしてみたり、しゃぶったりする。 ・首がすわり、寝返りをするようになる。 ・身の回りのものに興味をもって、かかわろうとする。 ・見たものをつかむ（目と手の協応）。しゃぶったり、振ったりする。 ・あやされると声を出したり、手足を動かしたりする。 ・盛んに喃語を発するようになる。 ・身近な保育者に声をかけてもらうことを喜ぶ。	・睡眠は午前と午後のそれぞれ1回程度になるなど、食事や睡眠の時間が定まってくる。 ・舌でつぶせる硬さのものを食べる。 ・食べ物を見ると、催促したり、手でつかんで食べたりする。 ・歯茎でつぶせる硬さのものを食べる。（10か月頃から） ・寝返り→腹ばい→座る→はいはい→つかまり立ちなど移動運動が盛んになる。 ・反復喃語など喃語が盛んになり、しぐさや指さしなどで気持ちを伝えようとする。 ・人見知りが始まり、後追いするなど親しいおとなに愛着を示す。 ・おとなの声かけに応じ簡単な言葉が理解できるようになる。	
ねらい	・一人ひとりの生理的欲求を十分に満たすことで、心地よさを感じる。 ・スプーンから離乳食を食べることに慣れる。 ・表情やしぐさに応答してもらうことを通して、人への興味をもつ。 ・身近な保育者に声をかけてもらうことを喜ぶ。 ・身の回りのものに興味をもって、かかわろうとする。	・よく眠り、機嫌よく目覚める。 ・離乳食（2回食）を喜び、意欲的に食べようとする➡様々な食品に慣れて、食べることを楽しむ。 ・身近な保育者との心地よいかかわりの中で、気持ちを通わせようとする➡保育者とおもちゃで遊んだり、しぐさをまねしたりして、やりもらい遊びを楽しむ。 ・しぐさや表情、片言で保育者に欲求を伝えようとする。 ・いろいろな姿勢で、身の回りの興味のあるものに、自分からかかわろうとする➡はいはいなど体が動かしたり、手指でつまむ、引っ張るなどの探索を楽しむ。	
内容・教育的側面から	・静かな環境で安心して眠る。 ・自分の欲求に合わせて、担当保育士に抱かれて満足するまでミルクを飲む➡すりつぶしたものをスプーンで口に入れ、嚥下することに慣れる。 ・担当保育者におむつをこまめに替えてもらい、心地よさを感じる。 ・表情やしぐさに応答してもらうことを通して、人への興味をもつ➡表情や喃語などを受けとめられて、あやしてもらい、やり取りを楽しむ。 ・自分から手を伸ばしていろいろなものをつかんだり、しゃぶったり、振ったりする感覚を楽しむ。 ・保育者に抱っこされて園庭の散策を楽しむ。	・一人ひとりのリズムで生活し、安心して眠りにつく。 ・空腹を感じ、食べることに意欲をもち、様々な食品を手づかみなどで食べようとする。 ・喃語に応えてもらったり、あやし遊びや触れ合い遊びを楽しむ➡指さしなどで伝えたことを保育者に受けとめてもらい、満足する。 ・身の回りのものに興味を示し、自分からかかわって、握ったり、振ったり、出したりして遊ぶことを楽しむ➡お座り、はいはい、つかまり立ちなど、自在に姿勢を変えて遊ぶ。また、つまむ、引っ張る、たたく、転がすなど、手指を使った探索を満足するまで楽しむ。 ・散歩などで、草花や生き物などの自然物に接して、戸外に興味をもつ。 ・簡単な歌や手遊び、わらべうた、絵本などを保育者と一緒に楽しむ。	
養護的側面を含む配慮点	・一人ひとりの生活リズムを24時間で捉えて、生理的欲求を満たし、心地よく過ごせるようにする。 ・授乳は、穏やかな雰囲気の中で担当保育士が、子どもと目を合わせ、話しかけたり、笑いかけたりして行う。また、安心して飲めるよう、同じ場所で授乳する➡離乳食の開始に向けて、便の状態や健康観察を丁寧に行う➡離乳食は一人ひとりに合わせ、家庭や栄養士とも連絡を密にし、無理なく進める。 ・表情や喃語などから子どもの気持ちをくみ取り、共感的・応答的にかかわることで、保育者と気持ちを通い合わせるようにしながら、愛着関係を育むようにする。 ・体調に留意しながら、天気のよい日には外気にふれる機会をつくる。 ・十分に身体を動かすことができる空間や、手に持ったものを見たり、なめたりして楽しめるようなおもちゃを用意する。 ・寝返りや腹ばい姿勢を楽しめるよう、かかわりや環境を工夫する。	・感染症にかかりやすくなるので、受け入れ時や保育中の健康観察を十分に行う。 ・十分に身体を動かし、おなかがすいた状態で食事に向かえるように配慮する➡一人ひとりの状況に応じて離乳食を進め、手づかみしやすいものや子どものスプーンを用意して、自分で食べようとする意欲を育てる➡一人ひとりの食べ具合に応じた援助を行う。 ・人見知りや不安、甘えなどに受容的にかかわり、保育者への愛着心や親しみが深まるようにする。 ・腹ばいやはいはいなどの経験を十分にしていけるよう、遊びを工夫するとともに、安全な環境を整える。➡手指の動きが存分に楽しめるよう、扱いやすいおもちゃを用意し、満足するまで遊べるように配慮する。また、楽しみながら保育者と一緒に遊ぶ。 ・散歩や戸外遊びなどで、安全に探索活動が楽しめるようにする。 ・子どもの発達過程を考え、好きな絵本を用意し、繰り返し読んで楽しめるようにする。 ・変化に富んだ素材やおもちゃを用意し、遊びやすいようにスペースづくりなどを工夫する。誤飲には十分気をつける。	

	12か月頃から18か月頃まで	18か月頃から23か月頃まで
	●おおよそ，午前は活動し，午後1回の午睡になっていく。 ●スプーンを使って食べようとする。また，離乳食から幼児食へ移行する。 ●一人で立って歩くようになり，周囲探索が活発になる。 ●小さなものをつまむ，容器からものを引っ張り出す，別の容器に移し入れるなど，指先が器用になり，あれこれ試したりとじっくりとものにかかわる。 ●身近なおとなとの「やりもらい遊び」を喜び，繰り返すことで，子ども同士でもやりもらいを楽しむようになる。 ●歌や手遊びで，保育者や他の子のしぐさをまねしようとする。 ●怒る，喜ぶ，嫉妬する，すねるなどの感情が分化する。 ●歌や音楽に合わせて体を揺らしたりして喜ぶ。	●こぼしながらも自分で食べようとする。おむつがぬれたことをしぐさで知らせ始める。 ●衣服の着脱など，身の回りのことに興味をもち，なんでも「じぶんで」と，したがる。 ●安定した姿勢で歩き回ったり，階段を1段ずつ両足をそろえて上ったりする。 ●立ったり，しゃがんだりする。また，絵本のページを1ページずつめくる。 ●他の子が持っているもの，していることへの関心が増してくる。また，自分のものと他の子のものを区別し，自分のものに固執し，おもちゃや場の取り合いが増える。 ●思い通りにならないと，怒ったり，だだをこねたりするなど，自分の思いを動作や「じぶんで」と主張する。 ●「つもり・みたて」を楽しむようになり，保育者と一緒に歌ったり，簡単な手遊びをしたりして遊ぶ。
	●手づかみで進んで食べる➡スプーンを使って食べようとする。 ●保育者のもとで，安心して自分の感情や思いを出す➡しぐさと言葉でやり取りする楽しさを味わう➡他の子への興味や関心が高まり，かかわりをもとうとする➡言葉や動作で要求や思いを伝えようとする。 ●一人でじっくりものとかかわる。 ●保育者と様々な身体の動きを楽しむ➡身体を十分に動かし，様々な動きをしようとする➡リズムに合わせて身体を動かすことを楽しむ。 ●戸外で様々なことに興味をもち，保育者と一緒に自然のものにかかわろうとする。	●保育者や他の子と一緒に，楽しい雰囲気の中で食事をする。 ●身の回りのことを自分でしてみようとする➡こぼしながらもスプーンを使って食べる➡パンツ，ズボン，靴下，靴などを自分で着脱しようとする➡トイレに興味をもって自分から行こうとする。 ●好きなおもちゃで繰り返し遊ぶ。 ●絵本の中のフレーズをまねして言うなど，保育者や友達と絵本を楽しむ。 ●言葉で伝え合う喜びや楽しさを味わう。 ●探索活動や散歩を通して，いろいろなものにかかわる中で発見を楽しむ。
	●保育者に見守られながら，安心して自分の布団で眠る。 ●保育者に手伝ってもらいながら，自分のペースで食べる。 ●応答的な触れ合いや言葉がけにより，要求が満たされて安心して過ごす➡手遊びやわらべうたの簡単なフレーズを保育者と一緒に歌うことを楽しむ➡好きな絵本を繰り返し読んでもらい，絵本の世界を一緒に楽しむ➡他の子がしていることに興味をもち，かかわろうとする。 ●安心できる環境の下で一人遊びを十分に楽しむ➡上る，下りる，歩くなど，全身を動かす楽しさを味わう。 ●保育者と一緒に戸外で水・砂，草花などの自然にふれて遊ぶ。 ●保育者と一緒にリズムに合わせて身体を動かしたり，動作をまねたりすることを楽しむ。	●スプーンを使って，自分で食べる喜びを味わう➡幼児食に慣れ，こぼしながらもスプーンを使って食べる。 ●保育者に手伝ってもらいながら，着替えや片づけなどを自分でしようとする。 ●好きな玩具で繰り返し遊ぶ。 ●他の子がしていることに興味をもち，かかわろうとする。 ●保育者と一緒に戸外で水・砂，草花などの自然にふれて遊ぶ➡寄り道をしながら，散歩を楽しむ。 ●絵本の中のフレーズをまねして言うなど，保育者や友達と絵本を楽しむ。 ●自分のしたいことを簡単な動作や言葉で主張する。
	●自分で食べようとする姿を見守り，子どものペースで進められるようにする➡スプーンの持ち方など，一人ひとりに合わせた援助を行う。 ●身の回りのことについては，子どもの動きに合わせて援助して，自分から動けるように配慮する。 ●歩き始めは，身体のバランスを崩しやすいので安全に気をつける。 ●要求をしっかりと受けとめて，言葉で丁寧に返し，伝わる喜びにつなげる。 ●言葉への興味が膨らむよう，ゆったりとした雰囲気で丁寧に応える。	●「じぶんで」としようとする姿が増えてくるので，子どもの気持ちを否定せず，余裕をもって応答的にかかわる。➡自分でしようとする姿が増えてくるので，自分でできた喜びが十分に感じられるようにする➡落ち着いた雰囲気の中で，自分で食べようとする姿を見守り，場面に応じた援助を行う。スプーンにすくう一口量を知らせていく。 ●行動範囲が広くなるので，転倒などの事故が起こらないよう，十分に気をつける。また，戸外に出る時には危険な場所などを事前にチェックしておく。 ●模倣遊びが盛んになるので，十分経験できるようにする➡取り合いでは，子どもの気持ちを受けとめ，双方の気持ちを双方に伝えるようにする。 ●落ち着いて遊べるよう，コーナーをつくるなど，室内の遊び環境を一人ひとりの興味に合わせて工夫する➡他の子への関心が高まるので，仲立ちをしたり，見守ったりして，一緒にいる喜びへとつなげる。 ●子どもが言おうとしていることを言葉にして伝えることで，思いが伝わる喜びが感じられるようにする。

図表2-1-5　0歳児クラスの5月の指導計画

	クラスの計画	個別の計画 A（4か月）	個別の計画 B（10か月）	個別の計画 C（13か月）
4月の子どもの姿	・月齢の高い子たちは、入園当初は、不安から泣くことが多かったが、散歩や園庭で遊ぶことで、気持ちが落ち着いてきた。 ・砂場で砂の感触をそれぞれに楽しんだり、湿った砂を不思議そうに触っている子もいる。 ・保育者が吹いたシャボン玉を、喜んではいはいしたり、よちよち歩きながら追いかけたりして、消えると消えた後を指さして、保育者に教えたりする。また、腹ばいで手を伸ばして一生懸命に捕まえようとする。	・ミルクをよく飲み、よく眠る。 ・首がすわり、腹ばいにすると首を持ち上げようとする。 ・眠くてぐずぐずしていても抱き上げられると泣き止む。 ・他児の遊んでいる声や音楽が聞こえてくると手足をバタバタさせて喜ぶ。	・食べ物に興味をもち、自分から手を伸ばして触れる。 ・はいはいするようになり、興味のあるところへ移動してつかまり立ちして、興味の引かれる玩具を取ろうとする。 ・時々保育者を探すようにしているので、ここよと声をかけるとまた、遊びだす。 ・いないいないばーを喜ぶ。	・スプーンなどを持ちながら、手づかみで食べる。 ・登園時に泣かなくなってきたが、分離の時は涙を見せることもある。 ・機嫌のよい時は、棚からおもちゃを自分で出してきて、積み木などを積んでいる。 ・いないいないばーのかけ声に顔をのぞかせたりして喜ぶ。 ・散歩に出かける時は散歩車につかまって歩く。
保育のねらい	・一人ひとりの生活のリズムを大切にし、一日を心地よく過ごす。 ・保育者との触れ合い遊びを通して体が動く感覚を味わう。 ・周囲のおもちゃなどに関心をもち、じっくりとかかわる楽しさを味わう。 ・戸外に出る喜びや心地よさを感じる。	・生理的欲求を満たし、安心して1日を過ごす。 ・4月に引き続き、保育者や新しい生活に慣れる。 ・見たり聞いたりして、周囲のものやことにかかわろうとする。 ・あやし遊びに喜んで応えるなどやり取りを喜ぶ。	・喜んで食べる。 ・身体が動く快さを感じる。 ・保育者と一緒に遊ぶことを喜ぶ。 ・興味のあるものを手に取って様々にいじって遊ぼうとする。	・自分で食べる意欲をもつ。 ・保育者と1対1で、触れ合い遊びをするなど、人と触れ合う心地よさを味わう。 ・絵本など様々な玩具で好きに遊ぶ充実感を味わう。 ・散歩に出かけ自然物と触れ合う喜びを感じる。
保育の内容	・一人ひとりの食事・睡眠・排泄などの生理的欲求が満たされて、安定した生活リズムで過ごす。 ・保育者に見守られながら、腹ばいや仰向け、お座りなど体位を変えて遊んだり、移動して興味を引かれる玩具で遊ぶ。 ・抱かれたり、あやされたりして、一緒に遊んでもらい、人とかかわる心地よさを感じる。	・いつもの保育者に抱かれ、安心してミルクを飲み、満足する。 ・静かな環境で、安心して眠る。 ・保育者にあやされたり、優しく語りかけてもらったりして、心地よく過ごす。	・手で食べることを受け入れられながら、噛んで食べる。時にスプーンを持つ。 ・保育者のそばで探索活動を十分に楽しむ。 ・好きな歌やわらべ歌などの触れ合い遊びを喜ぶ。	・ゆっくりよく噛んで味わいながら食べる。 ・保育者に絵本を持ってきて、声や表情などで読んでほしいというように気持ちを伝えようとする。 ・音が出たり、形や素材の異なる玩具で遊び、その感触を味わい、感覚を豊かにする。
養護的側面と環境構成	・一人ひとりの子どもの生活リズムを把握し、応答することで信頼関係を育む。 ・一人ひとりにゆったりとかかわれるよう、ゆっくりした雰囲気づくりをする。 ・春の自然が感じられるようなコースを選ぶ。 ・日差しが強くなってくるので遮光ネットを設置する。 ・バギーなどの安全点検を行う。	・ミルクの飲み方や量などを確認しながら、目と目を合わせてゆったりと語りかけながら飲めるようにする。また、子どもが安心してミルクを飲めるように、いつもの保育者が同じ場所で授乳を行うようにする。飲み終えたら清潔なガーゼで口元を拭きとり、ゆっくり縦抱きにして排気を促す。 ・眠いというAからのサインを見逃さず、眠りたい時にたっぷりと眠り、機嫌よく目覚められるように、静かな環境を整える。 ・Aと目を合わせながら、ゆったりと笑顔でかかわり、保育者にあやしてもらう心地よさを感じられるようにする。	・自分で食べようとする気持ちを大切にし、取り皿を用意するなどして、自分でつかんで食べられるように配慮する。 ・はいはいやつかまり立ちなどの経験を十分できるように誘う。また、段差や斜面を作ったり、同じ高さのつい立てを並べたりして、動きたくなる環境を整え、危険のないようにそばで見守る。 ・触れ合い遊びや、手遊びのしぐさのまねなど、保育者と向き合って一緒に遊ぶ楽しさをたくさん経験できるようにする。 ・いろいろな色や形、感触のおもちゃを用意し、自分から手にして遊べる環境を整える。	・食材の刻みや大きさなど食べやすい形状にし、自分から手でつまんで食べられるようにする。 ・絵本を読んでほしそうな時など、ひざに抱いて読むなど、Cからの働きかけには丁寧に応えて、安心感をもてるように気を配る。 ・散歩の時など、Cがやりたいということ（散歩車につかまって歩きたい）をできる限り受け入れていく。 ・Cの遊びや行動に目を配り、Cの興味・関心のある玩具等を用意しておく。また、好きな玩具で保育者も一緒に遊ぶようにする。
保育者等との連携（家庭との連携）	・園の生活に慣れていけるよう、栄養士、看護師などの専門職と連携して、一人ひとりの園生活の進め方などを話し合う。 ・睡眠中の安全について、職員間での連携を密にし、細心の注意を払っていく。	・4月に引き続き、保護者に安心してもらうために、よく飲んでよく寝ていることを伝える。また、目覚めている時間の機嫌よく遊んでいる様子を伝える。 ・不安なことがあれば、相談できる雰囲気をつくる。	・4月に引き続き、園での様子を送迎時や連絡帳で具体的に伝え、コミュニケーションを密に取り、保護者の不安が和らぐようにする。	・4月に引き続き、園での様子を送迎時や連絡帳で具体的に伝え、コミュニケーションを密に取り、保護者の不安が和らぐようにする。
・振り返り・評価	ゆるやかな担当制保育の下、一人ひとりが安心して生活ができるようになってきている。一人ひとりの発達の過程を見極めて、それに沿ったかかわりの質を高めていきたい。			

(3) 次月の指導計画の作成

日々の保育日誌から，5月（主には最後の週）の子どもの姿を抜き出す（**図表2-1-1**の日課表では保育者b，c，dは14時30分～17時の間に保育日誌を記録している）。また，睡眠表（一人ひとりの睡眠と覚醒のリズムの確認）はその都度に記録されている。この時間帯はパートの保育者が入る時間もあるので適宜時間を見つけて記録する。計画と実践をつなげるのは，日々の保育日誌である。保育日誌を，できるだけ具体的に丁寧に記録しておくことが，子どもの姿の読み取りを深くすることにつながる。

具体的な月案の作成の手順は，**図表2-1-6**の通りである。日々の保育日誌をもとに日々の，週の，月の振り返りをしながら，次の日へ，次の週へ。次の月へと計画が立てられ，あるいは修正されて，日々の保育が成り立つ。

本節の園の例では，4月の指導計画をもとに立案された5月の指導計画（**図表2-1-5**参照）に従って5月の保育を実践し，その日々の保育の記録から次の6月の指導計画（クラ

図表2-1-6　日々の保育日誌から月案へ

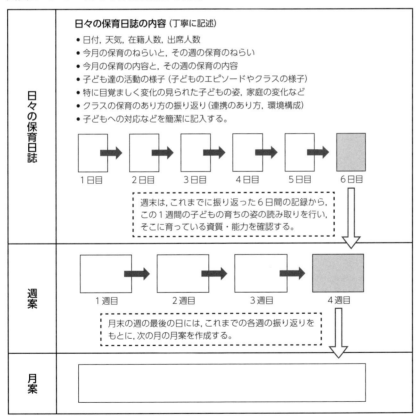

- 子ども達の姿や保育の様子について，寝ている子どもが多い時間などに情報交換する。
- 気にかかることは明日の保育へつなげる（気を配る・心に止める）。
- 第4週目までの日々の記録から，子どもに育っている力を読み取る。
- 週末勤務の保育者で行うなど工夫して，複数の担任で話し合い，週案または月週案を作成する時間をつくる。

スと個別)を考えている。

（4） 保育日誌の子どもの姿からその育ちを読み取る

　5月最後の週末に，5月の保育日誌（実際には，最終週の日誌に書かれている子どもの姿と，4週間の振り返りの記録）をもとに保育者間で話し合い，6月の指導計画を作成する。0歳児クラス12人の子どもの最後の週の姿を読み取ったものが**図表2-1-7**の「読み取り」の欄である。

　さらに，**図表2-1-7**をもとに保育者間で話し合い，当月の子どもの育ちを整理したものが**図表2-1-8**である（実際の保育現場では，この過程は必要に応じて，特に配慮を必要とする，あるいは気がかりな子どもについてのみ行うことが多い）。

　図表2-1-8から子どもの育ちのおおよその特徴（下線部）ごとに括ると，ゆるやかに次の4つの発達過程に整理される。

　AとD（4，5か月の子ども）の育ち…欲求を共感的に受け入れてもらいながらやり取りすることで，人とかかわる心地よさを経験しながら，今もっている力（視覚探索，見つけたものを手でつかんで視覚・触覚）でその周囲を探索することを十分に経験している。
　KO，M，S（6，7，9か月の子ども）の育ち…安心できる人に欲求を受けとめてもらいながら，その注意が外側に向かっていき，周囲探索が進み，人の区別，ものの理解の細分化が進み，それに音声が結びつき始める。
　B，AS，KA，C（10，12，13か月の子ども）の育ち…体がある程度，思うように動くようになり，周囲の人やものとかかわることが活発になり，他児への関心が高まる。ものの理解が進み，それを介して他児とかかわりをもち始める。他児とのかかわりにおいては，他児の動きに注目するとか，一緒にいることを感覚するとか，楽しさを共有しようとする。また，他児をかたまりとしてではなく，一人ひとりとして捉え始める。
　T，AN，K（15，16，18か月の子ども）の育ち…気持ちがはっきりとして来て自己主張（表情や動作などで）をする。一方，他児とのかかわりでは，いつもしている遊びなどにおいては，それをしようと意図をもって相手にかかわる。楽しさを求める。ものにおいては，性質が細分化していき，そのものの用途を理解し始める。

　これらの5月におけるそれぞれの月齢（年齢）の育ちの姿は，年間指導計画のそれぞれの時期の子どもの姿として捉えていたものと少し異なっていることがわかる（**図表2-1-4参照**）。たとえば，6か月以降の子どもの育ちの姿において，年間指導計画では，6か月から18か月の子どもの姿としてはあまり意識されていなかった，他児への関心が芽生え始めている点である。

　この点を，どのように考えて6月の指導計画を作成するのか。子どもの育ちは保育者のかかわりやその環境，家庭での生活の在りようなど様々に影響を受ける。子どもの欲求や

興味・関心を十分に配慮して応答的なかかわりをしたか。環境の構成はどうだったか。保護者との連携はどうだったかなども振り返りながら検討することになる。さらに，6月という時期(季節)なども考慮して立案する。

　以上の子どもの育ちの姿と保育の在りようを前提にして，6月のねらいを話し合う。その結果，子ども同士のかかわりも大切にしながら，保育者との関係やかかわりの在り方も意識してみることになる。こうして出来上がったのが**図表2-1-9**の6月の指導計画である(5月の子どもの姿，ねらい，内容のみ抜粋)。

　計画は，これまでの実践を下に作成されるが，それに基づいての実践はこれから起こることである。細心の注意を払って作成したとしても，完全に子どもの姿を理解しきれるものではないので，常に実践の後の振り返り(保育の評価＝子どもの育ちの姿，それを支える子どもの育ちに願いをもった保育の在りようなど)が必要になる。この振り返り・評価を実践後にすることを繰り返す(実践と計画を往還させる)ことで，子どもの興味・関心を基本にした，その子どもの発達過程に即した生活や遊びを積み重ね，望ましい未来をつくり出す力の基礎が培われる保育が可能になる。いわゆるPDCAサイクルが有機的に関連し合うことで，子どもの最善の利益を保障する生活の場に近づくことができる。

ワーク❶

0歳児のエピソードを集めましょう。そのエピソードの子どもの経験が「育みたい資質・能力」の基礎を培っている経験となっているか，検討しましょう。
また，保育者の対応についても考えましょう。

ワーク❷

ワーク1で使用したエピソードを用いて，0歳児の日課と月案(クラスのもの，個別のもの)をパソコンで作成してみましょう。また，発表用の資料として0歳児の月案作成にあたって，特に注意した点など，まとめたものをパワーポイントで作成し発表し合いましょう。

図表2-1-7　5月の0歳児クラスの子どもの姿

No.	子ども (月齢)	子どもの姿	読み取り
1	A (4か月)	○Aは登園してしばらくは、ベッドの中でベッドメリーで遊んでいたが、飽きたのか泣き出してしまう。保育者が「飽きたのかな」と言って抱き上げると泣き止む。少しして下に降ろそうとするとしがみついてまた泣く。保育者は、Aを抱いたまま、リズムをつけて「ほーら、ほーら」一緒に体を前後に揺らすと顔を強ばらせ、体に力を入れてされるままになっている。その様子をそばで玩具をいじって遊んでいたKO(6か月)とM(7か月)が、その手を止めてじっと見ている。保育者はAを揺らしながら、KOとMの方にAの顔を近付け「KOちゃん、ばー」「Mちゃん、ばー」と交互に近づけると、3人でケタケタ笑いだす。しばらくして止めると、抱かれているAが「もっと」と言うように、2人のいる方へ体を向けるように力を入れる。「もっとなの」と言って続きをすると3人で繰り返し笑う。	●状況に慣れる(その場に適応する)。 ●不快を泣きで表現する。 ●状況の変化を感じ取る。 ●快(喜びにつながる)の追求➡快の方向へ向かっていこうとする(動作で表現する)。
		○Aは保育者に抱っこされて公園に散歩に行く。公園でもしばらく抱っこされていたが、木陰の下にござを敷いてその上に仰向けにされる。上の木の葉が揺れるのを見ているのだろうか、木が揺れる時の影を見ているのだろうか、歌うような声を出し、手足もゆっくりと動かしながらしばらく一人で遊ぶ。	●葉っぱの揺れに気づく(快さを発見)➡歌うように声を出し、身体で表現する。
		○腹ばいで遊んでいたAは、少し離れたところにある、玩具の自動車を見つけて見ながら、手と指を前に出ししきりに動かすが届かないし、体も動かない。少しして、その手を口に持っていきなめているが、目は玩具を見ているし、足はバタバタ動かしている。	●玩具に気づく(他と区別されたもの)➡発見したものに注意を集中する。
2	D (5か月)	○登園後、Dは保育者におむつを替えてもらってから、少しの間、激しく手足を動かしていたが、泣きだす。保育者が「Dちゃん」と声をかけると泣き止みにこにこする。それから、保育者がそばに行って名前を呼びながら、手足をバタバタさせて「あーあー」と声を出して喜ぶ。	●状況に慣れ、不快を表現する(泣き)。 ●状況が変わったことに気づき(名前を呼ばれる)、快を全身と声で表現する。
		○Dは仰向けで、機嫌よく一人でモビールが風に吹かれて揺れるのを見ている。保育者が「一人で遊んでるの。お利口だね」と言いながらそばにあったガラガラを振ると、今度はガラガラを喜んでみる。そこへT(15か月)がやって来てやりたがるので渡すと、Dの手の届くところで振る。少しして、Dはガラガラに手を伸ばして自分で持っていじって遊び始める。	●動くものを目で追いかける(追視、注意の持続)。 ●目と手の協応(手を伸ばしてものをつかむ)➡自らおもちゃをつかみ取る。
		○Dは、鏡の前で腹ばいにしてもらうと、鏡の移った自分の姿に、目を輝かせ、両足を交互に蹴り、両手を畳をひっかくように動かしながら向かっている。	●興味を引かれるものに積極的に向かおうとする(視覚探索)。
3	KO (6か月)	○KOは前の方にある玩具を目指して這っていく。その途中で保育者と顔が合う。他のクラスの保育者がニコニコして見ていると、はうのをやめて、そのままの姿勢でじっと他のクラスの保育者を見る。担任の保育者が「KOちゃん、KOちゃん」と名前を呼ぶと、ニコニコ笑いだし右手で畳をバタパタたたいて喜ぶ。	●人の区別(担任と他の保育者)に気づきだす。 ●いつも一緒にいる保育者がわかりだす。
4	M (7か月)	○Mは、目の前にある自動車の玩具を取ろうとして前に進もうとするが、進もうとすればするほど、どんどん後ろに下がってしまう。そばにいる保育者の顔を見たり、畳に頭をつけたりして休むが、目は自動車を見ている。また前に進もうとするが、後ろに下がるだけなので保育者が「ほら、行くわよ」と自動車を走らせると、顔がほころびそれを捕まえてさっそくなめている。	●自分から玩具に向かおうとする(今もっている力を使って探索活動)。目的に向かって行動しようとする(興味の持続)。 ●手に入ったものをなめて確かめる。
5	S (9か月)	○Sは、離乳食が運ばれてきたのを素早く見つけて「まんま」と叫ぶ。保育者が「Sちゃん、お腹空いたのかな、さっき寝る時もまんまって言ってたね。ほら、Sちゃんの好きなまんまだよ」と言いながら椅子に座らせる。	●場面と音声(まんま)が結びつき始める(➡言葉の獲得へ)。 ●自動車を走らせる(手指の操作)。
		○Sは片手に自動車を持って走らせながら、はいはいしている。しばらくそうしていて、Sが周囲を見回した時に、保育者と目が合う。保育者が「ぶーぶー」と言うと、Sも「ぶーぶー」と言いながら押し始める。	●もの(自動車)とぶーぶーという音声が結びつく(言葉の獲得)。
6	B (10か月)	○朝のおやつの時間、Bは椅子に座って待つが待ちきれない。他の子に果汁を飲ませている保育者の手の動きを目で追いながら、Bは泣きながら「まんま、まんま」と催促する。ようやくBの順番になり、「おまたせしました、大好きなまんまですよ」と言いながら飲ませてもらうと、一息にゴクゴクと飲みほす。それでも足りない様子で、他の子が飲ませてもらっているのを見ながら「まんま」と泣いて催促している。	●他者の動きを期待を込めて追視する。 ●不足であることを泣いて訴える(気持ちの表現)。 ●感覚的に他者に自らの気持ちを重ねて追視しながら、自分にもしてほしいと訴える(表現)。
		○BとAN(16か月)が玩具箱の横に並んで座っている。ANは受話器を持っていて、Bは鉄琴を持っている。ANが持っている受話器でBの鉄琴をカチカチと打つ。Bはその様子をじっと見ている。ANが打つのを止めると、Bは自分の鉄琴についている紐を打つ。ANがまた鉄琴をカチカチと打つと、Bはその様子をじっと見るのを繰り返す。ANが食事の時間になり、保育者に呼ばれてその場を去ると、Bはふぁーんと言って泣き顔になり、行かないでと言うようにANの方を見る。	●他の子の動きに注目する(興味をもつへ)。 ●一緒という感覚をもつ➡他の子が離れるのを嫌がる。それを泣くことで表現する。
		○Bは、はって柵に下げてあるカスタネットのところへ行き、それを手に取り、座り、なめたり振ったりカスタネットを柵と柵の隙間に入れたり出したりいそがしくしていたかと思うとまたはい出し、少し離れたところのカスタネットのところに行き、今度はカスタネットを吊るしている紐のところを持って振り回している。	●目的のものを取りに行く(目的をもって行動することへ)。 ●ものを今もっている力を使ってあれこれ確かめる。

		観察記録	考察
7	AS (12か月)	○最近，歩き始めたASは，すべり台に向かってヨタヨタ歩いている。転んでは立ち上がり，また転んでは立ち上がり，やっとすべり台にたどり着く。そして，他の大きい子に混じって，すべり台を登ろうとする。それまでASの様子を見ていた保育者がその後ろに回り見守る。なかなか登れないが，それでも階段を登ろうとする。 ○散歩から帰って，麦茶を飲むことになる。AS，KA（12か月），C（13か月），K（18か月）の4人は保育者に次々と椅子に座らせてもらいニコニコしている。Kが両手でテーブルをバタバタ打ち始めるとみんなニコニコしてバタバタ打っている。	●歩く姿勢の獲得。 ●他の子に触発されて同じことをしようとする。 ●思いがかなうまで続けようとする（目的の持続へ）。 ●他児と同じ動作を伴って快い情動を共有する。楽しさを持続させようとする。
8	KA (12か月)	○KAはそれまで，玩具のピアノでポンポンと音を鳴らして遊んでいたが，今日はそのピアノの横に貼ってあるシールに気が付いて，そのシールを右手の人差し指でカリカリひっかいている。なかなか取れない。イーッと鼻の穴が膨らむほどに息を吐き，体に力を入れてまたカリカリし始める。しかし取れずについに左手の人差し指も出てきて両手でカリカリする。なかなか取れない。しばらく続けるが取れずにあきらめる。 ○ミッキーマウスの人形を持っていたKAがそばにいたT（15か月）に「はい」と言って渡すと，Tはニコニコして受け取る。KAは返してくれることを期待して渡したのか，Tが人形を持ったままでいると，それを取り上げる。そしてKAはニコニコして下に落ちていたボールを拾い「はい」とTに渡す。Tはニコニコして「はい」と受け取る。それを見ていたKAが，再び他のボールを拾い「はい」と言ってTに渡す。	●ものの性質をいじることで探索。 ●面白いものに気づく。 ●ものをはがそうとする（意図をもってかかわる）。 ●ものを介して意思の疎通（ものに思いを寄せてやり取りをする）→渡したものは返ってくるという確信。 ●ものを介して楽しさを共有する。
9	C (13か月)	○保育者が朝保育室に入っていくと，Cが寄ってきて，「あっ，あっ」と友達を次々と指さす。保育者が指された子どもの名前を「Tちゃんもいるね」「Sちゃんもいるね」と次々に言っていくと，最後に最初に指さしたTに戻り何度も何度もTを指さし，何度も「Tちゃん」と言わせる。 ○散歩中，小学校のウサギ小屋のところで保育者が「ほら，ピョンピョンよ」と見せると，途中からベビーカーに乗ったCは，「オーオー」と体全体に力を込めてベビーカーから乗り出すようにして，ウサギの方を指さす。「ウサギさんいたねー」と応えてもらうと，なおも「オー」と指さしながら言って保育者の顔を見る。 ○保育者が眠そうなB（10か月）を抱いて「ねんね，ねんね」と言っているのを聞いて，Cはそばのぬいぐるみを枕にして「ねんね，ねんね」と言いながら横になる。具体的な動作を伴って発声をするようになる。	●友達一人ひとりに対する注意が向かう。それを保育者の目で確かめようとする。 ●保育者の誘いかけが理解できる（理解言語）。 ●興味があることを動作で表現する。 ●保育者の他児へのかかわりを理解し，ねんねという言葉とねんねする動作を結びつけ，ねんねを理解する。
10	T (15か月)	○さっきまでTが見ていた絵本をC（13か月）が拾って見ている。それを見てTがCからその絵本を取り上げて，そこに座って絵本を広げる。Cは絵本を見ようと手を出し，ページをめくろうとしてTにその手を振り払われる。するとCはその開いた絵本の上に寝転がって泣いて抗議する。保育者がCの好きな乗り物の絵本を探してきて，「ほら，Cちゃんの好きな新幹線だよ，ビューン，ビューンって走ってるよ」と誘いながら，Cを抱いて膝に座らせて一緒にページをめくると，Tもさっきの絵本を置いてそばに来る。保育者はもう一方の膝にTを座らせて絵本を読み続ける。 ○砂場に入り込んだTは，手で砂をすくって放ろうとするが，うまくコントロールすることができない。保育者が「Tちゃん，いやだ，いやだ，自分にかかってしまうよ」と言って砂を払ってあげると，喜んで何度も何度も繰り返す。そのたびに保育者は「いやだ，いやだ」と言うが，Tは嫌そうな様子もなく砂を放り続ける。	●自分が見ていたものは自分のもの（＝所有意識の芽生え）と，人のものを取り上げる。 ●自分の要求（自分のものという気持ちが持続する）を通そうと実力行使する。自己主張する。 ●気持ちのままに行動する（気持ちを行動で表現する）。 ●思うように手指が動かない（前に向かって投げることが難しい）。 ●面白いこと（興味を引かれること）を繰り返し遊ぶ。
11	AN (16か月)	○公園からの帰り道，保育者同士が「Cちゃんの1歳の誕生日はいつだっけ？もう1歳を過ぎたのよ，早いわね」と話しているのをANが聞いていて「うっ，うっ」とC（13か月）指さして保育者の顔を下から見上げる。保育者が「そうよ，Cちゃんは1歳になったんだよ」と言いながらまた話し続けると，「うっ，うっ」とその話の中に入ろうとする。 ○ANが受話器を一つ持って歩いているのを見た保育者が「モシモシANちゃんですか」と言うとニコニコしてそばに寄ってきて，保育者の耳にその受話器を当てるので，また「モシモシ，ANちゃんですか」と繰り返すと，その受話器を自分の耳の持っていって当てるので「ハイハイ，ANです」と言うとまた保育者の耳に当てる。「ハイハイ，先生です」と答えると喜んで何度も繰り返す。	●Cがわかる（個別に他児を認識）。 ●会話の内容がCに関することだと理解できる。 ●受話器の役割（ものの性質）をある程度理解できる。 ●受話器を通して保育者とやり取りすることを楽しむ。また，楽しさを求める。
12	K (18か月)	○Kは，シャベルを持って公園から道路に出て行こうとする。保育者が追いかけて「危ないよ，こっちよ」と言って連れ戻すが，少しするとまた出て行こうとする。保育者が体でKの行く手をふさぐとそこをすり抜けて行こうとする。保育者が「まて，まて」と追いかけると逃げて，しばらくすると振り向いて保育者が追ってくるのを確認して，またニコニコして走りだす。 ○散歩から保育園に帰り，そこに居合わせた他のクラスの保育者に「おかえり」と声をかけられ，Kは大きな声で「おかえり」と応える。担任の保育者が「まあ，上手。お帰りじゃなくて，ただいまって言うんだよ」と言いながらも，「おかえり」とKが言えたことを大喜びする。 ○散歩から帰って，麦茶を飲むことになる。KA（12か月），AS（12か月），C（13か月），Kの4人は保育者に次々と椅子に座らせてもらいニコニコしている。Kが両手でテーブルをバタバタ打ち始めるとみんなニコニコしてバタバタ打っている。	●自分の思いを通そうとする。 ●邪魔するものを避けて，意思を通そうとする（自己主張）。 ●思いの通りに保育者が行動しているかを確認する（原因―結果）。 ●場面と言葉が未分化に結びつく（場に合わせた言葉遣いへ）。 ●他児と同じ動作を伴って快い情動を共有する。楽しさを持続させようとする。 ●楽しさをつくり出す。

図表2-1-8 5月の0歳児クラスの子どもの育ち(図表2-1-7の読み取り部分の整理)

No.	子ども	読み取り
1	A (4か月)	●状況に慣れる(その場に適応する)。 ●状況の変化を感じ取る。 ●不快を泣きで表現する。 ●快(喜びにつながる)の追求➡快の方向へ向かっていこうとする(動作で表現する)。 ●葉っぱの揺れに気づく(快さを発見)➡歌うように声を出し,身体で表現する。 ●玩具に気づく(他と区別されたもの)➡発見したものに注意を集中する。
2	D (5か月)	●状況が変わったことに気づき(名前を呼ばれる)。 ●快を全身と声で表現する。 ●動くものを目で追いかける(追視,注意の持続)。 ●目と手の協応(手を伸ばしてものをつかむ)➡自分から玩具をつかみ取る。 ●興味を引かれるものに積極的に向かおうとする(視覚探索)。
3	KO (6か月)	●人の区別(担任と他の保育者)に気づきだす。 ●いつも一緒にいる保育者がわかりだす。
4	M (7か月)	●自分から玩具に向かおうとする(今もっている力を使って探索活動)。 ●目的に向かって行動しようとする(興味の持続)。 ●ものをなめて確かめる。
5	S (9か月)	●場面と音声(まんま)が結びつき始める(➡言葉の獲得へ)。 ●自動車を走らせる(手指の操作)。 ●もの(自動車)とぶーぶーという音声が結びつく(言葉の獲得)。
6	B (10か月)	●他者の動きを期待を込めて追視する。 ●不足であることを泣いて訴える(気持ちの表現)。 ●感覚的に他者に自らの気持ちを重ねて追視しながら,自分にもしてほしいと訴える(表現)。 ●他の子の動きに注目する(興味をもつ)。 ●一緒という感覚をもつ➡他の子が離れるのを嫌がる。それを泣くことで表現する。 ●目的のものを取りに行く(目的をもって行動することへ)。 ●ものを今もっている力を使ってあれこれ確かめる。
7	AS (12か月)	●歩く姿勢の獲得・他の子に触発されて同じことをしようとする。 ●思いがかなうまで続けようとする(目的の持続へ)。 ●他児と同じ動作を伴って快い情動を共有する。楽しさを持続させようとする。
8	KA (12か月)	●ものの性質をいじることで探索。 ●面白いものに気づく。 ●ものをはがそうとする(意図をもってかかわる)。 ●ものを介して意思の疎通(ものに思いを寄せてやり取りをする)➡渡したものは返ってくるという確信。 ●ものを介して楽しさを共有する。
9	C (13か月)	●友達一人ひとりに対する注意が向かう。それを保育者の目で確かめようとする。 ●保育者の誘いかけが理解できる(理解言語)。 ●興味があることを動作で表現する。 ●保育者の他児へのかかわりを理解し,ねんねという言葉とねんねする動作を結びつけ,ねんねを理解する。
10	T (15か月)	●自分が見ていたものは自分のもの(=所有意識の芽生え)と,人のものを取り上げる。 ●自分の要求(自分のものという気持ちが持続する)を通そうと実力行使する。自己主張する。 ●気持ちのままに行動する(気持ちを行動で表現する)。 ●思うように手指が動かない(前に向かって投げることが難しい)。 ●面白いこと(興味を引かれること)を繰り返し遊ぶ。
11	AN (16か月)	●Cちゃんがわかる(個別に他児を認識)。 ●会話の内容がCちゃんに関することだと理解できる。 ●受話器の役割(ものの性質)をある程度理解できる。 ●受話器を通して保育者とやり取りすることを楽しむ。また,楽しさを求める。
12	K (18か月)	●自分の思いを通そうとする。 ●邪魔するものを避けて,意思を通そうとする(自己主張)。 ●思いの通りに保育者が行動しているかを確認する(原因―結果)。 ●場面と言葉が未分化に結びつく(場面に合わせた言葉遣いへ)。 ●他児と同じ動作を伴って快い情動を共有する。楽しさを持続させようとする。 ●楽しさをつくり出す。

図表2-1-9　0歳児クラスの6月の指導計画(ねらい，内容のみ)

	クラスの計画	個別の計画		
		A（5か月）	B（11か月）	C（14か月）
5月の子どもの姿※1	・保育所の生活にも慣れてきて，自分の興味・関心から，行動し始めている。 ・保育者に相手してもらうことを喜ぶ。 ・クラスの保育者とそれ以外がわかり始め，じっと注目する。 ・保育室や公園などで，動くようになった身体で，探索活動を楽しんでいる。 ・他の子のすることに興味をもち，そばにいたがる。同じ動作をしようとする。楽しさを共有しようという意図をもって他児に働きかける。一緒に同じことをして楽しさを味わう。 ・自己主張し始める。	・授乳時，本児から笑いかけたりと遊びながら飲み，飲むことが中断するが，最近，保育者の顔を見ながら飲む。 ・一人で木の葉の揺れなどを見たりと少しの間，遊ぶ。 ・うつ伏せで，周囲を見回して，注意を引かれるものがあると，体に力を入れてその方向に向かおうとする。 ・うつ伏せから，仰向けになり，驚いて泣き出し保育者に慰められる。	・食欲が旺盛で，他の子が食べている時から「まんま，まんま」と催促する。 ・探索活動が盛んになり，部屋中をはいまわり，面白いものを見つけては，手に取り座りいじったり，なめたり振ったりして機嫌がよい。 ・玩具を介して他児がかかわってきた時，その動きに注意を引かれるが，積極的にかかわることはまだである。	・保育者との関係も安定してきて，自分から，しぐさや指さしなどで保育者に応えてもらおうとする。 ・言葉に関しては，理解できることが多く，保育者に言葉にしてもらうことを喜んでいる。また，知っている言葉と動作を結びつける（「ねんね」という言葉と寝るという行為を同時にする）。 ・玩具等で一人で遊び，その楽しさを保育者と共有しようとする。
保育のねらい※2	・一人ひとりの生活のリズムを大切にし，ゆったりとした雰囲気の中で，機嫌よくすごす。 ・着替えをこまめにし，暑い日には沐浴やシャワーをして，気持ちよく過ごす。 ・室内でも体を動かしたり，興味のある玩具でじっくりと遊ぶことを楽しむ。また，梅雨の晴れ間には，戸外で存分に体を動かすことを楽しむ。	・本児の生活のリズムを大切にし，ゆったりとした雰囲気の中で，機嫌よくすごす。 ・うつ伏せや腹ばいで，周囲の玩具をいじったり，なめたりして感触を楽しむ。 ・保育者に歌を歌ってもらい，そのやさしさを感じる。	・本児の生活のリズムを大切にし，ゆったりとした雰囲気の中で，機嫌よくすごす。 ・安全な環境の下で，存分に探索活動を楽しむ。 ・保育者に歌を歌ってもらい，一緒にその歌を楽しもうとする。	・本児の生活のリズムを大切にし，ゆったりとした雰囲気の中で，機嫌よくすごす。 ・保育者への働きかけに言葉で応えてもらうことに喜びを味わう。 ・好きな玩具でじっくりと遊ぶ充実感を味わう。 ・アリなどの小動物に興味をもつ。
保育の内容※3	・生理的欲求が満たされ，心身ともに安定した状態での充実感や，自分から動こうとして，動ける喜びを味わう。 ・保育者に働きかけた時に，応えてもらうこと，また，あやしやされることで楽しい気持ちが通じ合うことを喜ぶ。 ・保育者を介して，他児と一緒に遊ぶ楽しさを味わう。また，子ども同士でのやりもらい遊びを楽しむ。 ・保育室内外で，一人でじっくりと探索活動し，ものとかかわる感触を存分に楽しむ。 ・保育者に一人であるいは数人で絵本を読んでもらうことを喜ぶ。また，一緒に歌ったり，踊ったりする楽しさを味わう。 ・戸外で，風や光の揺れなどを感じる。また草花や小動物に触れて自然を感じる。	・本児のリズムを尊重しながら，食欲・睡眠・排泄などの生理的欲求を満たす。 ・機嫌のよい時に，準備食を一匙から試してみる。 ・玩具や，周囲のものに興味をもって向かう。手の届いたもので遊ぶ。 ・あやし遊びなど保育者とのやり取りを楽しむ。 ・保育者と玩具で遊んだり，歌を歌ってもらうことを喜ぶ。	・急ぎすぎて詰め込みにならないように，少しずつ食べ物を飲み込めるようになる。 ・探索活動や，すべり台や，トンネルなどの遊具で様々な体の動きを楽しむ。 ・本児の興味のある玩具で保育者と遊びながら，他の子どもと一緒に楽しく遊ぶ。 ・周囲の人に指さしで，気持ちや状況を伝えようとし，応えてもらうことを喜ぶ。 ・保育者の膝で，本児の好きな絵本を読んでもらう。	・食事など，苦手なものでも保育者に励まされて食べてみようとする。 ・園庭などで，はだしになって土や砂，芝生の感触を楽しむ。 ・雨の音や鳥の鳴き声に聞き入ったり，木陰や風が吹いた時の心地よさを感じる。 ・自分で好きな絵本を見たり，保育者に読んでもらうことを喜ぶ。 ・遊びたい遊びを自分から玩具など選んで，保育者と一緒に，また，一人でじっくりと取り組むことで充実感を味わう。

※1　図表2-1-7，8から整理される。
※2　図表2-1-4，5，と図表2-1-8との関連で「ねらい」を立てる。
※3　保育のねらいを達成するために図表2-1-7，8からその内容を考える。
＊　月の指導計画に必要な部分は省略されている（月案の形式に関しては図表2-1-5を参照）。

第2章
1歳〜3歳未満児の保育

　本章では，1歳〜3歳未満児の保育の中で，2歳児の保育の実際を取り上げる。その際，保育の過程には，実践部分だけでなく，計画の作成から実践，記録評価というPDCAサイクルがあることを見通せるように考えていきたい。したがって，実際の2歳児のクラスの計画と記録を取り上げながら進めていく。

1．1歳以上3歳未満児の特徴

　保育の実際に入る前に，1歳以上3歳未満児の発達の特徴を，保育所保育指針に沿って簡潔にみておこう。なお，この記述は，幼保連携型認定こども園教育・保育要領も同様のものとなっているので，保育所および幼保連携型認定こども園の両方に当てはまる。

> 　この時期においては，歩き始めから，歩く，走る，跳ぶなどへと，基本的な運動機能が次第に発達し，排泄の自立のための身体的機能も整うようになる。つまむ，めくるなどの指先の機能も発達し，食事，衣類の着脱なども，保育士等の援助の下で自分で行うようになる。発声も明瞭になり，語彙も増加し，自分の意思や欲求を言葉で表出できるようになる。このように自分でできることが増えてくる時期であることから，保育士等は，子どもの生活の安定を図りながら，自分でしようとする気持ちを尊重し，温かく見守るとともに，愛情豊かに，応答的に関わることが必要である。
> （保育所保育指針　第2章 2（1）ア）

　保育所保育指針の文言に沿って理解していくと，この時期の前半は，まず歩行が始まる。そのことによって視野が広がる，移動が早くなる，両手が自由になる，などの変化が現れる。それに伴い，基本的な運動機能が発達していく。それが，身の回りのことを自分でしようとする姿となって現れてくる。

　発話も始まる。言語の発達とともに，外部世界を自分のもち合わせている言語能力によって認識し始めるが，その中心軸は自分である。また，象徴機能の発達とともにごっこの世界がつくられ始める。

　1歳半から2歳頃になってくると，自己中心性が明瞭になってくる。それが，身の回りの事柄においては，自分のしようとすることと自分のしていることとのギャップを生み，

思い通りにならないことのいらだちを強く表すようになる。そのことを通して少しずつ身の回りの生活の仕方を身につけていく。

また，遊びなどを通して他者とのかかわりが育まれていくことによって，トラブルやいざこざも増えていく。そのことを通して，他者という存在の認識や自分という輪郭の形成が行われていき，かかわり合いが継続するようになっていく。

このように，生活活動の面においても遊びや他者とのかかわりの面においても，思うようにならないことなどのいらだちやトラブルがよく起きる。そのような子どもの世界を支えるのが，保育者である。この時期は，保育者がかかわりすぎても，かかわりが不足しても，子どもの世界は充足しにくくなる。

保育者のかかわりの不足は，子どもの世界を不安定にし，落ち着かないものにしかねない。その反対に，保育者の過剰なかかわりは，子どもの外部への様々なかかわりを抑圧することになりかねず，子どもの世界が狭くて窮屈なものになる可能性がある。

この時期は，保育者は，急激に形成されていく子どもの世界に沿うように，急がずにゆったりと，しかし必要なところへの配慮を十分に怠らずに，ともに生活していくことを求められる。

2．2歳児の保育の実際─計画と実践（P&D）

（1） 日課（デイリープログラム）

保育の実際は，論理的には計画の作成から始まるということになるが，いきなり計画の作成を行えるものではない。まず，0〜2歳児の保育の実際を考えていくために，日常の生活の流れに対する配慮が重要になる。そのために必要なことが，日課の作成である。

日課は，デイリープログラムとか一日の流れとよばれることもあるが，子ども達の登園から降園までの生活の流れを捉えたものである。ここでは，次のような2歳児の具体例をあげておく（**図表2-2-1**）。

これはY保育園の2歳児の日課である。朝の7時30分から夕方の6時30分が開園時間であり，日課の対象範囲である。この園は延長保育がないが，延長保育を実施している場合，それも日課の対象になる。延長保育だからといって別枠にするのではなく，延長保育部分も含めて，生活の流れを途切れることなく捉えることが重要である。

左欄に子どもの生活場面が記されているが，その流れが落ち着いて安定するために，保育者の基本的な配慮事項がその隣の欄に記されている。2歳児は，自分で生活を整えるのには無理のある部分も多いので，子ども自身の気持ちを受けとめながら，保育者は配慮している。

なお，Y保育園では，午前中に昼寝を位置づけているので，日課においてもそのようになっている。一般的に昼寝は午後であるが，このように園にはそれぞれ独特の日課がある

図表2-2-1　2歳児　日課（デイリープログラム）

時間	子どもの生活	安定して一日を過ごす配慮	配慮・役割分担		
			A保育者	B保育者	C保育者
7：30〜	通常保育開始 順次登園 鞄を片づける 所持品の始末 タオルを出す 園庭や室内で遊ぶ 片づけ 排泄（適宜） 手洗い	◎登園時、子どもの健康状態を把握するとともに、保護者から子どもの状態について報告を受けるようにする。 ●登園時の子どもの気持ちを受け入れる。子どもの気持ちに沿った、働きかけを行う。 ●薬のある子は与薬票と押印を確認をする。 ●朝の清掃においては、室内、園庭を問わず、危険物や修理箇所が無いかなど確認し、裸足でも大丈夫なように隅々まで確認する。 ◎子ども達が自ら片づけを行えるように声をかける。 ●大体の登園が終わったら、年齢ごとの人数確認をする。 ◎子ども達の排泄をしたいという素振りや意思表示を受けとめる。子どもが自ら、トイレに行きたいと思えるように促す。一人で排泄ができた時には、満足感を得られるようにたくさんほめる。	●視診（顔色、表情、傷の有無、前日や朝の様子を保護者に聞く）。 ●子どもの受け入れ。 ●保護者対応。 ●園庭の清掃。 ●遊具等の安全確認。 ●室内でおやつの時間の準備を行う。（口拭きタオルを洗う、机・椅子の用意、台拭きの準備） ●トイレに行きたい子どもへの声かけをする。	●園庭にいる保育者から、室内へ子どもを受け入れる。 ●室内の清掃および安全確認。 ●麦茶を沸かす。 ●子どもが自らタオルを出すように見守り、声をかける。 ●電話対応。 ●子ども達と一緒に片づけを行い、部屋に入るよう呼び掛ける。 ●排泄が自立していない子どもと一緒にトイレで便器に座れるようにする。 ●水道では、並んで順番を待てるように見守る。	●園庭で遊ぶ子ども達を見守りつつ、一緒に遊ぶ。
9：00〜	おやつ 歯磨き、口拭き	◎一日のスタートを元気にきれるように、明るく挨拶をする。 ◎落ち着いた雰囲気の中で、子ども達がおやつを美味しいと感じ、楽しんで食べられるように心がける。 ●牛乳パックやおやつの袋を開けるときは、できるだけ自分の力で開けられるように見守る。 ●おやつ後、スムーズにリズム遊びに行けるよう、保育者間で連携する。 ●必要に応じて衣服を着替えさせ、着脱を手伝う。	●子ども達と歌や指遊びをしながら待つ。 ●朝の挨拶やお名前呼びをしつつ、子ども一人ひとりの様子を視診する。 ●食べる様子を見守る。 ●口拭きタオルで口を仕上げ拭きする。 ●次の活動への声かけをする。	●おやつを部屋に持ってくる。 ●おやつを配る。 ●歯磨きをする様子を見守り、必要に応じて仕上げ磨きをする。 ●おやつを片づけて、給食室にその日のクラスの人数を伝える。	●部屋に入れる保育者がいる場合は、机・椅子の片づけを行う。
9：30〜	リズム遊び 水分補給 排泄 着替え	◎楽しい雰囲気の中で、ピアノに合わせて、伸び伸びと体を動かせるようにする。 ●リズム遊びが好きな子ども、そうでない子ども、それぞれの気持ちを受けとめつつ、少しでも体を動かすよう声をかける。	●体全体を使って大きく動かし、子どもの手本となるようにする。 ●お茶を注ぐ時に飲みきれる量を注ぐように見守る。	●「やりたくない」と言う子どもがいる時は、気持ちに寄り添いつつ、参加できるように促していく。	●子ども達と一緒に、他のクラスのリズム遊びを観る。
10：00〜	シール貼り（帳面） 絵本・紙芝居	◎子ども達が自分で好きなシールを貼れるようにする。 ◎年齢、季節に合った絵本や紙芝居を読む。子ども達が絵本や紙芝居に対して興味を抱くような読み方の工夫をする。	●どこにシールを貼れば良いのかわかるように、今日の日付の所に絵を描いてわかりやすくする。	●シール帳を取り出し、順番を待って貼れるように見守る。 ●集中力が続かない子への配慮。	
10：30〜	休息	◎安心して休息がとれるような室内環境を整える。 ●子どもの疲労に注意して、適切な休養がとれるようにする。 ●随時、子どもの休息の様子を観察し、安全を確認する。 ●眠ろうとしない子どもへの強制を避け、体をゆっくりと休められるようにする。	●布団を用意する。 ●子ども達に、それぞれの枕やタオルケットを渡す。 ●食事で使用する、口拭きタオルや台拭きの準備をする	●カーテンを閉める。 ●午前中にした着替えの片づけや、キャスター内の整理整頓をする。	

時刻				
12:00〜	目覚め 排泄	◎気持ちよく目覚められるように，温かな雰囲気をつくる。 ●入眠が遅かったり，体調が優れなかったりする子どもは，無理に起こそうとせず，休息をたっぷりとれるようにする。	●トイレへ誘う。 ●手洗いの声かけ。 ●お箸，スプーンを鞄から取り出すように声をかける。	●枕やタオルケット，布団を片づける。 ●食事の際に使う，テーブル・椅子の用意。	
	食事	◎子ども達が自ら進んで食べられるような雰囲気づくりをする。 ●食事が，子どもにとって楽しいものとなるように心がける。 ●好き嫌いなど，偏食がある場合，徐々に食べられるように，小さくしたり半分にしたりする。 ●アレルギーがある場合，保護者に確認し除去食を用意する。また配膳の際は十分気をつける。 ●与薬票に書かれた時間に，薬を飲ませたことを確認をする。また，保育者間で，与薬の確認を行う。 ●全員が食事を終えたら，室内の清掃を行う。テーブルの表面を衛生的にする。 ◎園庭では，子ども達がそれぞれ安心できる空間で，好きな遊びができるように見守る。 ●食事後，排便を訴える子どもが多いので，その子の様子を踏まえた上で便器に座る習慣をつけられるようにする。 ●保育者全員で子どもの様子を見守る。 ●こまめに水分補給を呼びかける。全員が水分を摂れるようにする。	●食事を配膳する。 ●全員を起こして，食事をとらせる。 ●子どもと一緒に食事をとる。 ●食事のお替わりを持ってくる。 ●食べ終わった子どもの分から，お皿を片づける。 ●お箸，スプーンを鞄へ片づけるように促す。 ●歯磨きをするように声をかける。 ●室内清掃後，子ども達と一緒に遊ぶ。 ●トイレ，水分補給の声かけ。 ●汗をかいている場合は，衣服の調節を行う。 ●室内でおやつの時間の準備を行う。(口拭きタオルを洗う，机・椅子の用意，台拭きの準備)	●食事を部屋へ持ってくる。 ●食事を配膳する。 ●子どもと一緒に食事をとる。 ●食事のお替わりを持ってくる。 ●先に食事を済ませ，順次食べ終えた子どもの歯磨きの援助や着替えを手伝う。 ●口拭きタオルで口を仕上げ拭きする。 ●子どもと一緒に園庭に出たり，雨天時は室内で遊んだりする。 ●トイレ，水分補給の声かけ。 ●片づけを一緒に行い，おやつへ誘う。	●以上児クラスと食事を済ませた保育者が園庭に出る。雨天時は，部屋に玩具を出す。 ●怪我をした時は，状態に応じて消毒等を行う。
	遊ぶ 片づけ 手洗い 排泄	◎全員で片づけられるようにする。自分で使ったものはしっかりと片づけるように声をかける。			
15:00〜 17:00〜 18:30	おやつ 歯磨き 遊び 順次降園 排泄，水分補給(適宜) 片づけ 排泄，水分補給 遊ぶ 全園児降園	●午前のおやつに準じた配慮を行う。 ●お替わりを食べたいときには「お替わり下さい。」と言葉で意思表示出来るように促す。 ●食後の遊びに準じた配慮を行う。 ◎明日もまた来たくなるような気持ちをもってさよならできるように，明るく楽しい雰囲気の中で降園できるようにする。 ●門外に出る時は，保護者と一緒に出るように見守る。 ●連絡やその日の子どもの体調など保護者との連携を取る。 ◎早番の保育者から順次退勤なので，保護者への連絡事項がある場合は遅番に伝え，確実に伝わるように連携する。 ●保護者からの連絡があれば，保育者間で引き継ぎを行う。 ●子どもが全員降園したことを確認し，上司に報告する。	●「いただきます。」の挨拶をする。 ●子どもと一緒におやつを食べる。 ●子ども達のタオルの片づけを見守りつつ，室内の片づけを行う。 ●室内の清掃。 ●歯ブラシ，コップを清潔にする。 ●ホワイトボード(クラスの連絡ボード)にその日にあった出来事などを記入する。 ●子どもと一緒に遊ぶ。 ●片づけをしつつ，トイレと水分補給の声かけを行う。 ●お迎え時の保護者対応。	●おやつを配る。 ●子どもと一緒におやつを食べる。 ●子どもと遊ぶ。保育者は子ども全体を見守る。 ●トイレ，水分補給の声かけ。 ●汗をかいた子どもがいる場合は，汗の始末をする。 ●トイレ掃除，お茶の入ったキーパーを洗う。 ●各部屋の戸締まりをする。	●園全体の連絡事項がある場合は，掲示板やプリント等で連絡する。 ●子ども達と遊んで，保護者の迎えを待つ。

こともあるので、そこは理解しておく必要がある。

　この例になっている2歳児クラスの子どもは9名であり、担任保育士は1名である。しかし、保育士1名で2歳児9名を常時対応することは無理である。もしそのようなことをしようとしたら、子ども全員を部屋に閉じ込めて監視する状態になる。それは保育ではない。言い換えれば、担任は、クラスの全てに対応する立場ではない。

　日課の表を見ればわかるが、右側の欄にA、B、Cと3名の保育者が記されている。直接の担任は、A保育者である。B保育者は、担任とは違う保育士である。通常はこの2名でかかわっているが、状況によっては2名では不十分な場合もある。そこでの対応が、C保育者となる。このように、複数の保育者によって2歳児の生活の流れが支えられている。たとえば、着脱場面では次のようになる。

> **エピソード2-2-1** 着脱場面での保育者の連携
>
> 　子ども達が衣服の着脱を行う場面が日常生活の中ではよくある。2歳児の子ども達は、自分でできることが増えてくるものの、洋服の前後を確認したり、ボタンをかけたりという細かい動作はまだまだ難しい。そのため数人が一斉に着替えるとなると、担任保育者1人ではなかなかスムーズに着脱にかかわりきれない現状がある。そのような時は他の保育者に手を貸してもらう。他の保育者は、必ずしも毎回同じ保育者とは限らない。突然手伝いを頼むという状況も考えられる。そのような時に必要になるのが「保育者同士の連携」である。子ども達一人ひとりのできること、苦手なことはそれぞれ違う。たとえばAちゃんは自分で洋服の前後を確かめながら洋服を着ることができるのに対し、Bくんは保育者が洋服を並べて置いておくと自分で着ることができるかもしれない。そのような細かなところまで把握している担任保育者が、子ども達の現状をわかりやすく他の保育者に伝え、子ども達の発達過程に合わせた援助を行えるよう努めている。

　このエピソードのように、担任一人では対応できないところで連携するのが、先の日課の表のB保育者になる。このようにA、B、Cと保育者の体制がとられているが、それは固定メンバーではない。B保育者は、日によって違う。またC保育者は、2歳児だけの対応をしているわけではなく、他のクラスの対応もその役割になっている。つまり、必要に応じて2歳児とのかかわりはあるが、固定されているわけではない。

　さらにいえば、担任であるA保育者も、常にこの位置にいるわけではない。というのは、保育所は月曜日から土曜日までの週6日間を開園している。そして保育者の勤務は、週5日間である。状況によって異なるが、クラスの担任が不在の日が1、2週間に1日程度はある。また、保育所の一日の開園時間は通常11時間であるが、保育者の勤務時間は8時間

であるから、一日の中で3時間程度は担任不在の時間があることになる。

認定区分が保育を必要とする2号・3号認定の子どもの保育施設である保育所や認定こども園は、1号認定の子どもを対象とする幼稚園や認定こども園とは、状況が大きく異なる。1号認定の場合、保育者の勤務時間内に子どもの保育時間がおさまる。したがって、病休などの場合を除けば、1号認定の子どもに常に担任がいることは可能である。

しかし、2号・3号認定の子どもの場合、担任であってもかかわることのできない状況が、必ず現れてくる。したがって、日課の表のA保育者は、基本的には担任であるが、担任でない保育者がA保育者になる時間帯や日があることになる。

このように見てくると、A、B、Cの保育者が固定されていないということの意味がわかると思う。そして2歳児は、というか2歳児だけのことではないが、保育者とのかかわりを通して情緒の安定が図られることが多い。それゆえ、保育者が、子どもの情緒をかき乱すようであってはならない。つまり、担任であるなしにかかわらず、2歳児とかかわりをもつ可能性のある保育者は、子どもから信頼感を得ている必要がある。そのことを前提として、保育者同士の役割分担も含めて、日課の表は記述されている。

なお、この日課は、年度始めから夏にかけてのものである。生活の流れであるから、くるくると変わるものではない。この日課を基底にして、子どもの興味・関心がどのように現れるかを捉えるのが実際の計画であるから、日課は、週替わり、月替わりで変更するものではない。しかし、2歳児という発達の著しい時期の1年間を通して、同じ日課で進むというのも好ましくない。一日の生活の流れは、子どもの発達過程や季節の移り変わりによって変化するものであるから、年間を通して数回程度は日課の見直しも必要になる。

（2） 月案の作成

日課を前提として、指導計画の作成がなされる。指導計画の基本についてはパート1第4章に示されている。それを踏まえながら、実際の2歳児の月案を考えていきたい。

なお、指導計画は、それぞれの園にある全体的な計画に基づいて作成されるものであり、年間、期間、月案、週案、日案など、時間の長さによっていくつかの種類がある。2歳児の場合、指導計画で中心になるのは月間の計画すなわち月案である。ここでは月案に焦点を当てて進めていく。

子どもの日常において、生活活動は日々繰り返される行為となる。食事、排泄、睡眠などを行わない日はない。これらを指導計画に入れ込もうとすると、常に同じような行為を書き込むことになる。それでは煩雑になる。しかし、これらの生活活動を2歳児だけで行えるわけではない。そのため十分な配慮が必要となる。これらは、指導計画ではなく、日課に反映させることにより、保育者の意識に上らせることになる。

その上で指導計画を作成する。現在の子どもの姿を捉えてねらいや内容を設定し、環境を構成して子どもの活動を予想し、そこでの援助や配慮を言語化していくのが計画の作成であり、それを一か月間という時間枠で想定していくのが月案になる。

図表2-2-2　2歳児　月案　平成30年度　7月分

名前(生活年齢)	前月の子どもの姿
H・N (3歳2か月)	衣服の着脱を自分でするものの汗でくっついてしまい脱げないこともあった。姉や友達とよくごっこ遊びをしている。
K・S (3歳2か月)	トイレで大便が出ると,「出たよー！」と大きな声で知らせてくれるようになった。休息用のタオルを上手に畳む。
H・Y (3歳0か月)	休息の時にトントンされることを嫌がり,自分で寝ようとする姿が見られた。
Y・E (3歳0か月)	保育者が「〜しよう」と伝えると,「嫌」と言うことが増え,様々な声かけをしても拒否することが多かった。
K・T (2歳11か月)	園庭の積み木をサンドイッチやドーナツに見立てて,ごっこ遊びをしていることが多かった。
M・Y (2歳9か月)	保育者と1対1で遊ぶことを好み,他児が近くに来ると「あっちに行こう」と保育者の手を引くことが多かった。
H・I (2歳8か月)	トイレでのおしっこの排泄が自立する。「〜していい？」と保育者に次の行動を尋ねて,友達よりも早く1番に動こうとする姿があった。
K・I (2歳7か月)	着脱のときに「Iちゃんが自分でできるもん！」と言って,自分でしようとする姿が見られた。
H・J (2歳3か月)	着脱は自分でしようとする姿が見られた。友達が遊んでいるところに突然入ろうとするので,友達に「『入れて』って言って」と言われていることが多かった。
行事	

ねらい　　　環境構成

※ 自分でできたという達成感を感じられるように,子どもに合わせた援助を行う。

- 洋服が見つからない
- 好きな洋服がある
- 自分でできて喜ぶ
- キャスターの中から洋服を選ぶ
- 保育者が手伝う
- 自分で着脱しようとする
- 「脱げない」と言う
- ☆ 衣服の着脱
- 保育者に手伝ってほしそうにする
- 「んー,んー」と言って,できないことをアピールする
- 「してー」と言って,手伝いを求める

※ できない時や手伝ってほしい時は言葉で表せるようにする。

※ 無理にシャワーをかけようとはせず,少しずつ慣れるようにする。

- 顔を拭えば大丈夫だとわかる
- 泣いて嫌がる
- 少しずつ水に慣れてくる
- 顔に水がかかることを嫌がる
- シャワーが嫌い
- 保育者と一緒ならプールに入れる
- 水を怖がる
- 保育者にしがみつく
- ○ プール遊び
- ○ 玩具で遊ぶ
- プールに入ることを喜ぶ

※ 必ず,以上児と未満児のそれぞれに,1名ずつの保育者がプールに入り,周りの保育者も協力しつつ,安全にプール遊びを行う。

7／4　七夕飾り作り　　7／6　七夕行事　　7／18　身体測定

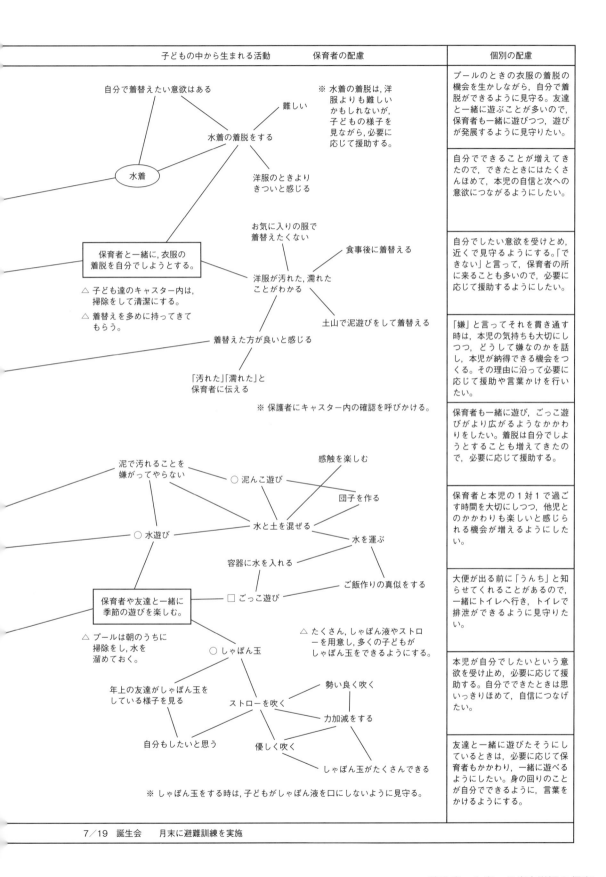

日々繰り返される生活活動については日課に示されるので、指導計画で捉えるのは、生活活動の場合、その時期の子どもの発達とかかわりの大きい部分である。そしてより焦点化する必要があるのは、子どもの中から生まれる遊びである。遊びは、決まった形態があるわけではないので、日課では記述されない。それこそ指導計画において示されるものである。

　遊びをどのように捉え、どのように言語化するかは、指導計画の大きなポイントになる。ここでは、ねらいを踏まえて環境を構成する、そこのところに焦点を当てて考えてみたい。環境構成は、子どもが自発的・意欲的にかかわることを予想して行う。子どもの自発性の表れの典型が遊びである。その始まりの部分、つまり子どもが興味・関心をもって環境にかかわり自分から動き出そうとする、そこに焦点を当てていく。

　このような考え方を、「エマージェントカリキュラム」という。カリキュラムは計画という意味であるが、エマージェントemergentとは、「現れ出る」という意味であり、子どもの興味・関心の発現という意味である。そこに焦点を当てて作成される計画がエマージェントカリキュラムである。

　エマージェントカリキュラムは、興味・関心の現れから始まる子どもの主体としての動きを予想していくという特性から、クモの巣の形を取ることが多い。先ほどの２歳児クラスの月案の具体例が**図表2-2-2**である。

　クモの巣は英語でウェブwebというので、ウェブ型の計画とよばれることもあるが、ウェブ型であれば、エマージェントカリキュラムというわけではない。子どもの興味・関心の発現に焦点を当てて作成すると、ウェブ型になることが多いということである。また、図には、○や△などの記号が使われているが、これらは次のような意味として使用されている。

　　　▭……ねらい
　　　△……環境構成
　　　□……遊び
　　　○……季節に行われる遊びや活動
　　　⬭……もの
　　　☆……食事・排泄・休息・着脱などの生活活動
　　　※……配慮事項

　子どもの興味・関心の現れを捉えるといっても、それはどこまでも予想である。月案に記される子どもの活動は、予定ではない。予定は、その時が来ると決定事項になる。つまり、未来の活動を前もって決定するのが予定である。「時間を守る」「約束を破らない」というのは、未来の予定を、その時点が到来したら決定事項に塗り替えることを意味している。月案に子どもの活動を予定として記入すると、それはそのまま実施しなければならない決

定事項になってしまう。それは，保育の計画ではない。

　子どもの中から生まれる活動の典型である遊びは，その時が来たら決定事項になるものではなく，興味・関心の現れの予想として捉えるものである。したがって，それがいつ現れ出るかまで想定しているわけではない。エマージェントカリキュラムに記された子どもの活動は，時系列に並んでいるのではない。月間の中でどのタイミングで生じるかまでを規定しているわけではなく，月間のどこかで生じるだろうという予想として示されている。作成する時に，どんな順番でということではなく，子どもから生まれる活動はどうなるだろうか，と予想しながら作成していく。

　したがって，予想は当たることもあるが外れることも多い。それなら予想する必要はないと思われるかもしれないが，そうではない。予想がないということは，子どもを好き勝手に野放しにしていることになる。子どもの活動の予想とは，子どもとともに生活をし，子どもの中に育つものを捉えようとし，次にはどのような興味・関心を現して動き始めるのかということを想像することである。保育の経験が蓄積されていくと，それはより確かなものになっていく。つまり，予想の精度が向上するのである。全くの野放しの放任状態になるわけではない。

　予想の精度が上がるといっても，100％の確率になるわけではない。必ず予想の外れる部分が出てくる。そうでないとおかしい。その外れ方には，大きく二つ考えられる。一つは，保育者の子ども理解が不十分なために生じる予想外である。もう一つは，どれほど理解していても，それを超えた飛躍が生じることによる予想外である。

　子ども理解の不十分さは，保育者に子どもを理解する力を鍛えることを要請する。それでも生じる子どもの飛躍は，それこそ遊びの醍醐味といっていい。子どもが遊びの天才であることを知らされることである。

　どちらにしても，計画においては予想外の子どもの動きが生じること自体は，前もって想定される。予想外の動きに対して保育者は，何もせずに手をこまねいているわけにはいかない。予想外の動きが現れても，それに対応することが求められる。エマージェントemergentには，「突然現れた，突発の，緊急の」という意味もあり，エマージェントカリキュラムのもう一つの性格を表している。突発的な子どもの動きについては，そういうこともありうると保育者の姿勢や構えが必要であり，そのことが計画の作成において求められている。

　先ほどの２歳児の月案は，そのようなことをウェブ型で表現しているエマージェントカリキュラムである。また，この月案の上半分は，生活活動を主に捉えたもの，下半分は遊びを主に捉えたものとなっている。つまり，生活と遊びをそれぞれに焦点化するような捉え方である。そのことによって，子どもの生活活動，遊び，それぞれに意識が向けやすくなる。もちろんこれにはデメリットもあり，一日の生活は切り離すことのできないものであるが，保育者の意識の中で，生活活動と遊びとを，分離して認識してしまうという危険性もある。

全てにおいてメリットだけのものはない。その意味で、工夫の仕方には様々なものがある。

（3）実践

PDCAサイクルのDの部分は、実践になる。実践そのものは、この紙上には再現できない。それを後で言語化して記述するのが記録であるが、それは次の項目になる。

3．2歳児の保育の実際―評価および改善（C&A）

（1）記録を取るということ

記録を取ることのベースは日誌（保育日誌）である。2歳児の日誌は、個別に取ることになる。一般的には、計画（指導計画）の用紙と日誌の用紙とは別にすることが多いのではないだろうか。それでは、PDCAサイクルの全体を見渡しにくい。そこで、計画と日誌を同一用紙に記入するような工夫を試みた実際例を、ここではあげておきたい。それが次の例である（**図表2-2-3**）。

この日誌は、2歳児のY・Eくんについてものである。

通常、日誌は、計画とは別の用紙に記入することが多い。計画は計画の用紙、日誌は日誌の用紙と、それぞれ別に記入するというパターンである。

Y保育園では、PDCAサイクルを可視化する工夫として、計画と日誌を同一用紙に記入するようにしている。この例でわかるように、ウェブ型の計画が中央にあり、その周囲に日誌が書き込まれるようになっている。

これは、様式が決まっているわけではない。白紙の用紙に、保育者が自分で書き込んでいく。この例は、Y・Eくんの7月21日から31日までの分である。

一月分の日誌全てを1枚に書き込もうとすると無理が生じるので、10日分ずつに配分してある。中央のウェブ型の計画は、コピーして貼り付けられている。

子ども一人につき10日分で1枚の計画日誌になるので、月案に対して3枚分の一か月の日誌になる。

このクラスで2歳児は9名であるので、都合27枚の日誌が作成されることになる。計画は1枚であるが、日誌は個人別に記入するのでこのような分量になる。

こうすることによって、計画を常に意識しながら、保育の実践を日誌に記録するということが、連動していく。PDCAサイクルが、サイクルとして循環するためには、こんな風に具体的に取り組む必要がある。

（2）評価

日誌は、評価の素材である。日誌自体で評価が終わるのではなく、始まりである。

日誌を評価に昇華していく時の視点には二つある。一つは，保育者自身の実践の振り返りである。もう一つは，子どもの育ちにつながる体験内容の捉えである。

Y・Eくんの7月30日の日誌を元にして，もう少し詳しく記述したエピソードが次である。

エピソード2-2-2　2歳児のごっこ遊び

7月30日(月)曇りのち雨　16時頃
Y・Eくん(2歳児)　　：戦いごっこが好き。H・Yちゃんとふだんからよく家族ごっこをしている。
H・Yちゃん(2歳児)：ごっこ遊びが好きで，お母さん役になって遊ぶことが多い。
K・Iちゃん(2歳児)：保育者とのかかわりを求めることが多いが，遊び出すと夢中になって長く遊んでいることが多い。

　雨風が強かったので室内で遊んでいた。おやつを食べ終えたY・Eくん。友達と追いかけっこをして，リズム室から保育室へと走り回っていた。アニメのヒーローになりきって，効果音を出しながら戦う真似をする。友達から逃げ切るため，室内の滑り台の下に潜り込む。そこには，H・Yちゃん，K・Iちゃんが先に入っていた。2人が家族ごっこをしていることを察したEくん。今していた遊びは忘れてしまったのか「入れて」と言う，YちゃんもIちゃんも「良いよ」と言う。
　Yちゃんがお母さん役，Iちゃんがお姉さん役で遊んでいたようだった。Eくんは自ら「バブ！」と言い出し，赤ちゃん役になる。それぞれが何の役になるねと話したわけでもないが，配役を被らせることなくごっこ遊びが始まった。Eくんが「お腹空いたバブ！」と言うと，Yちゃんが「はい！ミルク！」と飲み物を渡すような仕草をする。Eくんもそれに応えてそれを受け取り，飲む真似をしていた。Yちゃんが突然，「コーヒーが飲みたいなぁ」と言い出すと，赤ちゃん役だったEくんが今度はお父さん役になり，「コーヒーはだめよ。ビールもだめ」と言う。「コーヒー飲みたいよ〜」というYちゃんに，お父さんになりきって，何度も「コーヒーはだめ！」と説得していた。

　このエピソードに基づいて，二つの視点の振り返りを取り上げる。
　一つめは，保育者自身の実践の振り返りである。担任は，このエピソードに関して，次のように書いている。

　この時はあえて，子ども達の遊びに介入せず見守ろうと思った。

図表2-2-3　平成30年度　2歳児　個人別日誌　7月21日～31日

名前(生活年齢)	前月の子どもの姿	個人の配慮
Y・E (3歳0か月)	保育者が「〜しよう」と伝えると「嫌」と言うことが増え、様々な声かけをしても拒否することが多かった。	「嫌」と言ってそれを貫き通す時は、本児の気持ちも大切にしつつ、どうして嫌なのかを話し、本児が納得できる機会を作る。その理由に沿って、必要に応じて援助や言葉かけを行いたい。

7／24(火)　晴れ
　休息後、保育者に起こされるがなかなか起きない。12時半を過ぎても起きないので、保育者がお腹をくすぐるとニコニコとし始め目を覚ます。しかしそれから起き上がろうとせず、13時頃になってようやく、渋々と起きてきた。その後の食事では、「あれが嫌だ」と言ったり、「これはどうやって食べるの？できない」と言ったりして自分で食べようとしないので、保育者が「もうプール始まっちゃうかもな」と言うと、「嫌だ！」と言って食べ始めた。

7／27(金)　雨
　今日は、ばら(5歳児)・ひまわり(4歳児)組は、お泊り保育だった。朝、出発する様子を部屋の中から見送る。バスを見ながら「Eちゃん(本児)もバス乗りたかった」と言うので、保育者が「バスに乗ったらEくんもお泊り保育だよ」と言うと、「いいもん！」と強がっていたようだった。保育者が「Eくんは、遠足のときにママと乗ろうね」と、親子遠足の話をするが、「え〜」と言って、納得できない様子だった。

7／26(木)　晴れ
　盆踊りの練習をした後、汗をかいていたので着替える。肌着を脱ぐときに手を首の方から脱ごうとするので、絡まってうまく脱げなかった。本児が「できない」と言って泣きそうになっていたので、保育者が「こっちから脱ぐんだよ」と言って少し手伝うと、反対側の手は本児一人でうまく脱ぐことができた。

7／23(月)　曇り
　今日は、同じクラスのH・Jちゃんがお休みだった。Jちゃんが休みだと気づいた本児は、「Jちゃんお休み？」と保育者に尋ねてきた。保育者が「そうだよ」と伝えると、本児が「Jちゃん好きだから寂しい」と言う。本児とJちゃんは、毎日一緒に遊んでいるわけではないものの、本児は休みの友達がいると寂しいと感じるようだ。

7／25(水)　晴れ
　本児は、プールは好きだがシャワーが嫌いなようだった。保育者が「プール入ろう」と声をかけるが、「だってシャワーしないもん」と本児が言う。しかし、プールはしたいので着替える。プールに入る前のシャワーは、頭からはかけない約束をして入った。プール後のシャワーは、担任保育者の体にしがみついて、少しだけ頭から水をかけた。「嫌だ」と言って少し泣いていたが、シャワーが終わるとすぐに泣きやんでいた。

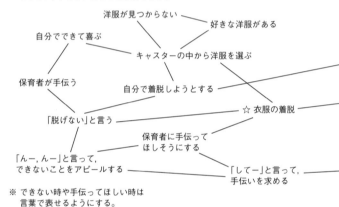

※ 自分でできたという達成感を感じられるように、子どもに合わせた援助を行う。

※ できない時や手伝ってほしい時は言葉で表せるようにする。

※ 無理にシャワーをかけようとはせず、少しずつ慣れるようにする。

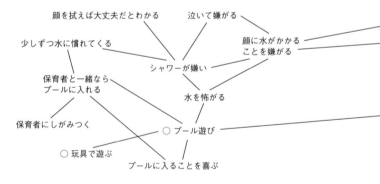

※ 必ず、以上児と未満児のそれぞれに、1名ずつの保育者がプールに入り、周りの保育者も協力しつつ、安全にプール遊びを行う。

〈7月の振り返り〉
　同じクラスのK・Tくんと一緒に、戦隊ものになりきって遊ぶ姿が多く見られた。しかし、2人がなりきっている戦隊ものはそれぞれ全く別のもので、2人で園庭を走り回り、いろいろなものを敵に見立てて戦う真似をしていた。そこにH・Yちゃんが加わると、そのごっこ遊びが家族ごっこになり、本児はお父さん役やお店屋さんになりきっていることが多かった。
　身の回りのことは、「して」と言うことが多いが、「Eちゃん(本児)できるよ」と言って自分でしようとする姿も出てきたので、今後その姿を伸ばしていけたらと思う。
　排泄をするときに、男の子用のトイレに座るような形で排泄することが多いので、男の子のトイレは立ってするということを繰り返し伝えていきたい。

〈欠席〉
・7/28(土)

〈行事〉
7/4(水)　七夕飾り作り
7/6(金)　七夕行事
7/18(水)　身体測定
7/19(木)　誕生会
月末に避難訓練を実施

7/28(土)　晴れ
欠席

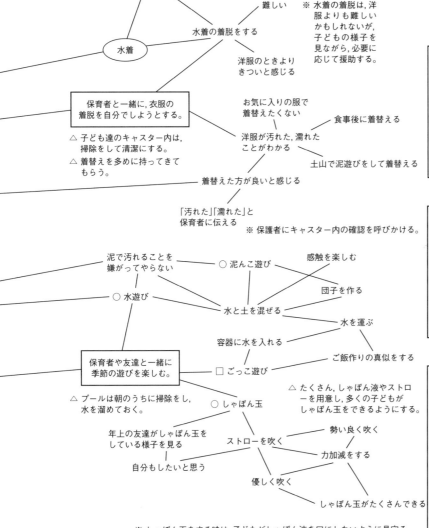

7/31(火)　晴れ
　今日のおやつは「バタークッキー、バナナ」だったが、本児はバナナをリンゴだと思っていたようで、保育者が「今日はバナナだよ！」と伝えると、「なんだ。Eちゃん(本児)リンゴが良かった」と言う。思っていたおやつと違ったので、残念そうであった。しかし食べ始めると、バナナをお替わりもしていた。

7/21(土)　雨
　うさぎブロックで遊びたい気持ちが強く、部屋に出してあった積み木を見て「積み木嫌い〜。うさぎブロックが良い」と言う。保育者が「おやつを食べた後にうさぎブロックを出そう」と言い、積み木の部屋に誘う。本児は少しぐずぐず言ったが、保育者が遊んでいる姿を見ると、興味をもって遊び始めた。

7/30(月)　曇りのち雨
　雨風が強かったので室内で過ごす。室内の滑り台の下に、たんぽぽ(2歳児)組のH・Yちゃん、K・Iちゃんがいるのを見つけると、本児は「入れて〜」と言って、仲間に入れてもらった。
　Yちゃんがお母さん役、Iちゃんがお姉さんの役になっていると気づき、誰かから言われたわけでもなく本児は赤ちゃんの役になり、「バブ。」と言ったり、泣き真似をしたりして、赤ちゃんになりきっていた。

第2章　1歳〜3歳未満児の保育　145

理由としては，子ども達同士で遊び込めていそうだと感じたからだ。もしも，配役をするときにもめてしまったり，狭い空間だったので入る場所が無いなどの言い合いになったりしたときは，言葉をかけたり，もう少し広いところを家に見立てたりという援助をしようと考えていたが，その必要はなかった。
　　　介入しなかったことで子ども同士のかかわりだけで遊ぶという経験ができたのかなと感じるとともに，保育者もゆっくりと遊びを観察することができた。

　2歳児は，他者とのかかわりが広がっていく時期である。1対1から，3，4人のグループでのかかわりが見られていくが，それに伴うトラブルやいざこざも頻発する。そのことを意識して保育者は，すぐにかかわれる姿勢を保ちながら，子どもの遊びを見守っているのが，このエピソードである。結果としてトラブルは生じなかったが，それは結果論であり，保育者の見守る姿勢は重要である。
　二つめは，子どもの育ちにつながる体験内容の捉えである。担任は，5領域の視点から次のように体験内容を捉えている。

・他児とのかかわりを意識して遊ぶ。（人間関係）
・子ども達同士で，ごっこ遊びを通して言葉のやり取りの楽しさを味わう。（言葉）
・家庭での生活を元にして，興味のあることや経験したことを自分なりに表現しながら遊ぶ。（表現）

　ここでは，3つの領域において捉えられている。ここには保育者の視点が現れてくる。他の2つの領域の体験もあるのではないか，この領域であっても違う捉え方ができるのではないか，と考えることもできるだろう。このように，正解があってそれを当てるのではなく，子どもの内面に入り込んで体験内容を探り出すという作業を行うことになる。
　本章では，煩雑さを避けるため実際の日誌の例はこれ以上は取り上げないが，同じ7月の実践において次のようなエピソードもあった。

エピソード2-2-3　積み木の取り合い

　7月12日（木）晴れのち雨　9時前
　Y・Eくん（2歳児）：遊びの中でものの取り合いになることが多く，そうなったときは泣いて保育者に助けを求める。
　M・Rくん（4歳児）：妹がいて，年下の友達にもやさしさをもってかかわろうとする。
　朝，園庭で遊んでいると突然，Y・Eくんが「それEちゃん（自分）の！」と言って

泣きだす。4歳児のM・Rくんが持っていた,四角の積み木を指差していた。Eくんに話を聞こうとするが,「だってあれEちゃんのだもん」と言うばかりで,なぜそれをRくんが持っているのかという状況が,保育者にはわからなかった。次にRくんに話を聞くと,Rくんが持っている積み木はもともとRくんが使っていたもので,Eくんの足元に落ちている積み木がEくんのものらしい。保育者がEくんに何度か「Eくんの積み木はこっちなんだって」と話をするものの,「嫌だ！」と言って泣き出してしまった。保育者が「何でこれが良いの？」と尋ねると「だって新しいのが良いんだもん」と言う。Rくんが持っていた積み木が羨ましくなったようだ。保育者が「今はRくんが使ってるから後から貸してね」と伝えるが「嫌だ」と言う。その後保育者に抱きつくと何も言わなくなり,泣くのを我慢しているようだった。

このエピソードについて,担任は自分のかかわりについて次のような振り返りをしている。

・Eくんの「この積み木が良い！」という強い気持ちをもう少し受けとめ,理解した方が良かったと思われる。
・保育者として,友達にも同じように使いたいという気持ちがあることを知ってほしかったのと,友達が使っているから少しの間我慢する経験をしてほしいという思いがあったが,Eくんにとって今回のやりとりは,「Eくんも使いたかったのに」という思いで終わってしまったのではないかと考えている。

　Y・Eくんに対して,「自分の積み木」という思いを受けとめきれていないのではないかという反省である。そこには,Y・Eくんが,「自分のもの」という思いを通して,自分の輪郭を形作ろうとしている時期にさしかかっていることが窺える。
　また,同月には次のようなエピソードもある。

エピソード2-2-4　友達を呼びに行く

　7月3日(火)大雨　14時頃
　H・Iちゃん(2歳児)：姉(4歳児)とその友達に混じって遊ぶことが多い。
　K・Sちゃん(2歳児)：友達と遊ぶことは好きだが,自ら友達を遊びに誘うことは少ない。
　台風の影響で1日中雨が強かったので室内で過ごす。室内にうさぎブロックを出して遊んでいた。H・IちゃんがK・Sちゃんと保育者と一緒にうさぎブロックを四角に組み立てて家を作っていた。「おうち！」と言って喜んで遊んでいた2人だっ

たが，Sちゃんが途中で他の部屋に行ってしまった。最初Iちゃんは集中していたようで，Sちゃんが他の部屋に行ったことに気付いていなかった。保育者もあえて何も言わず，様子を見守っていた。暫くしてIちゃんが「Sちゃんがいないねぇ」と気付く。保育者が「他のお部屋に行っちゃったから呼んできたら？」と提案すると1人で部屋から出ていく。3分程してからIちゃんがSちゃんの手を引いて，嬉しそうな顔で戻ってきた。それから2人で，また遊び始めた。

このエピソードについて，保育者は次のような子どもの体験内容を推測している。

・IちゃんとSちゃんがかかわり合いながら遊ぶ。
・友達と一緒に遊ぶことの楽しさを感じる。
・Iちゃんは，同い年の友達を自ら遊びに誘う経験をする。

エピソードでの一連の流れは，H・Iちゃんが，K・Sちゃんがいなくなったことに気づき，保育者の働きかけを受けて，呼びに行って連れ戻してくる，となっている。ここから，同じ場所に単に一緒にいる存在ではなく，離れていてもその存在を意識するようになるという，他者を友達として捉える育ちが現れているように思われる。

このように，他者とのかかわりを重ねて友達になるというプロセスが現れてくるのが，2歳児の人間関係の特徴である。

（3） 次の指導計画につながる改善

エピソードを元に，保育者自身の振り返りや子どもの育ちにつながる体験内容を示したが，これを1か月通していくと，膨大なものになる。それだけの蓄積を踏まえながら，翌月の月案の作成がなされる。ここが，CからA，つまり評価に基づく改善である。

ここでは，ねらいに焦点を絞って取り上げていくが，実際の保育に当たっている担任保育者は，これらを踏まえながら，次のようにまとめている。

〈保育者自身の振り返り〉
・環境構成について
　子ども達の遊びを見ていると，子ども同士のかかわりの中でごっこ遊びがよく見られるようになった。環境構成としてごっこ遊びの道具が不足していたので，前もって準備をしておく必要がある。
・保育者の援助・配慮について
　子どもの気持ちを受けとめ，理解しようとしつつも，友達にも自分と同じように使

いたい，遊びたいという思いがあることをもう少し伝えられたら良かった。時には少し我慢をして，順番を待ったり，他のものを使ったりしないといけないこともあるということを保育者が伝えなければならなかったと思う。

　子ども自身が，「使いたかったのに使えなかった」という思いだけで終わるのではなく，相手の気持ちを知り，思い通りになることと，ならないことがあるんだということを感じてほしかった。

〈子どもの体験内容〉
・生活面のねらいについて
　７月中旬からプール遊びが始まり，これまでに比べて着脱の機会が増えたことによって，思うようにできなかった衣服の着脱を子ども達が自分でしようとする姿が多くなった。
・遊びのねらいについて
　子どもの自発的な気づきをもとに，子ども同士のかかわり合いの経験をしている。またそのかかわり合うことの楽しさを感じ始めている。
　友達を遊びに誘うと楽しかったという経験がなされている。

　保育者は，このような自身の評価を踏まえ翌月の月案を作成することになる。次が８月の月案の実際である（**図表２-２-４**）。
　保育者は，この月案のねらいについて，次のような改善を行っている。

　７月の生活のねらいとしては「保育者と一緒に，衣服の着脱を自分でしようとする」ということで，自分で「着脱をしようとする」ということがねらいであったが，７月の月案を立てる時の子どもの姿と８月の月案を立てる時の子どもの姿は大きく違ってきている。先に述べたように，「７月中旬からプール遊びが始まりこれまでに比べて着脱の機会が増えた」ためである。そこで，生活面の月案のねらいについては次のように改善を行った。

　７月の生活のねらい：保育者と一緒に，衣服の着脱を自分でしようとする。
　　　　　↓
　８月の生活のねらい：自分で衣服の着脱を行い，達成感を味わう。

　「自分で衣服の着脱を行う」ことを強調した。しかし２歳児なので全ての工程を自分一人で行うことは難しい。保育者が近くで見守っている状況を前提に，配慮事項のところに保育者のかかわりを記入した。

図表2-2-4　2歳児　月案　平成30年度　8月分

名前(生活年齢)	前月の子どもの姿	ねらい／環境構成
H・N (3歳3か月)	身の回りのことは自分でしようとする。自分でできないことがあると「〜だからして」と手伝いを求める。 何かトラブルがあった時に、自ら謝ることをためらうことがある。	※ 自分でできるところと手伝うところを見極めながら援助する。
K・S (3歳3か月)	身の回りのことで、自分でできることが多いが、とてもマイペースでゆっくりである。遊びでは、保育者を見つけると駆け寄ってくる。自分から「入れて」と言って遊びに加わる。	
H・Y (3歳1か月)	休息のときは、トントンされることを嫌がる。身の回りのことは保育者に手伝いを求めてくることが多かった。「見ておくから一回やってみて?」と言葉をかけるも、気分が乗らない。	
Y・E (3歳1か月)	身の回りのことは、「できるよ」と言って、自分からしようとすることが増えた。排泄の時に、男の子用の便器に座って排泄しようとするので、見守りつつ、言葉かけを行った。	※ 自分でやりたいと思えるような言葉かけを行う。 ※ 苦手意識を持っている子どもへの言葉かけやかかわり方を工夫する。
K・T (3歳0か月)	園庭の積み木を食べ物に見立ててお店屋さんをすることが多かった。 ほとんど確実にトイレで排泄できるようになる。「3歳のお兄ちゃんだからできるよ」とよく言っていた。	
M・Y (2歳10か月)	保育者と1対1で遊ぶことを好み、他児が近くに来るとしょんぼりすることが多かった。保育者はみんなとも遊びたいということを伝えると、渋々だが一緒に遊ぶ。	
H・I (2歳9か月)	食事中や食事が終わる頃に「うんち出る」と言ってトイレへ行くものの出ず、その後園庭に出てから、便が出ることが多かった。	
K・I (2歳8か月)	今何をしないといけない時間なのかをよくわかっていて、身の回りの片づけも着々とこなす。 夕方になるにつれ、保育者に抱っこされていることが増える。	△ 子ども達が木陰で遊べるように、ごっこ遊びの道具を木陰へ移動する。
H・J (2歳4か月)	休み明けから、今まで以上に自分の気持ちを言葉で伝えようとする姿勢が強くなったように感じる。友達と一緒に遊ぶ姿を見る機会が増えた。	※ 苦手なことができた時には、しっかりとほめて、自信につなげる。
行事		8／14 父の会・夏祭り　　8／22 身体測定　　8／23 誕生会

環境構成マップ:
- 水着: 着られない／脱いだ服を片づける／自分でキャスターの中から洋服を選ぶ／保育者と一緒に着替える／自分でしたくない／「して」と言う／自分でできない
- ○ ボディペインティング: 色の違いがわかる／色を言う／やりたがらない／体に付く感覚を知る
- ○ 泥んこ遊び: 気持ちが良い／泥を皿に入れる／友達につける
- □ ごっこ遊び: 成功体験を重ねる

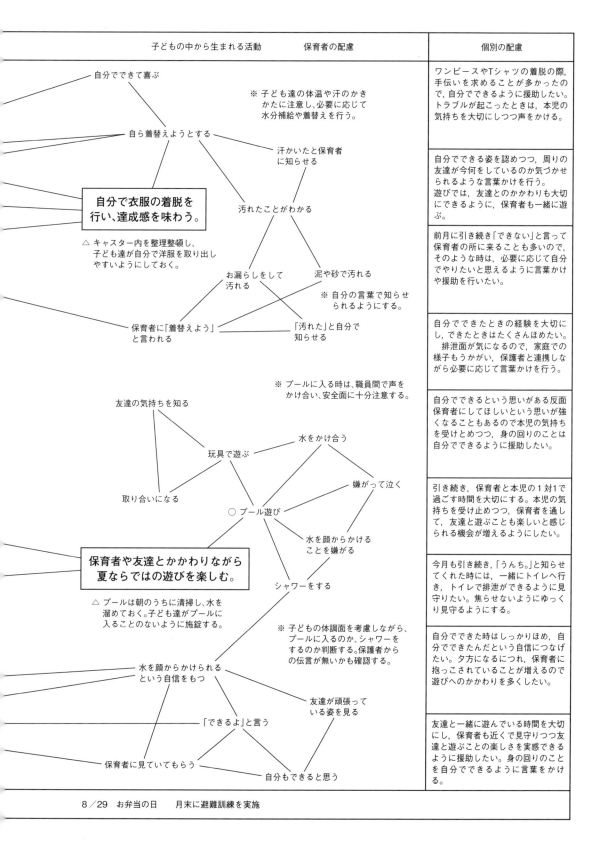

日常の生活の中で着脱の機会が増えたことを踏まえつつ，子どもが達成感を味わうこととそれを優先しすぎないように保育者の配慮する姿勢を，月案には記述している。

次に遊びのねらいである。

> 遊びのねらいについては，次のように改善している。
>
> 7月の遊びのねらい：保育者や友達と一緒に季節の遊びを楽しむ。
> ↓
> 8月の遊びのねらい：保育者や友達とかかわりながら夏ならではの遊びを楽しむ。
>
> このねらいの改善については次のように考えた。
> 7月の子ども達の遊びの様子を見ながら，子ども達にさらに「夏の遊び」に深みをもってもらいたいという思いがあり，「夏の遊び」というキーワードはそのままにした。しかし，7月の経験を踏まえて8月はもう少し子ども同士や保育者とのかかわりをもって遊びを深めてほしいという，保育者の考えがあり今回のねらいにした。

保育者は，季節感を大事にすると同時に，子ども同士のかかわりが広がってきていることを捉えて計画に反映しようとしている。

ここでは，ねらいの部分だけの改善を取り上げたが，それ以外にも改善は行われており，計画そのものがさらにビルドアップされていく。

この計画に基づいて，また実践がなされ，記録を取り，評価・改善を行っていく。このようにしてPDCAサイクルは展開されていくのである。

ワーク1

月案の例をもとにして，実際に模擬保育を行ってみましょう。そして，月案と実際との違いについて話し合いましょう。

ワーク2

2歳児の日課と月案をパソコンで作成してみましょう。また，発表用の資料として，考えをまとめたものをパワーポイントで作成し発表し合いましょう。

※資料提供—吉永莉菜（安良保育園）

第3章

3歳以上児の保育

1．「3歳児の保育」の多様性

　文部科学省の初等中等教育局幼児教育課が行った，「平成28年度幼児教育実態調査」には以下のような結果が出ている。

① 学校（幼稚園・幼保連携型認定こども園）および保育を行う施設（保育所，幼保連携型認定こども園）のいずれも設置されている市町村は全体の79.1%
② 幼稚園の中で預かり保育を実施している園は全体の85.2%（公立66.0%　私立96.5%）

　子ども達が通う保育施設の多様化については，PART 3 第1章に詳しく記されているので，それを参照してほしい。この調査からも，同じ地域で暮らしていても，子ども達が通っている保育施設が多様であること，また，②の結果より保育所や認定こども園に限らず，幼稚園に通っていながらも長時間の保育を受ける子どもがいることがわかる。保育経験や保育時間などの違いの是非については，簡単にはいえないところであるが，こうしたことが子どもの育ちを取り巻く状況として起きていることを理解する必要がある。そして，保育経験による異なる姿が最も顕著に見られるのが3歳児の子ども達といえる。

　保育所等では3歳未満の頃から保育を受ける子どもも多く，3歳児クラスに進級する頃には，大方の身の回りのことができるようになっている。もちろん，3歳未満児の頃と比較して保育者の数が少なくなったり，保育室が変わったりするという変化はあるが，集団生活の経験，保護者の元から離れた生活には慣れている。中には，3歳児クラスから入所してくる子どももいるが，周囲にいる子ども達が安定して園生活を過ごしていることが多いので，保育者だけに頼るのではなく，周囲の子ども達が新入園児をリードしてくれている面がある。

　一方，幼稚園の3歳児クラスでは多くの子ども達が初めての集団保育を受けることになる。幼稚園での満3歳児保育（「2歳児クラス」という表現を使う園もある），小規模保育所など保育を経験してきている子どももいるが，そうした子ども達は現段階では多くはない。そのため，多くの子ども達が初めて保護者と離れて園生活をスタートさせることになる。

　認定こども園はどうだろうか。認定こども園は，大きく分けると保育所型，幼稚園型，

幼保連携型，地方裁量型の４つのタイプがある。また，こうしたタイプによっても在籍する子どもの実態は多様である。つまり，１号認定と２号認定の子どもの割合によっても，クラスの様子や園生活の流れは異なる。具体的にいえば，２号認定という長時間の保育を受けている子どもが多い中に，短時間の保育を受ける１号認定の子どもが数人というクラスもあれば，その逆もあるということである。

　ここでは，こうした保育経験や保育時間の違いによって３歳児クラスの子ども達が見せる姿が異なってくるという基本的なことを踏まえつつ，３歳児という時期の子ども達の育ちを大切にした保育に共通する点を描いていきたい。

（1）自分の世界を，自信をもって表現できること

エピソード２-３-１　　ママに会いたい　幼稚園　３歳児クラス

　４月に入園したばかりのツバサ君。ママと離れるのが嫌で嫌で朝は大泣き。その泣き方は，園中に響き渡るほど大きく，ママもそんなに泣くならツバサ君を家に連れて帰ろうかと考えてしまうほどである。そんなツバサ君の気持ちを受けとめながら，保育者はツバサ君に園の小動物を紹介したり，園で遊べる遊具を見せたりしていた。一時，泣きやんで動物の様子や遊具を見るツバサ君だが，またすぐに泣き出す。保育者は泣き出したツバサ君の涙を拭きながら，やさしく寄り添っている。

エピソード２-３-２　　パンダ組だから箸で食べる　保育所　３歳児クラス

　１歳児クラスから入園しているミズキちゃん。２歳児までは保育室は２階だったが，３歳児以降は保育室が１階になる。保育室が１階になるだけで，なんだかお姉さんになったように思うようである。ミズキちゃんは，ついこの間，初めて箸を使って食べていたが，まだうまく使えない。今日の給食は大好きなカレーです。先生はお箸ではなくスプーンを配ったが，お箸を使えるようになったばかりのミズキちゃんは「お箸がいい」と言って聞かない。先生が「今日はカレーだから，スプーンの方が食べやすいのよ」と言ってもお箸にすると言う。心配しながらも先生はミズキちゃんにはお箸を渡した。「いただきます」と食べ始めても，ミズキちゃんは食べるのに苦労している。とうとう泣きべそをかいてしまうが「先生がスプーンに換えようか」と言っても首を振って，悪戦苦闘しながらお箸でカレーを食べている。しばらくするとやはりお箸では無理だと思ったのか，「先生，スプーンで食べる。お箸は一回お休みする」と言った。先生はスプーンを渡して，「明日は，お箸使える給食だといいね」と声をかける。

エピソード2-3-1は幼稚園に入園したばかりで不安を示している3歳児の姿，エピソード2-3-2は意気揚々と箸を使えることになった3歳児の姿である。一見すると全く異なる子どもの姿のように見えるが，共通するところがある。それは，自分の「こうしたい」「こうあってほしい」という気持ちを存分に表現しているということである。しばしば，こうした子どもの姿は「自己中心的」ともいわれる。一昔前に「ジコチュウ（自己中心的）」という言い方で，わがままな人を指して使う言葉が流行したように，「自己中心的」というのはあまりよくない意味で使われることもある。しかし，子どもが自分の核である「自己の中心」を見いだすことは，他者を知ったり，自分自身を知ったりする上で非常に重要なことであり，発達を支える柱でもある。そのため，3歳児の子ども達がこうした自己中心的な姿を存分に出しながら，育っていくことを保育者は丁寧に援助していくことが必要になる。

　具体的にはツバサ君はママと一緒にいたいのにママは帰ってしまい自分だけが知らない集団に残されている，ミズキちゃんはお箸を使いたいのにカレーではうまく食べられないという状況に面している。こうした，自分の思いとは異なる状況に出会い，「こうしたい」ということを強く表現することは，子ども達が自分の気持ちを強く意識することになり，また，周囲の状況や社会の在り方に気がついたりするきっかけになる。また，自分がそうした状況の中で葛藤している時に身近なおとな（保育者）が自分の気持ちを理解したり共感したりしてくれること，さらにそうした気持ちに寄り添いながら様々な手立てを示してくれたりすることは他者の存在の重要性を認識することにもなる。さらに，他者に助けられながら自分の気持ちをコントロールすることも経験している。このように，この時期に思う存分に自己中心的な姿を示すことは，「幼児期の終わりまでに育ってほしい姿」の中に示されている「健康な心と体」「自立心」「道徳性・規範意識の芽生え」「社会生活との関わり」等へと向かっていくための土台づくりでもある。こうした，子どもの表す姿を丁寧に読み取り，子ども達が3歳児というかけがえのない時代を存分に生きていくことを保障していく必要がある。

（2）　必要な存在「友達」

　子どもにとって「友達」とはどういう存在なのだろうか。しばしば，おとなは同年齢の子ども達がいると「お友達がいるわよ」などというが，初めての集団生活を送る子どもにとって，おとなのいう「友達」は，見ず知らずの「赤の他人」なのである。そこから，子ども達の人間関係は始まるのである。子ども達は保育者との信頼関係を土台にしながら，周囲の子ども達と一緒に生活したり遊んだりすることなどを通して，子ども達は「友達」という関係をつくっていくのである。もちろん，保育所や認定こども園等ですでにともに生活していく中で「友達」という関係づくりを積み上げてきた子ども達もいる。そうした関係性をより面白く，より楽しく感じ，強く求めていき始めるのが3歳児であろう。

エピソード2-3-3　自分で作った泥団子

　3歳児クラスに入園してきたミズキちゃんは，初めの頃は好きな遊びも見つけられず，硬い表情をしていることが多くあった。保育者がいろいろな遊びに誘ってみるが，すぐに「もういい」とやめてしまう。5月になり，天気が良い日が続く中，保育者がほかの子ども達が楽しんでいる泥団子づくりにミズキちゃんを誘うと，うなずいてついてきた。初めはやり方がうまくわからず，ぐちょぐちょでべちょべちょ泥団子をこねているミズキちゃんを見て，マリカちゃん（1歳児クラスから入園）が近づき「こうやって白砂入れるんだよ」と自分の泥団子に白砂を入れて丸めて見せる。ミズキちゃんが興味をもち，白砂を探そうとしているのを見て「こっち」とマリカちゃんが連れていく。マリカちゃんに教えてもらった白砂を入れていい感じになってきた泥団子を丸めるミズキちゃん。表情が柔らかくなり，泥団子を丸める手にも力が入ってきた。マリカちゃんは「ミズキちゃん，上手だねー」と言う。ミズキちゃんは「うん」とうなずく。しばらくするとその泥団子を地面に置き「もう1回つくる」と今度は最初から自分で白砂を混ぜた泥で団子を作る。そしてうまくでき上がるとその団子を保育者に見せる。保育者が「いい感じの泥団子になったね。すごいすごい」と言うと園では初めてともいえる満面の笑みを浮かべる。「いっぱい作りたい」とミズキちゃん。マリカちゃんは「えー」と言う。保育者は「じゃあ，一緒にやってみよう。たくさんできるかな」と言い，みんなで泥団子づくりを楽しんだ。

エピソード2-3-4　野菜スタンプ

　夏休みが明け，2学期がスタートし始めた頃，保育者は園庭のオクラが育ちすぎて固くなりすぎてしまったので野菜スタンプにしようと用意を始めた。保育者が絵の具や紙の用意をしている間，チエちゃん，アズサちゃん，マコちゃんは保育者の後をついていきながら，早くやりたくてたまらない様子。用意ができ，3人はテーブルについた。アズサちゃんが「私，ピンクの紙にする」と言うと，チエちゃんはちらっとアズサちゃんのことを見て「私もピンクにする」と同じピンク色の紙を取る。マコちゃんはピンクの紙に手を伸ばすが，「黄色にする」と黄色の紙を取った。オクラの切り口の星形を押していくと，だんだん，オクラが柔らかくなってきて星型が崩れてきた。それを見て「壊れたー」とマコちゃんが言うと，2人はマコちゃんの壊れた星形のスタンプ覗いてみて笑う。しばらくして，アズサちゃんの星形が崩れると「アズサのも壊れたー」と言うと，また，大笑いをする。保育者が「こうやってそうっと押すときれいになるよ」と言うと，3人は「いいの！いいの！」と言いながら，スタンプを押していく。

保育者から見ると3歳児はまだまだ幼い部分が多いが，子ども自身は自分のことを幼いとは思っておらず，むしろ大きくなったと思っているような様子も見られる。エピソード2-3-2にもあるように，保育所などで進級してきた3歳児は「大きくなったから下のクラスにきた」（日本の保育所では1階に3歳以上児クラス，2階に3歳未満児クラスとする園舎がまだ多くある）と思っている子どもがいたり，また，幼稚園に入園した子ども達も不安を抱えながらも「大きくなったから幼稚園にいくんだ」と思っていることなどが考えられる。このように実際におとなが捉える子どもの姿と子ども自身が自分を捉えている姿には違いがあることに気づくことも重要である。そのため，3歳児だからといってなんでもやってあげることが必要なわけではなく，むしろ，そうした扱いをされることに異議申し立てをする子どももいる。3歳児なりに自分で考えたり自分で判断したり，自分でしようとする姿を認めながら，子どもの育ちを促していくことが必要となる。

　エピソード2-3-3のミズキちゃんにとって泥団子は，初めて自分の力で作ったものであり，おとなの手を借りずに作れたものである。こうした「自分でやれた」という経験が園生活の中での自信につながっていくである。しかし，全てのことが自分の力だけでできたのではなく，ミズキちゃんもマリカちゃんという友達のアドバイスがあったから作れたのである。また，マリカちゃんはアドバイスだけでなく，うまくできたミズキちゃんの泥団子をきちんと認めてくれる相手にもなっている。こうしたやり取りを通して子ども達は他者とかかわることの楽しさや意味を知り，「友達」を求めていくのである。

　エピソード2-3-4では，「友達」を意識しながらも，自分のやりたいことを貫こうとしている子ども達の姿を伺うことができる。友達の紙の色を意識して，同じにすることを選ぶ子どももいれば，「同じ」にひかれながらも自分の好きな色を貫く子どももいる。友達と一緒という魅力と自分の好きな色という魅力の両方に揺れている子どもの姿といえる。また，友達の面白いことを自分のことのように感じ，自分でも同じことが起こることがさらに面白く，また，嬉しくなってくるのもこの時期である。おとなが考える「きれいにスタンプを押す」ということよりも，一緒に楽しく作る，面白く作ることの方が子どもにとっては魅力的なのである。そのため，このエピソードのように保育者のアドバイスには「いいの！」とはっきりと拒否を示しており，「私達の楽しい世界を邪魔しないで」とでも言っているかのようである。

　こうした3歳児の姿の中には「幼児期の終わりまでに育ってほしい姿」の「自立心」「協同性」「言葉による伝え合い」「豊かな感性と表現」等の芽生えを感じることができる。エピソード2-3-1，2-3-2とあわせて考えても「自立心」というのは，ただ自分で何でもできるようになることを急がすことではないことがわかるであろう。自分の力を使って工夫して環境とかかわりながら充実感や達成感を得ることから始まるのである。

（3） 自分で確かめる（知的好奇心）

> **エピソード2-3-5**　同じ場所にたどり着くこと
>
> 　幼稚園に入園したコウキ君はじっとしていることがあまり得意ではない。言葉はまだ少なく，保育者はコウキ君の思いを理解できずにいた。保育者が，コウキ君のことで一番難しいと感じているのはすぐに保育室を出て行って園の中を動きまわることである。担任のマキ先生とユリエ先生とで交代に追いかけていきながら，部屋に戻ることを促すが，なかなかうまくいかない。しかし，最近では先生が追いかけてくることを期待するようなそぶりを見せるようになったり，先生が追いかけてこないと一度保育室に戻って様子を見にくるような姿も見せるようになった。コウキ君がしばしば行くのが，２階の年長さんのクラスの前にあるベランダである。ここに行くためには，職員室前の階段を昇っていく方法と，園庭からの外階段を昇っていく方法がある。コウキ君は，いつもは職員室前の階段を昇っていくのだが，避難訓練をした日にたまたま園庭の外階段のところが開いており，そこから２階のベランダに行った。いつもは違うところを昇ったのに，着いたのがいつものお気に入りの場所だったことが不思議だったようである。その後，もと来た外階段を降り，再度その階段を昇りベランダまで行った。そこで，きょろきょろと周りを見る。また，外階段を下まで降りると，今度は職員室前の階段まで行き，そこを昇り２階のベランダへ行く。２方向から同じ場所にたどり着くのが不思議なようである。何度も，外階段と中階段を使って行ったり来たりを繰り返していた。

　エピソード2-3-5のコウキ君のような子どもは保育者にとってなかなか手ごわい相手である。そうした子どもを落ち着きがない，発達に遅れがある，障がいがあるのではないかなどと捉えてしまいがちだが，丁寧にその子どもの姿を捉えてみると，その子どもが何をしたがっているのかが見えてくることがある。確かに，コウキ君は集団で生活することはまだ苦手であり，一人で保育室を出ていく様子は見られるが，コウキ君なりに幼稚園という場所を理解しようとしていることがわかる。自分一人でこんなに自由に動き回れる場所を与えてもらったのが初めてであり，幼稚園という場所がどんな場所なのかを確かめているのかもしれない。この日幼稚園でお気に入りの場所にたどり着く方法が２通りあることに気づいたコウキ君は，そのことを不思議に思い，自分で確かめようとしている。子ども達にとって，家庭とは異なる園での生活は，新しいこと，不思議なことの連続ともいえる。そのことに子ども達が興味や関心をもって，自分なりに考えたり確かめたりしようとしている姿を理解していくことは大切である。こうした園の環境そのものに興味をもつことだけでも「幼児期の終わりまでに育ってほしい姿」としての「思考力の芽生え」「数量や図

形，標識や文字などへの関心・感覚」「自然との関わり，生命尊重」等につながっていくことがたくさんある。たとえば，園の中にはクラス，トイレ，バスコースなどを表す標識や新聞，ポスターなどの掲示があり，秋になれば紅葉する樹木，草花，ダンゴムシなどの生き物がいる。こうした環境に子ども達が興味や関心をもち，自分なりのかかわり方でかかわること，そこに保育者が必要な援助をしていくことが大切である。

このように，3歳児クラスの子ども達の世界は，おとなにとってわかりにくいこともたくさんある。しかし，そうした姿を楽しみ，深く捉えていくところに3歳児保育の魅力があるといえる。

2．4歳児の保育

4歳児期の子ども達は，周囲への関心がより広がり，環境とのかかわりの中で様々なことを気づき吸収していく。それが展開する遊びに面白さ，豊かさを加えていくことになる。遊びに必要なものを自分なりに作ったり試したりするようになり，想像力も増しごっこ遊びが楽しく継続されるようになる。また，仲間といることの喜びや楽しさをお互いに感じ，つながりも深まるが，その過程ですれ違いや喧嘩も起こり，葛藤や不安も体験する。そうした体験を通じて，相手の気持ちを理解し，時には受け入れることや，自分の思いを伝えていくことなどを学んでいく。

保育者は，そうした4歳児期の特徴を理解し，目の前の子どもがどのような育ちの状況にあるのかをみとり，発達に必要な体験が得られるように保育の内容を展開していくことが求められる。その際，幼児教育を行う施設として共通で目指されている「育みたい資質・能力」や「幼児期の終わりまでに育ってほしい姿」[*]を念頭におきながら保育を行っていくことも求められている。なぜなら「幼児期の終わりまでに育ってほしい姿」は，「5歳児に突然見られるようになるものではないため，5歳児だけでなく，それぞれの時期から，乳幼児が発達していく方向を意識して，それぞれの時期にふさわしい指導を積み重ねていくことに留意する必要がある」（幼保連携型認定こども園教育・保育要領解説 第1章第1節3（2）：保育所保育指針解説，幼稚園教育要領解説でもほぼ共通の記載内容）とされているからである。ただし，実際の指導では，「『幼児期の終わりまでに育ってほしい姿』が到達すべき目標ではないことや，個別に取り出されて指導されるものではないこと」また，「教育及び保育は環境を通して行うものであり，とりわけ園児の自発的な活動としての遊びを

---

[*] 「育みたい資質・能力」「幼児期の終わりまでに育ってほしい姿」 いずれも平成30年告示の幼稚園教育要領，保育所保育指針，幼保連携型認定こども園教育・保育要領の下記の部分に記載されているものを指す。
  ・幼稚園教育要領　第1章総則　第2幼稚園教育において育みたい資質・能力および「幼児期の終わりまでに育ってほしい姿」
  ・保育所保育指針　第1章総則　4幼児教育を行う施設として共有すべき事項（1）育みたい資質・能力　（2）幼児期の終わりまでに育ってほしい姿
  ・幼保連携型認定こども園教育・保育要領　第1章総則　第1 3幼保連携型認定こども園の教育及び保育において育みたい資質・能力および「幼児期の終わりまでに育ってほしい姿」

通して，園児一人一人の発達の特性に応じて，これらの姿が育っていくものであり，全ての園児に同じように見られるものではないこと」に留意する必要があるとも述べられている。

　子ども達とかかわる保育の場面において，「幼児期の終わりまでに育ってほしい姿」を意識化して援助することは難しいだろう。保育者の援助は，その時の子どもの姿に応じて瞬時に対応することが求められる場面も多いからである。そのため大切なのは，保育の終了後に記録等の作業の中で，その日の保育（の内容）を振り返り，子ども達は遊びや生活の中でどのような体験をしていたか，それは「幼児期の終わりまでに育ってほしい姿」から考えてみるとどうだったのかなどの振り返りを通して考えてみることだろう。ここでは，4歳児の保育の内容や特徴について「幼児期の終わりまでに育ってほしい姿」も念頭におきつつ考えてみよう。

（1）　友達と一緒に遊ぶ喜び

　現在の保育施設においては，3歳児から進級してくる4歳児がほとんどである。園生活そのものには慣れており，また子ども自身も成長しているので，クラスの統合などがあったとしても，クラス全体が3歳児4月のような不安定さに陥るようなことは少ない。しかしながら，環境の変化に不安を感じていたり，転園してくる子どももいるので，丁寧に子どもの様子をみとり支えていくことが求められる。

エピソード2-3-6　一緒に遊ぶって楽しい

　サクラとミオは探検にいく地図を描いていた。サクラが「かばんもいるね」と空き箱コーナーに行って薄い箱を持ってくると，ミオも同じような箱を手にしてくる。二人がかばんに見立てた箱に，地図や食べ物を詰めているところに，ヒカリとミサキが「入れて」とやってくる。サクラが「じゃあ，箱持ってきて」と言うと，二人は箱を持ってきて食べ物に見立てたものを入れていく。支度が終わると，4人でカバンを持ってホールへ行く。そこで妖精ごっこをすることになり，役を決めているところに，少し前に転園してきたコトハがやってきて「入れて」と言うが，サクラは「バック（箱）を持っていないからダメなの」と言う。

　コトハは保育室にいる担任のところへ行き「先生，みんなが入れてくれない」と訴える。コトハと担任は似たような箱を持ってホールへ行く。保育者が「いーれーて」と言うと，サクラ「バックがないと入れないの」。コトハは「（バック）持ってきたよ」と背中から出して言う。それに対してサクラは「でも，もう，ここ，いっぱいで座れないの」。保育者「そうか…。サクラちゃんたちの妖精さん楽しそうだから入れてもらいたいなあ」と呟く。サクラが小さな声で「だって…」とつぶやきかけると，ヒ

カリが「じゃあさ，あそこの積み木（運んできて），椅子ってことにすれば？」サクラ「いいけど…。」保育者「ありがとう。よかったねコトハちゃん。」コトハは少し笑顔を見せて「ありがとう」と言う。4人に受け入れてもらったものの，妖精ごっこの中に入ったコトハはあまり楽しそうな感じには見えない。役割を決めて遊んでいるのだが，コトハはあまりイメージが掴めていないようなところも見られる。ヒカリとミサキで遊んでいるときには笑顔を見せたコトハだが，少しグループが大きくなったこともあるのか自分の思いは出せないでいるようだった。

　少しすると，ミオが，「ねえ，先生が悪魔になって妖精を追いかけて」と言う。担任は「よおし，お腹がすいたなあ，どの妖精がうまそうかなあ」と言うと，コトハも含め全員が「きゃあ」と声をあげて逃げていった。そして，翌日はコトハも入った5人で妖精になって遊び始める姿があった。

ワーク1

エピソード2-3-6の保育について，「幼児期の終わりまでに育ってほしい姿」との関連で考えてみましょう。また保育者の援助として何が大切でしょうか？　考えたことを周囲の人達とも話し合ってみましょう。

　4歳児期は，一緒に遊ぶ喜びを感じ「仲良し」の存在ができていく時期でもある。仲間で遊んでいる楽しさを感じ始めているからこそ，その楽しさをそのまま続けていこうと，新しいメンバーの仲間入りを拒むような場面も出てくる。

　このエピソードで，サクラはコトハに「バック（箱）を持っていないからダメなの」と断っている。ともに遊び始めたこの時期には，同じ物を持ち，同じ動きをすることで仲間意識をもつ（お互いに仲間である感覚をもつ）ような姿がよく見られる。サクラからは今遊んでいるメンバーでこの遊びをしたいと思っている様子が感じられた。

　コトハもそれを感じていた様子で，保育者に「入れてくれないの」と助けを求めている。転園してきてからクラスにも徐々に馴染み，一緒に遊ぶようになってきたヒカリやミサキと遊びたくて「入れて」と仲間入りを求めているコトハの姿には，自分の思いを実現しようと動き始めている「自立心」の育ちを感じることができるだろう。それでも，やはり断られている相手に自分だけで再度仲間入りを求めていくことには不安を感じて，保育者に助けを求めている。園での心の拠りどころが担任保育者であることが伝わってくる。保育者も，転園してきたコトハの訴えであることもあり，一緒にホールへ行き積極的に仲間入りの援助を行っている。ただ，その際にも，「コトハちゃんを入れてあげて」とか「お友達が入れてって言ったら入れてあげないとね」など，仲間入りを強く求めるようなかかわり方をす

るのではなく,「楽しそうだから入れてもらいたいなあ」と一緒に遊びたい気持ちを表明するというかかわり方をしている。それを受けて,コトハと遊ぶようになってきていたヒカリが,一緒に遊べるような提案をすることにつながっている。ヒカリの提案でもあり,また保育者の存在もあるだろうが,サクラは一緒に遊ぶことを受け入れた。相手の思いを感じ,相手の立場に立ってみる体験が「道徳性・規範意識の芽生え」の一歩であろうし,その中でどうしたらいいかを考えあっていく体験が「協同性」の育ちへとつながることにもなるだろう。

　保育者は,サクラにとってもコトハにとっても,一緒に遊んで楽しかったという体験にしていきたいと願っていたという。それでミオの「先生が悪魔になって妖精をつかまえる」という遊びの転換ともなるような提案を逃さずにかかわったとのことだった。追う―追われるの単純な動きとなったが,イメージを共有しやすく楽しい場面になった。これにより,サクラもコトハも"逃げる妖精の仲間"との意識を共有しながら動くことになった。この楽しい体験が5人を結びつけ,翌日以降妖精ごっこを5人で始めていく姿につながっていったと思われた。

　かかわりたいのにどうかかわっていいか見いだせないでいることもある4歳児期には,子どもの仲間入りを手助けしたり,各々の気持ちをお互いに感じ調整するような役割を保育者が担うことも多い。仲間の一員となりながら,お互いのかかわり方のモデルになったり,さりげなくそれぞれの思いを引き出し,伝わり合う機会をつくったりしながら,ともに遊んでいく楽しさを体験できるように支えていくことが大切となる。

(2) クラスのみんなで考える

　4歳児になると遊びの中で簡単なルールをつくったり守ったりして遊ぶことを楽しむようになってくる。生活の中でも,どうすると自分たちの生活がお互いに安全で暮らしやすくなるのかを4歳児なりに考え,行動していくことができるようになる時期であり,また,そのような体験をしていくことができるような保育を展開していくことも大切である。

エピソード2-3-7　「ふざけちゃいけないんだよ」

　4歳児から2階の保育室での生活が始まる園である。ある日のこと,ハルオミら男児数人が部屋へ向かおうと階段を昇りかけたところで体が触れ合い,ハルオミがバランスを崩して下から3段目くらいから落ちた。その場にいた子ども達はハッとした表情をするが,ハルオミは「いってえ」といって着いた手を振るようにしながらすぐに立ち上がる。周りもホッとしたような表情を浮かべ,階段を昇り始めた。ハルオミが立ち上がるところをたまたま目にした主任が,ハルオミを呼び止めて体の様子や状況を聞く。ハルオミは咄嗟についた手が痛かったようだったが,幸い他に

怪我もなく，本人も大丈夫というので，主任は一人になったハルオミを送って一緒に保育室へ行き，担任に簡単に状況を伝えた。
　担任保育者はハルオミの体の様子を見て「本当に怪我がなくてよかった」と言った後，どうしてそうなったのか聞き始めた。その場に他の男児が一緒にいたことがわかると，その男児たちも呼び，状況を聞いていった。そして，ふざけて体をちょっとつつき合うようなことから起こったようであることがわかると「階段でしてもいいことかな？」と投げかけた。男児たちは一斉に首を振る。
　ちょうどみなが集まる時間で，担任を含め保育室の入口近くで話していたので，だんだんとクラスの子ども達が何事かと集まってきていて，途中から話を聞いていた子どももいた。また，ちょうど戻ってきたツヨシが「どうしたの？」と問うので，担任は状況を話す。そして，「今日，ハルちゃんはたまたま下から3段目くらいのところだったから怪我とかしなかったけど，みんな，階段から落ちたらどうなると思う？」と問いかけると，「怪我する」「足の骨，折る。」「頭を打つかもしれないよ」などの声があがる。「そうだよね，階段ではどうすればいいと思う？」「ふざけない」「手すりを使う」「2段飛ばしとかしない」「一列になっておりる」「おしゃべりばっかりしない」などの声が上がる。保育者が「おしゃべりばっかりしないって？」と聞き返すと，どうやらおしゃべりに夢中になりすぎて階段を踏み外しそうになったということらしい。「なるほど。まず，階段ではお友達とつつき合ったりしてふざけないこと。あと，2段飛ばしをしないこと，おしゃべりに夢中になって落ちそうになったりしないように気をつけること。これでいいかな？」と確認すると，子ども達は大きく頷いたり「はい」と答えたりする。その後，階段を通るこのクラスの子ども達は神妙に階段の昇り降りをし，ふざけているような姿があると「ふざけちゃいけないんだよ」「気をつけて」との声が出ていた。

ワーク②

　エピソード2-3-7の状況について「幼児期の終わりまでに育ってほしい姿」との関連で考えてみましょう。また保育者の援助として何が大切でしょうか？　考えたことを周囲の人たちとも話し合ってみましょう。

　園は子ども達が暮らす場であり，できるだけ危険のないよう配慮された環境になってはいるが，それでも生活においては，安全に気持ちよく暮らすために子ども達が守らなければならないこともある。階段の昇り降りについては年度当初に伝えてあるが，慣れてくる頃になるとエピソードのようなことも起こる。担任が一緒にいたメンバーを呼んだ時の気

まずそうな表情から，すでに自分達がよくないことをしたと思っていたことが感じられた。状況を聞かれることで，子ども達には自分のしたことを振り返ることになっていた。さらに，担任は，周囲にクラスの子どもが集まっていることを逃さずに，階段の昇り降りの仕方について考え合う時間にしている。集まってきているのは，クラスの子どもに起こったことを他人事とせず，自分達のこととして関心をもち始めているクラス意識の育ちでもあると捉えることができるからである。その際，「落ちたらどうなるか」「落ちないようにするにはどうしたらいいか」を子ども達なりに考える機会にしている。このエピソードでは階段であったが，他にもブランコ等の固定遊具の使い方などその都度考えていくことは，何が危険かを自分なりに判断し行動していこうとする「健康な心と体」にもつながっていくことだろう。また，約束や決まりがあるのはなぜかということや，それらを守る必要性を子どもが理解し行動する「道徳性・規範意識の芽生え」にもつながることであろう。そして，「落ちないようにするにはどうしたらいいか？」の問いかけで，子どもなりに落ちそうになった経験を思い起こして考え，みなの前で話す体験は「思考力の芽生え」や「言葉による伝え合い」の育ちにもつながることになるだろう。4歳児における"クラスみんなで考える"といった場面では，各々が思いついたことを話すだけということも多い。それを保育者が受けとめ，時には保育者が代弁したりして，クラス全体で共有し合っているような状況づくりをしていくことが求められる。そうした中で自分の考えがみんなに受けとめられる嬉しさを感じたり，子ども達が自分達で考え合ったとの思いや体験が5歳児での本格的な話し合いにつながっていくものとなるからである。

　いわゆる生活場面で起こることをどう取り上げるかも，子ども自身が園生活を主体者となっていく意識や動きを支えていく保育内容として大切なことである。

（3）　想像の世界で遊ぶ楽しさと友達関係の深まり

　4歳児では，自分達で場を見立てたり，必要な道具を作ったり，なりきって動いたりといった，いわゆる「ごっこ遊び」が盛んに行われるようになり，遊びにも継続性が出てくるようになる。エピソード2-3-6で見られたような同じようなものを持って同じように動くといったようなごっこ遊びから，次第に役割を決めてそれらしく動こうとしたり，道具などもそれらしく作ろうとするなど，"本物みたい"にしようとするようになる。そうやって，自分達なりに遊び続けていくには，お互いの思いを伝え合ってつくり上げていくことが必要であり，そうした体験の積み重ねによって友達関係が深まると同時に，様々な力の育ちにつながることになる。

エピソード2-3-8　「お風呂に入って遊んでいるの」

　リリカ，ユキノ，ナナミは，3人でよく遊んでいる。リリカが「こうしようよ」とアイデアを出すことが多く，ユキノとナナミはそれに賛成するような感じで遊んでいることが多いようであった。リリカがお休みしたある日，二人は他の子どもや保育者のすることを眺めていた。大きなダンボール箱を，お風呂に見立てて組み立てようとするグループに呼ばれた保育者が手伝いに行くと，そこに二人がくっついて様子を見にきた。これがユキノとナナミの遊び出すきっかけになればと保育者は願い，「そうだ，お風呂に入る準備をしてこようかしら」と呟くと，ユキノが「お風呂にシャンプーもいるよね」と言う。「じゃあ，作ってこようか」と保育室の製作コーナーに戻り，保育者が画用紙に切り込みを入れ半立体にした洗面器を作ってみせると，ユキノが「私もつくろう」とまねをして作り始めた。ナナミもそれを追うように作る。二人が作り終わる頃，片づけの時間になってしまい，廊下のベンチにもっていき「ここがいいよ」と相談して洗面器を並べて置いた。

　翌日，ユキノとナナミは登園すると一緒に洗面器を取りに行き，自分達のお風呂をダンボール箱で作り始めた。「石鹸がなかったね」「体を洗うのもいるよ」と二人で言い合い作りに行く。しばらくすると「シャワーみたいなのが欲しいんだけど，いいのがない」と担任のところへやってくる。ユキノらが思っているシャワーがどんなものかを担任が聞いていくと，シャワーヘッドを掛けておく所が欲しいらしいことが伝わってきた。材料の置いてある部屋へ一緒に探しに行き，1メートルほどのロール芯を見つける。お風呂の壁に立ててみると，シャワースタンド風になり，二人は「いいね」と喜ぶ。そしてホースみたいなものをつけると，やっと自分達が思い描いていたような形に近くなったようである。満足そうにシャワーを浴びたりお風呂に入ったつもりになって，はしゃいでいる。「タオルもいるねえ」と思いつくものを言い合っては作り，この遊びは何日も続いていった。

　しばらく休んでいたリリカが登園した。リリカが「長く休んでいてごめんね」と言うと，ユキノとナナミが「いいの。リリカちゃんの分も作っておいたから」「お風呂に入って遊んでるの。洗面器の作り方教えてあげるから」と答え，製作コーナーでリリカを挟むようにして「この紙だよ」「そうそう，ここを切って，セロテープでとめるの」などと教える。リリカも「こう？」など聞き返しながら同じものを作っていく。でき上がるとダンボールのところへ3人で行き，お風呂に入ったつもりになって「これはマーブル石鹸なの。こすると泡がいっぱい出るよ」とこすり合って笑ったり，「ジャー」と髪をくしゃくしゃにして洗うまねをする。

　この後，「お風呂屋さんが始まりました。どうぞ入ってください」と周囲に呼びかけ始める。これまで自分達がいろいろ作って遊んできたが，自分達が入るよりも誰

かに入ってもらいたいのだと保育者は感じ，お客になることにした。ユキノらが工夫したところを楽しむようにしてお風呂を楽しんだ後，保育者が「喉が乾きました」と言うと，「自動販売機とかあったらいいよね」との声があがる。またリリカが「前に行った温泉にスリッパがあった」と思いついたように言い，製作コーナーでスリッパ作りに取り掛かる。でき上がるとスリッパをはいてそろそろと歩き，「あのさ，温泉で泊まったりするよね」とリリカが言い，みんなで一緒に積み木を並べてお風呂のそばにベッドを作り始めた。

ワーク③

エピソード2-3-8の保育について，「幼児期の終わりまでに育ってほしい姿」との関連で考えてみましょう。また保育者の援助として何が大切でしょうか？ 考えたことを周囲の人たちとも話し合ってみましょう。

　このエピソードで，ユキノらの遊びが始まるきっかけは保育者と一緒に他の遊びを見にいき，保育者がお風呂の準備として作った洗面器を見てまねして作るところからであった。クラスの仲間が遊んでいる姿が子どもにとっては大切な環境であることがわかるだろう。また，自らどんどんと思いついて取り組んでいく子どももいるが，それには個人差がある。保育者はいつも頼りにしているリリカが休みのこの日，この子達が自分達の遊びを見つけ取り組んでいければと様子を見守っていた。担任は，二人が自分についてきていることや，お風呂についてのつぶやきが出ていた様子から，子どもにとっては魅力的に映り，かつ自分たちでも作れるような洗面器を画用紙から半立体的に作ってみたという。その魅力に二人は自分から作ってみたいと動き出している。漠然としたイメージや，やりたい思いはあっても，どう形にしていったらよいかまだ体験の少ない4歳児の場合には，このような保育者の援助が遊び出しを支えることになるだろう。

　そして，翌日以降は二人で始め，遊びが継続していった。二人は日常の体験を拠りどころにして，自分達なりにどんどんと必要なものを作り始め，お風呂作り，シャワー作りもそれらしく作っていくことに没頭して取り組んでいた。どうしたらシャワーらしくなるか考え合っている様子からは「思考力の芽生え」が4歳児なりに育っていることが感じられる。

　欠席していた仲良しの友達が登園してくると，今遊んでいることを「お風呂屋さんなの」と言葉で伝えたり，その遊びをする際に欠かせない洗面器の作り方を教えたり，シャワーの使い方といった遊びを実際にやって見せながら伝えている。まだまだ動作で伝えていることの方が多いのだが，これがやがては「言葉による伝え合い」の育ちにつながることとなるだろう。それらしく髪を洗う動作をしたり，それを楽しそうにまねて，見合って笑い合

ったりなど，そこには豊かな身体での「表現」がある。そしてリリカが加わって，さらに遊びを自分達なりに展開していっている3人の姿には4歳児なりの「協同性」の育ちが感じられる。また，温泉に泊まるといった社会的体験が遊びに広がりをもたらしていることがうかがえるだろう。半立体の洗面器作りなどの体験は，子どもは遊びの道具としてそれが魅力的で遊びの中での必要感から作っているが，こうしたことが「数量や図形，標識や文字などへの関心・感覚」につながっていく側面もあるだろう。

　遊びに子ども達が没頭し継続していくことを後押しするような片づけ方や環境の在り方，時間的ゆとりなどの状況づくりも保育者の援助として大切になる。

（4）遊びに夢中で取り組む充実感と友達関係の広がり

　4歳児の終わり頃になると，仲良しの友達を誘い合って遊びこむ姿に加えて，一人ひとりが力をつけてより自立的になり，面白そうな遊びには仲良しの友達関係を超えて自分から参加していく姿が見られようになる。大きなグループで遊んだり，時には声を掛け合ってクラスの大勢で鬼ごっこやドッジボールをするなど，かかわりの広がりが出てくるようになる。

エピソード2-3-9　「ジェットは船だよ」

　ここ数日，ハルト，アサヒ，タケルの仲良しメンバー達は，「ジェットの船」を積み木で作り，自分の場所と決めたところに乗る。「まだ魚は見えません」とハルトが何かを覗くようにしたり，「あ，マグロ発見」と自分の知っている魚の名前をタケルが言うと，アサヒが製作コーナーで作ってきたモリを床に向かって投げ，魚を捕ったつもりになったりしている。「ここに魚を入れよう」「あ，そうだ。魚が逃げないようにすくう網がいる」「いいね，僕も作りたい」などとイメージを出し合いながら遊びが展開し，その週は網を作ったところで終わった。

　週明けコタロウ，リキが「ジェットやろう」「うん，ジェット作ろう」と積み木の場で組み立て始めた。「ジェット」という言葉を聞きつけたアサヒも近寄っていくが，コタロウの「ここは翼にしよう」などの言葉を聞き「えっ，ジェットって船なんだよ」と言う。すると，コタロウが「違うよ，僕たち，前作ってたんだ。ジェットは飛行機なんだよ」と強く言う。アサヒも負けずに「違うよ，船なんだよ」と言いつつ戸惑った表情をした。保育者は「コタロウくん達が前に作ってたのは飛行機のジェット機だったけど，アサヒくんたちはジェットのお船作って遊んでたんだよね」と言う。男児たちが黙っている様子に保育者は「みんなで作ればいいのができそうだね」と続ける。するとコタロウが「じゃあ，ジェットの船でもいいか」と言うと，アサヒの表情が緩んだ。

その後，アサヒはコタロウらと積み木を運んで一緒に船を作り始める。「こっちが船の前ね」「じゃあ，こっちは後ろね」と少しずつ会話も始まる。船ができ上がるとアサヒは「これで魚，捕るんだよ」と自分の作ったモリや網を見せると，コタロウも材料棚からガムテープの芯に持ち手をつけ「ぼくは，この虫眼鏡で魚を探すから」と言う。「じゃあ，見つけたらぼくが捕るよ」とアサヒも応じる。自分も船に乗りたかったサトルは，コタロウの言葉をヒントにして腕につけていたペーパー芯を見せ「ぼくもここから魚が見えるんだよ」と話す。

　翌日，アサヒはハルト，コタロウらとジェットの船を作り始める。コタロウは作る中で，船の中にそれまではなかったベンチのようなものを何列も作った。「これならみんなで座れるよね」と自分の考えた椅子を得意げにアサヒに見せると，アサヒも「いいね，こうやって座れば」と座って確かめて喜ぶ。船ができると，タケルが「魚がいっぱい泳いでいるとこね」と船の周りに小箱を置くと，アサヒもそばへ行き，「これ，捕れるかな」とモリの先で引っ掛けようとしたり，網の中に魚に見立てた小箱を入れたりする。船の後ろの方でサトルは腰掛け「ここで魚，焼くことにしようよ」と言い，網に見立てたチラシを貼り付けると，アサヒは「のせてもいい？」とサトルに聞き，魚を並べて焼いてもらう。

ワーク④

　エピソード2-3-9の保育について「幼児期の終わりまでに育ってほしい姿」との関連で考えてみましょう。また保育者の援助として何が大切でしょうか？　考えたことを周囲の人達とも話し合ってみましょう。

　4歳児の後半，いつも遊ぶ仲良しのメンバーを核にしながら「ジェット」という言葉が鍵になって2つのグループが出会い，一緒に遊んでいく体験となっている。自らかかわろうとする「健康な心と体」や「自立心」を基底としながら，「思考力の芽生え」「協同性」などにつながるような様々な体験を積み重ねているといえるだろう。

　「ジェット」は，少し前に作っていたコタロウらは「ジェット機」のイメージであり，アサヒらは海の高速船の「ジェットホイル」のイメージで遊んでいたのだが，両者ともそれをうまく言葉にして伝えることができずにいた。保育者はうまく伝わり合わない様子を見て，今のこの子達では言葉で伝え合うのは難しいと判断し，同じ「ジェット」でも違うものを指していることを伝え，「みんなで作れば…」とかかわりのきっかけとなるような言葉をかけている。ここではコタロウが「船のジェット」のイメージを受け入れたが，もし子ども達がどうみんなで作ればいいのか見いだせないような場合には，空も飛べ海にも入れるような

ものを…とのイメージを保育者が提案するようなことがあったかもしれない。いつもの遊びグループでのかかわりでは伸び伸びとやりとりが行われていても，いつもとは違うメンバーとのかかわりでは少し構えていたり，どう伝えていったらいいか戸惑ったりするのが自然である。保育者には，そのような出会いを支え，少し大勢の中で考えを出し合って，遊び込んでいく楽しさが体験できるように支えていくことが求められるだろう。

3．5歳児の保育

　5歳児の子ども達は，自ら動こうとする意欲はもちろんのこと実際に行動する力もついてくる。仲間の存在はより一層重要になり，グループでの遊びや活動を楽しむ。自分達で必要な遊びの場のイメージを共有しながらつくっていく姿や，お互いに役割分担をしたり，ルールを決め合って楽しんで遊ぶ姿など，遊び込んでいく様子にはたくましささえ感じられるほどになる。もちろん，仲間同士での欲求のぶつかり合いやけんかも起こるが，自分達で解決する姿も見られるようになる。お互いに相手を許したり認めたりする，社会生活に必要な力の育ちとともに，仲間の一人としての自覚や自信ももつようになる。さらに，クラスとしての意識も育っていく時期であり，様々なことをみなで話し合い，行事では園のリーダーとなり活躍していくことになる。

　保育者は，こうした5歳児期の特徴を理解し，目の前の子どもがどのような育ちの状況にあるのかをみとり，発達に必要な体験が得られるように保育の内容を展開していくことが求められる。その際，幼児教育を行う施設として共通で目指されている「幼児期の終わりまでに育ってほしい姿」（前出）を念頭におきながら保育を行っていくことも求められている。「幼児期の終わりまでに育ってほしい姿」は，保育活動全体を通して，「資質・能力」が育まれている子どもの小学校就学時の具体的な姿が示されたものであるとされ，これを手掛かりに小学校の教師と子どもの姿を共有するなど，小学校教育との円滑な接続を図っていくことが目指されているのである。

　その際，留意する必要があるのは，園と小学校では子どもの生活や教育の方法が異なっているため，「『幼児期の終わりまでに育ってほしい姿』からイメージする子どもの姿にも違いが生じることがある」（幼保連携型認定こども園教育・保育要領解説　第1章第1節3（2））ため，保育者と小学校教師が話し合いながら，子どもの姿を共有できるようにすることが大切とされていることである。そうした話し合いを可能とするためにも，保育者は日頃の保育の中で，子ども達にどのような経験や育ちがなされているのかを捉え，言葉にしていく力が求められている。5歳児の保育についても「幼児期の終わりまでに育ってほしい姿」を念頭におきつつ考えてみよう。

（1）年長としての自覚と喜び

　春先の子ども達は「いよいよ年長組になった！」という自負や期待感に満ちている時期で

ある。こうした気持ちは，下の年齢の子どもをお世話したり気遣ったりする行動や，当番活動などに責任をもって取り組もうとする姿勢や行動にも現れる。

> **エピソード2-3-10** ウサギのお世話ってたいへんだあ
>
> 　この園では，代々，年長児クラスに受け継がれていくことがいくつかある。その一つが園で飼っている動物のお世話である。まずカメが冬眠する前に5歳児の子ども達は，4歳児に実際にやって見せながら世話の仕方を伝え，カメを冬眠させる。卒園間近になると飼っているウサギなどの世話が託されるのである。
> 　4月，新たな年長児がクラスみなでカメを起こす。そしてカメの世話，ウサギの世話等を当番活動として始める。この園では，当番活動を本格的にするのも年長児になってからであり，「今度は自分達の番だ」と張り切っている。当番活動についての話し合いの際には，担任から，みなが使う図書室の本の整理（シールの色そろえ）や，春先は小さいクラスの子ども達のお部屋の片づけの手伝いなども提案される。子ども達は小さい組の時に自分達がやってもらっていたり，前年の5歳児が図書室の片づけをしている様子も見ているので，自分達もしたいと意欲的である。
> 　しかし実際にウサギの世話をしてみると，思うようにウサギを抱けなかったり移動させられなかったりする。その日，ウサギ当番になったエリはウサギにこわごわといった感じで手を伸ばすが，ウサギがちょっと動くと手を引っ込めてしまう。そして一緒にウサギ当番になった男児に向かって「ウサギ出してくれない？　シンゴ君かフウマ君，ウサギ出してくれない？」と言う。シンゴはウサギに手を伸ばすが，思うように抱くことできず，「フウマ〜，おねが〜い」と呼びかける。そしてフウマとなんとか助け合って抱き上げ「重たい，うさぎ，重たい」と大きな声で言いながらやっと移動させる。エリとアンナはゲージの中を小さな箒とちりとりで掃き掃除をしたり，水は「コップの赤い線までを2杯だよ」と測って入れる。また餌の大きな袋を男児2人が力を合わせて運んで来て，袋の口を開けると「なんか変な匂いがする。こんなの食べるのかな」などと言いながら量を測って入れる。最後にウサギを戻す時になると，エリが「私抱いてみる」と言い，シンゴが「こっちから抱くといいよ」など声をかける。かなりの時間がかかったものの4人でやり遂げた。

> **ワーク⑤**
> 　エピソード2-3-10の子ども達の様子について，幼児教育を行う施設として共通で目指されている「幼児期の終わりまでに育ってほしい姿」との関連で考えてみまし

> よう。考えたことを周囲の人たちとも話し合ってみましょう。

　これまでの園生活で，子ども達は身近な動植物に接し，生命を尊重する気持ちや接し方なども徐々に身につけてきている。保育者も子ども達が触れ合える機会を心がけ，また子どもの発見や興味・関心に添いながら，「身近な動植物に心を動かされる中で，生命の不思議さや尊さに気付き，身近な動植物への接し方を考え，命あるものとしていたわり，大切にする気持ちをもって関わるようになる」（幼稚園教育要領　第１章第２　３（７））よう，一人ひとりの発達に必要な体験が得られるような状況をつくったり援助を行ったりしてきている。この園で５歳児が４歳児に，飼っている動物を託し世話の仕方を伝えるということを行っているのは，「自分達が責任をもってやってきた！」との達成感や「お兄さん，お姉さんだからできるんだ」という誇りをもって取り組んできたその気持ちや心意気のようなものも含めて次の年に受け継ぐことで，子ども達が主体となって飼育していく姿勢を大切にしていきたいとの思いからである。

　そして年長児となり当番活動として動物に接する中で，実際に自分達がお世話をしなければ，ウサギが気持ちよく暮らしていけないことや，水や餌がなければ生きていけないことなど，動物を飼うということがどういうことなのかを，その年齢なりに感じていく機会となるようにしている。エピソードのエリは，この日自らウサギのお世話をしたいと手を挙げていた。そして実際，餌の準備やフンの始末などを熱心に根気強く行っていたが，ウサギを抱くことには最初躊躇していた。しかし終わり頃には自分から抱こうとし，シンゴらもその挑戦を後押ししていたことが感じられた。

　また一連の当番活動では，自分がやれることを自分から取り組み，友達と協力してウサギを移動させたり，大きい餌の袋を運んできたりと，一緒に力を合わせてやり遂げている姿がある。子ども達の中に，しなければならないことを自覚して動いていこうとする「自立心」や，共通の目的の実現に向けて協力していこうとする「協同性」が育まれているのがうかがえるだろう。また，水や餌の量を測ることなどは，必要感に基づいた「数量や図形，標識や文字などへの関心・感覚」の育ちへとつながる体験にもなるだろう。

エピソード２-３-11　フウセンカズラの種を蒔こう

　ある日たっぷりと遊んだ後，クラスでサークル状に集まった。その日の当番が立ち「今日は○月○日○曜日です。お休みは一人で，○○さんです」と話し，みんなで挨拶をする。その後，担任からフウセンカズラの種まきが提案される。「ほし組さん，去年のほし組さんからプレゼントされた種があったこと覚えてる？」と保育者が問いかけるとみなが一斉に頷く。「何かな？」「朝顔と，ひまわりと…」と声があがる。「そ

第３章　３歳以上児の保育

うだよね，一つ，まだ蒔いてないものがあったんだけど，覚えてる？」と保育者。「うん，なんかあった」と子ども。「そう，なんかあったんだよね。それがフウセンカズラ。今度蒔こうねって言ったまま，いろいろなことがあって蒔けていなかったでしょう？　でも，もう蒔かないとなんだよね。ちゃんと芽が出てお花が咲くには，種を蒔くちょうどいい時期っていうのがあるの。たとえばね，この間ひまわりの種を植えたでしょう？　ひまわりっていつ咲く？」と問いかける保育者。「夏」と口々に答える子ども達。それを受けて保育者が「そう，夏だよね，でも夏にお花が咲くには，お水をあげて，芽が出て，ぐんぐんと伸びていって…で，夏になったらやっと咲くの」と話すと，男児が「ぼくんちも，お米とれるのは秋だけど，この間田植えしたよ」と話す。「そうなんだ。フウセンカズラももう植えないと間に合わなくなっちゃうの。だから今日したいんだ…どうかな？」の保育者の話に，「やろう！」と話がまとまり，園庭に出て種まきをする。

　この園では，5歳児になると様々な栽培活動にも取り組む。フウセンカズラのように前年度の5歳児から託された栽培もあるし，その年の子ども達が自分達で決めて収穫して食べることができるような栽培にも取り組む。プチトマトやスイカ，さつまいもなどは毎年，子ども達から声があがり，時期になるとみんなで収穫し分け合って食べたり，お芋パーティーを開き，小さい組を招待したりする。また，地域の農家の「タケイシさん」の協力を得て，田んぼをお借りして稲作も行い，収穫した後は自分達で園庭に干し，脱穀し，親子でおにぎりパーティーをする。おにぎりパーティーには「タケイシさん」も招く。「タケイシさん」は子ども達にとっては祖父くらいの年齢で，職人肌で一見無愛想に見えるし，話しも子どもにとっては必ずしもわかりやすいとは言えないのだが，子ども達はよく聞いている。そして，おにぎりパーティーになると「タケイシさんも呼ばないと」との声が出るのである。タケイシさんも喜んで来てくださる。

　田んぼは園から少し離れているので，毎日子ども達の目に触れる環境ではないが，トマトやスイカは園庭で育てる。どうやって育てていったらいいのか図鑑で調べたり，家の人に聞いてきてみんなで話し合ったりしていく。収穫が近づき熟すのを楽しみに待っている時期になると，カラスに食べられるという子ども達にとっては大事件が起こり，どうやったら食べられずにすむのか，その大事件にクラス全体で話し合い，知恵を絞って対策をとっていく。去年の年長さんがどうやっていたか見ていた子どもが話したり，曖昧なところは去年の年長の担任だった先生に聞きにいったり，お家の人から聞いてきたりする。そして網を張ったり，DVDを吊るしたり，今は自分達の遊びでは使っていないサッカーゴールを組み合わせてプランターを中に入れて守ったりすることを考えついて実行していく。園庭にある渋柿を干し柿に

するときにも毎朝登園すると食べられていないかを確認するのが年長組の日課となる。

> **ワーク⑥**
> エピソード2-3-11の保育について「幼児期の終わりまでに育ってほしい姿」との関連で考えてみましょう。また保育者の援助として何が大切でしょうか？ 考えたことを周囲の人達とも話し合ってみましょう。

　子ども達は，園内外の自然に触れて変化を感じて発見したり，不思議さに目を見張ったりといった体験を通じて，自然への愛情や畏敬の念をもつようになっていく。また好奇心や探究心をもって調べたりもしながら，様々なことを学んでいく。保育者は，そうした子ども達の自然との出会いやかかわりが生まれるよう環境を構成していくことや，子どもの発見を基にしながらそれをクラス全体に広げることなどを積み重ねてきているが，こうした栽培活動を子ども達が主体となって行うことは「自然との関わり」への一層の好奇心や探究心へとつながっていく。

　また，自分達だけでは栽培が難しい稲作は，近所の農家の「タケイシさん」に教えてもらいながら（実際は，かなりの部分の田んぼの管理もしていただいて）行っている。子ども達は，タケイシさんの助けがなければお米を作ることはできなかったことを十分感じており，その感謝の気持ちがあることが伝わってくる。「○○さん」として顔が見える形での地域の方との交流は，子ども達にとって「社会生活との関わり」の一歩となることではないだろうか。

　そして，栽培活動でカラスに食べられるという大事件に，自分達でどうしたらいいか考え，話し合い，対策を講じていく姿には，「自立心」や「協同性」「言葉による伝え合い」さらに「思考力の芽生え」の育ちが感じられる。また，ちょっとした場面ではあるが，毎日，当番が日にちや曜日を確認したり，欠席の人数をみなの前で発表したりするのは，生活の中で「数量や図形，標識や文字などへの関心・感覚」にふれていくことになる体験である。

　保育者は園生活の様々な場面での子ども達の体験の意味を考え，子ども達にとって無理なく関心が芽生えたり，育ちの体験へとつながるよう見守ったり援助したりすることが求められる。

（2）　友達と遊びや活動の面白さを追求して手応えを感じる

　5歳児の生活では，思いついたことや考えたことを実現していこうと友達と遊び込む姿が見られるようになる。時には「こうしたい！」「こうなると面白い」という思いがあるの

だが，思うように友達に伝えられず，見通しが共有化できないもどかしさを感じたりする場合もある。そうした体験を乗り越えて遊びがより面白くなっていくことで，友達と一緒に遊びを創り上げていく手応えを感じていく。

エピソード2-3-12 　観覧車を動いているみたいにしたい！

　ナルミ，ユリナ，マフユ，ノゾミはよく一緒にお家ごっこやお姫様ごっこをして遊んでいるメンバーである。近隣にある遊園地に遠足で出かけてきた翌日のことである。ナルミが「観覧車を作ろうよ」と提案すると他の3人も「いいね」と，早速積み木を向かい合った椅子のような状態に積む。二人ずつ向かい合わせに座り，観覧車に乗った気分になって「上がっていくよ，ドキドキするねえ」などとなりきって楽しむ。しばらくすると，ユリナ「でもさあ，これじゃあただの椅子みたいだよ。丸くしないと」マフユ「どうする？」ナルミ「ダンボールでさあ，まあるく切ってここに貼ればいいんじゃない？」と言う。大きいダンボールをもらってこようということになり，担任と一緒に材料置き場になっている小部屋に探しにいく。張り合わせれば思い描いていた大きさになりそうなダンボールを見つけて戻ってくると，早速ダンボールを張り合わせ，ダンボールカッターを使って「そっち押さえてて」「危ないよ」など役割分担したり，交替したりしながら形作っていく。その日は製作の途中で遊ぶ時間が終わった。

　翌日以降，4人は登園してくると，早速ダンボールを取り出し続きを始める。ダンボールの角を切り落とし，積み木にくっつけようとすると，ユリナ「窓がないよ」ナルミ「ここ，四角く（切り）とればいいよ」ノゾミ「いい考えだね」と切り取っていく。それを積み木にガムテープで貼ると，観覧車らしくなって4人は嬉しそうに乗ってみる。そして「先生！できた」と呼びにくる。担任は「すごいねえ。ほんとの観覧車みたいだねえ。乗ってもいいの？」と聞くと嬉しそうに頷く。他の子どもも「観覧車だー，ぼくも乗りたい」などの声があがり，順番に乗せてもらう。観覧車の部分は片づけになってもそのままの状態で端に寄せておいた。その日の帰りの会では，あまり普段は手を挙げない4人が手を挙げ，嬉しそうに観覧車ができたことを観覧車の前で話すと，クラスの子ども達から「すごい」「明日わたしも乗せて」などの声があがっていた。

　その次の日，何人かが観覧車に乗せてもらって「動きます」「着きました」とその気分を味わうが，乗せてもらった人はなんとなく物足りない感じである。他では，ジェットコースターを作っている子ども達がおり，そのグループでは台車にタイヤをつけて，本当に動くものを作っている。観覧車の4人は担任のところに行って「上に上がるようにしたい，回るようにしたい」と訴える。担任は「そうだよねえ。ジェ

ットコースターは動いてるものねえ。何か方法があるといいんだけど…」としばし一緒に考えるが，「本当には観覧車を回せないけど，回っているっていう感じにできないかなあ。乗ってるとどうだったっかな？」と投げかけてみる。ユキナ「窓の外見てると，だんだん変わった」ノゾミ「何が？」ナルミ「遠くが見えた」ユキナ「お空が見えた」担任「ああ，観覧車がこうやって高くなっていくと，遠くのものが見えたりお空が見えたりしてきたっていうこと？」という担任の橋渡しで，窓の外の景色の変化を話題にしていることが他の2人にも伝わったようだった。ナルミ「いいこと考えた！　窓のところに紙芝居みたいにすればいいんじゃない？」周りの3人はポカンとした感じである。担任はナルミにもう一度話してくれるよう促す。ナルミの話を聞いた後，担任は「ああ，もしかして，ナルミちゃんは，観覧車が動きまーすって言ったら，誰かが窓のところで，外の景色が変わっていく紙芝居みたいなのをすれば，乗っている人はだんだん観覧車があがっていく気持ちになれるって，そういうこと？」と言うと，ナルミが頷く。3人にもなんとなく伝わったようで，担任「じゃあ，作ってみる？　画用紙でいいかな？」と，画用紙を4人に手渡す。その日から，4人は絵を描き始めるが，各々に思いついた絵を描いている感じである。ナルミが「違う」などの言葉を言っている様子も見えたが，本人達で作り上げていく経験を大切にしたいと担任は様子を見守っていた。

　翌日「でき上がった！」と4人が担任に言ってきたので，担任が乗せてもらうと，紙芝居は，子ども達が各々に見えたらいいなと思うような絵の背景がだんだん夕暮れの空の色になっていくというものだった。4人で作っていくうちに，時間の経過を青空から夕暮れの色に変えていくことで表現していくことになったらしいことがわかった。担任は「すごーい，乗っていると素敵な景色がいっぱい見えてくる夢の観覧車だねえ。乗ってるうちに夕方になっていくんだねえ」と楽しそうに伝えると，4人は満足そうな笑顔だった。他の子どもも乗せてもらい「面白かった」と降りてくる。

　さらにそれ以降は，自分達が観覧車に乗って楽しむというよりも，お客さんを乗せる係になることになり，「かんらんしゃ」という看板を作ったり，紙に数字を書いてお金を作ったり，「きっぷ」と書かれた紙片を作っていった。小さい組の子ども達が来た時には危なくないように，積み木を固定して，乗り降りには手を貸したり，お金を渡してから切符と交換するなど，お姉さんでもあり遊園地の係の人にもなって楽しそうに動き回っていた。

> **ワーク7**
> エピソード2-3-12の保育についても,「幼児期の終わりまでに育ってほしい姿」との関連で考えてみましょう。また保育者の援助として何が大切でしょうか？　考えたことを周囲の人たちとも話し合ってみましょう。

　遠足は子ども達にとってクラスで同じ場に出かけ,同じものを目にしたり,同じような体験をしてくることができる。ともに楽しかった体験だからこそ,子ども達は再現したいとの思いから遊びの創出につながることも多い。このエピソードでも,まずともに乗った楽しさを再現することから始まり,そこから観覧車らしくといったように動き出していく。「自立心」や,「協同性」の育ち,お互いにアイデアを出し合っていく姿には5歳児としての「言葉による伝え合い」の育ちがうかがえるだろう。しかし,ナルミの「窓のところで紙芝居みたいに」という発想は,言葉だけでは伝わりにくい状況だった。言葉にする力は育ってきてはいるが,自分達が観覧車に乗ってその気になっているという遊び方からは大きな発想の転換が伴っていたこともあり,他の3人にはすぐには伝わらず,保育者が仲立ちとなって補っている。そして実際に風景の紙芝居を作り上げる中で,子ども達はお互いのイメージを共有し合い,折り合いながら,自分達でオリジナルなものを作り上げていった。ともに動き,伝え合いながら,協同で考えていくといった「思考力の芽生え」の姿であろう。

　こうした遊びの展開には,クラスの仲間の存在も大きいことが伝わってくる。観覧車ができたことを発表した際に「乗りたい」と認められる嬉しさ。けれど翌日実際に乗せた友達の物足りなさを感じている様子から,他のジェットコースターを動かしている仲間に刺激を受け,自分達も動かしたいとの思いを持ち始める。そして動かしている感じをどう実現していこうかと自分達なりに考えたのが風景の紙芝居だったのである。そしてそれが仲間に面白いと喜んでもらえた時には達成感や満足感があったことだろう。こうして遊び込んでいく手応えを感じていくのが5歳児の育ちである。

　また,自分達で看板の文字を書いたり,お金を作ったりなど,子ども達は必要感を感じて取り組む中で「数量や図形,標識や文字などへの関心・感覚」も身につけていっていることがわかるだろう。そして,積み木を固定して,小さい子ども達にとって危なくないようにしたり,乗り降りには手を貸したりする行動が当たり前のように5歳児には出てきているように感じられ,これらは,園での生活の中で,見通しをもって行動し,自ら健康で安全な生活をつくり出すようになるといった「健康な心と体」が育っているからこその姿であるともいえるだろう。そして,遊園地で働いている人と触れ合い,自分達がしてもらった体験が,観覧車を動かす様子にも現れており,遠足に出かけることも「社会生活との関わり」の一端となっていることが感じられた。

　保育者は,子どもの言葉や思いを受けとめながら,動かしたいという思いをどう実現し

ていったらいいかを本気で考えていた。こうした援助が必要となるのも5歳児の育ちがあってこそである。実現できることには限界があり，子どもの実現したい方向性を見定めながらここでは"動いているみたいな感じ"にすることを投げかけ，その投げかけの中から出てきた子どもの発想をみなにも伝える形となっていくよう後押しする援助を行っている。子ども達が遊びの手応えを感じ，またさらに自らの面白さを追求していこうとする姿勢を育んでいくことにつながる援助といえるだろう。

（3） 思いや考えを伝え合ってクラスの仲間と力を合わせて実現する

エピソード3-3-12では，その日に遊んだこと等をクラスみんなの前で発表するような時間が設けられていたが，こうした経験が，やがてはクラスみんなで話し合い，考え合う育ちへつながっていく。

エピソード2-3-13　「どうやったらいいかな？」クラスみんなで考え合い話し合う

毎年2月に生活発表会という行事のある園である。3歳児から発表しており，年長児は3回目となる。3学期に入ると，子ども達から「今年は何をする？」と声があがってきた。その声を受けて1月半ば過ぎにみなで相談を始め，その年は「おむすびころりん」の劇をすることになった。自分が役になって演じたいメンバーと，ペープサートで表現したいメンバーがおり，おむすびが転がる場面はペープサートで表現することになった。

「ペープサートをしたい」と言ったエミリは，おむすびを「本物みたいにしたい」と紙を丸め立体的に作っていた。片づけをした後にみんなで集まった時に，おむすびができたことが紹介され，みんなで見てみることになった。エミリは嬉しそうにおむすびをスーッと動かしてみせた。でき上がったおむすびを「本物みたい」という子もいたが，動かした様子を見てハルトが「なんか，転がっているように見えない」という。ミユも「もっと大きく動かしたら？」というので，保育者が「どうやって？ちょっとやって見て？」と頼むとミユはおむすびを回すように動かして見せた。「ああそうか」とエミリがまねてやってみる。「私もいい方法考えた」と何人かが言い始め，みんなでじっくりとどう表現したらいいかを考え合う場になり，ペープサートをする子達にとっては，見る側の視点に立ついいきっかけになった。いつのまにか全員が順番に動かしてみていた。担任は，どこをその子が工夫しているのか聞いて，その言葉に共感したり，わかりにくいところは伝え直したり，動きを言葉にしたりしていた。最後にエミリに「どうやったら転がるみたいになる？」と尋ねてみると「私は，ショウちゃんがやったみたいに転がって，落ちた時にトントントンってなるのがいいと思うの」と言い，よりよい表現となったことを喜んでいた。

とてもいい雰囲気だったので，おじいさん役の方もどうするか保育者から投げかけ，おじいさん役の子どもが動いてみる。「おむすびと（大きさが）あわないんじゃない」「穴はどうする？　人間が落ちるくらいの穴なんてできないじゃん」との考えが出てくる。保育者は「困ったねえ，どうしようか」と待っていると，サラが「わかった，おむすびが人形なんだから，（ここは）おじいさんも人形にすればいいんだよ。ほら，前遊んだあのお人形みたいにすれば，本物みたいになるよ」と以前に人形ごっこを好きな遊びの中でしていたことを思い出して発言したようだった。
　担任が「人間のおむすびのところは人間のおじいさんがやって，人形のおむすびのところは人形のおじいさんがするってことでいい？」と確認すると，「それがいい！」「決まりね」と口々に子ども達は答えていた。突然，サラが「おじいさんの人形をやるのはヨウタくんがいいと思うの。だって，お人形ごっこもヨウタくんが一緒にしたでしょ。だから動かすの上手だと思うの」と言い出す。ヨウタは，突然自分の名前が出たので驚いた様子だったが，「ヨウタくん，絵描くのも上手だから私もいいと思う」とユリや他の子も言う。担任は「どうする？　ヨウタくん？」と問いかけると嬉しそうな顔で「いいよ」と頷く。

ワーク⑧

　エピソード2-3-13の保育についても，「幼児期の終わりまでに育ってほしい姿」との関連で考えてみましょう。また保育者の援助として何が大切でしょうか？　考えたことを周囲の人達とも話し合ってみましょう。

　いよいよ就学が近づいてくる時期，子ども達はそれまでの体験をもとにしながら先の見通しをもって生活をするようになる。子ども達から「生活発表会で今年は何をするか」や「ウサギのお世話の仕方を4歳さんに伝えないとだよ」などの声があがるのは，子どもが主体となって園生活を送ってきたからこそである。またクラスで相談がすることができるような「言葉による伝え合い」の力がついてきている。そして，先の見通しをもって自分から工夫して取り組む「自立心」も十分に育ち，実際にどうするといいかを考え合って創り上げていくような「思考力の芽生え」も感じられる姿である。そして，自分たちの発表を良くしていこうという「協同性」の育ちがあり「転がっているように見えない」という率直な意見も出て，それならどうしたらいいかと具体的に話し合いがなされるようになっている。仲間の意見にしっかりと耳を傾け，理解すると「ああそうか」と実際に自分も試し，最終的には，より良い表現となっていったことを喜んでいる姿に「豊かな感性と表現」の育ちも感じさせられる。また，子ども達同士でもお互いのことをよく理解しており，「おじいさんはヨウ

タくんがいいと思うの。だって，お人形ごっこも一緒にしたでしょ。だから動かすの上手だと思うの」といった提案がなされている姿に，お互いの良さを認め合い，またそれが子ども達同士の中から出てくるところにも5歳児としての育ちを感じさせられる。

担任はクラス全体での話し合いでは，十分に子ども達の意見が出てくるような雰囲気をつくるとともに，各々の考えていることが伝わり合うように説明を求めたり，最後には確認を行うといった役割を果たし，子ども達なりの話し合いを支えていくことが必要であり大切となる。

ワーク⑨

現在，幼小連携（接続）においては，「幼児期の終わりまでに育ってほしい姿」を手掛かりに子どもの姿を小学校教師と共有するなど，小学校教育との円滑な接続を図ることが目指されています。これまで考えたり話し合ったりしたことを踏まえて，小学校の先生方に，幼児期の教育についてどのように伝え，共有していこうと思うかまとめてみましょう。そして，周囲の人とも話し合ってみましょう。

Part 3

文化・社会の中の子ども

第1章 保育内容の変遷

　日本において，社会資源として明確な形態をもった保育施設が誕生したのは，明治時代である。それ以降，保育内容は，時代・社会の影響を受けつつ，子どものよりよい育ちを願いながら定められてきた。

　しかしながら，保育内容に込められた願いがそのまま実現するという幸福な関係が常にあったわけではない。願いがありながら，その時代・社会の要請によってねじれていくことも多かった。

　保育者や子どもにかかわるおとなの願いはどのようなものであるのか，それと時代・社会との関係はどのようであったのか，保育内容に込められた願いが実践において実現されるために，歴史に学ぶことを本章の主眼とする。

　なお，ここでは日本の歴史をたどることが中心であり，諸外国の保育内容や実践については，個別に取りあげることはしない。

1．保育施設の黎明期（明治時代）

1868（明治元）年	明治維新
1872（明治5）年	グレゴリオ暦（太陽暦）の採用
1872（明治5）年	学制発布
1876（明治9）年	東京女子師範学校附属幼稚園の設立
1877（明治10）年	西南戦争（～1878年）
1886（明治19）年	帝国大学の設立
1890（明治23）年	新潟静修学校附設託児所の設立（赤沢鍾美（あつとみ）・仲子夫妻）
1890（明治23）年	「農繁期託児所」（筧　雄平（かけいゆうへい））
1894（明治27）年	東京紡績株式会社に付設してつくられた「企業内託児所」
1894（明治27）年	日清戦争（～1895年）
1899（明治32）年	「幼稚園保育及設備規程」
1900（明治33）年	二葉幼稚園の設立
1904（明治37）年	『幼稚園保育法』東基吉

1904（明治37）年	日露戦争（～1905年）
1908（明治41）年	『幼兒教育法』中村五六，和田實

　明治維新から明治初期の時代は，文明開化のかけ声の下に，国の仕組みを大幅に変革していく時期である。西洋の文物が日本に急速に流入し，社会制度の変更を余儀なくされていった。

　一例をあげると，1872（明治5）年のグレゴリオ暦の採用である。それまで日本で使われていたのは太陰暦であったが，それを西洋式つまり現在と同じ太陽暦に変更したのである。

　それと同時に，時刻のかぞえ方も，不定時法から定時法に変更された。不定時法とは，「明け六つ　暮れ六つ」と呼ばれることもあるが，夜明けと日没を基準として時刻を定めるやり方である。今でも，午後に食べる軽食を「お八つ」と呼んだり，深夜の時刻を「草木も眠る丑三つ時」と呼んだりするのは，その名残である。夜明け，日没が基準であるから，夏と冬とでは時刻の感覚が異なる。つまり，季節感と時間の感覚が一体となっていたのである。それが定時法では，現在と同じように季節とかかわりなく時刻は一年を通して変わらなくなる。

　カレンダーや時刻の表記法が変わるということは，日常の生活が一変することでもある。日曜日が休みというのは当たり前のようであるが，それまでは「一六日」と，「一」と「六」のつく日が休みになっていた。それが7日間に1日の休日に変化したのであるから，戸惑いも大きかったと思われる。また，グレゴリオ暦と旧暦とでは，1か月程度の差がある。そのため，同じ6月といっても，新暦の6月は梅雨の時期であるが，旧暦の6月は梅雨明けの夏本番の時期で，「水無月」という呼称がぴったりくる。

　このような違いが，当時大きな混乱をもたらしたのは当然であるが，混乱しつつもなおそのような変革を実行せざるをえなかったその根底にあるのは，西洋式の社会建設という壮大な目標であった。

　このように各分野において旧来の制度が西洋式に変更されていったが，江戸時代までの日本になかった制度については，西洋式を直輸入することになった。その一つが教育政策である。江戸時代に全国的な教育制度はなかったからである。

　明治初期，日本を取り巻く状況は，厳しいものであった。西洋列強が帝国主義を推し進め，アジア各国に植民地化の危機が迫っていた。その危機を逃れるために日本が取った姿勢が「脱亜入欧」であり，推進された政策が「富国強兵」であった。

　歴史的に振り返ると，次にあげるように，明治のわずか45年の間に3回の大きな戦争を日本は経験している。

1877（明治10）年〜1878年　　西南戦争
1894（明治27）年〜1895年　　日清戦争
1904（明治37）年〜1905年　　日露戦争

　戦争は，資材も人材も必要になる。資材調達のための経済振興が国策となったが，同時に人材育成のための国策が，西洋から輸入した教育制度である。

　早くも1872（明治5）年には学制発布を行い，1875（明治8）年には全国に約24,000校を建設している。2017年度の日本の小学校数が20,095校であるから，いかに急ピッチで小学校が整備されたかがわかる。

　1874（明治7）年の小学校の就学率は約32％である。現在から見れば低い数値であるが，あの混乱した社会状況や，国全体が貧困化していた実情，さらに小学校というまったく未知の施設であったことを考えれば，高い就学率であったといえる。その後，明治期を通して就学率は上昇し，明治の後期にはほぼ全員が就学しているという状況が生まれた。

　明治維新直後の混乱期にもかかわらず，有用な人材育成という政策を最優先させ，人里すべてに小学校を建設し，教員を配置したのであるから，その緊急度の高さがうかがえる。また，1886（明治19）年には帝国大学を設立している。

　国家の底上げを図る小学校，エリートを育成する帝国大学，その両者の優先度からすると，幼児期の教育は不要不急のものとして認識されざるをえなかった。最初の幼稚園として東京女子師範学校附属幼稚園が設立されたのは1876（明治9）年と早かったが，国家的な優先事項ではなかった。おそらく，幼児教育の施設が西洋にあるから，ついでに取り入れてみようという意味合いが強かったと思われる。実際，日本最初の基準である「幼稚園保育及設備規程」が成立したのは1899（明治32）年と，明治も後半に入ってからである。そのことからわかるように，明治初期の保育は，西洋の仕組みをそのまま模倣しただけのものであった。そして当時圧倒的な影響を及ぼしていたのが，フレーベルの恩物である。恩物を授業のように取り扱う保育が一般的であった。

　当時の数少ない幼稚園保育の入門書であった『幼稚保育編』（林，1887）は，内容の大半

図表3-1-1　時間表　　　　　　　　　　　　　　　　　　　（表記は現代風に改めている）

時	月	火	水	木	金
9:00-9:20	幼稚の集会及び課業の用意				
9:25-9:45	唱　歌				
9:50-10:30	積体法	置箸法	木板平面	積体法	置箸法
11:00-11:15	会話及び説話				
11:15-11:55	繍紙法	絵及粘土模型法	博物	繍紙法	絵及粘土模型法
2:10-3:15	編物	紙摺法	置糸法及第一第二の恩物	編物	紙摺法
3:15-3:40	体操遊嬉及説話				
3:40-4:10	唱　歌				

林吾一『幼稚保育編』金港堂，1887：岡田正章 監修『明治保育文献集 第3巻』日本らいぶらり，1977，p.177

を恩物の解説が占めている。そして，時間表は**図表3-1-1**のようになっている。

著者となっている林吾一は東京女子師範学校長であり，序文には「方今の教育は昔日の教育に非ず。年齢と進歩とに応じて各其方法を異にす。故に中学校の方法は以て小学校に施すべからず。小学校の方法は以て幼稚園に用うべからず」（現代表記に改めている）と記しているように，幼稚園保育の独自性を認め，その方法論としてフレーベルを置いている。

しかしながら，先の時間表を見ると，夕方の4時までになっていることでわかるように，当時の日本の実態とはずれているように思われる。それはこの本が，原本は特定できていないが，米国ものの翻訳らしいことにその理由がありそうである。ただ，当時にあっては数少ない幼稚園保育関係の本であったことから，その影響は小さくはなかった。

この時間表からいくつかのことが読み取れる。その一つが，時間を区切って子どもの活動を一斉に主導していく形態であることである。現在でも多くの保育で主流となっていて，そして批判の対象にもなっている保育者主導型の実践が，初期から行われていたことがわかる。

もう一つは，昼食を挟んでいるにもかかわらず，昼食の記述がないことである。その他に排泄などの活動も明記されていないことから，生活活動に類するものが取り上げられていないことがわかる。当時は，子どもの生活面への配慮が見えていなかったということがいえる。

当時の実践はこのように保育者主導型のような形式が多かったが，現在から見て留意すべきことは，当時の幼稚園において「保育」「保姆」という用語が使用されていることであろう。第二次世界大戦後は，保育所の用語としてなじみが深い保育，保母という用語は，字は異なるが，明治の初期から幼稚園の用語として使用されていたのである。

一方，現在の保育所に関連する部分であるが，富国強兵を掲げた明治においては，自助努力が基本であった。1871（明治4）年に出版されベストセラーとなった『西国立志編』（サミュエル・スマイルズ／中村正直 訳，1871）は，原題が「セルフヘルプ」すなわち「自助」という題名であるように，自分で頭角を現していくことが望まれ，教育とはそのような人物を養成するものとして位置づけられていた。

そのため，後世において福祉と呼ばれる概念そのものが存在せず，それに相当するものは，国家政策としてはお粗末なものであった。したがって，乳幼児期の子どもは親が全責任を負わざるを得ず，余裕のある家庭の子どもだけが幼稚園に通えるという状況であった。幼稚園はそのように限られた家庭を対象としていたので，明治期を通してもさほど増加しなかった。1909（明治42）年に公私立合わせて幼稚園は443か所であり，1875（明治8）年には24,000か所を数えた小学校とは比べものにならない。

当時の多くを占める貧困層は，日々の生活に手一杯であり，子育てにまで手が回らない状態であった。そのような中で，見るに見かねた篤志家たちによる保育が実践され始めていった。その背景には，富国強兵策による産業振興や戦争特需による産業の発展があり，一般市民は貧困層が多かったが，経済は発展するという状況があったのである。

このことが2つの傾向を生み出した。
　一つは，労働支援としての「託児」である。国家に有用な人材育成のために教育が推奨され，女性が子育てしながら学べるようにという託児の始まりが，新潟静修学校附設託児所である。また，当時の日本は農業国であり，その支援のために農繁期託児所も開設された。一方，発展する産業にともなう労働支援としての企業内託児所も開設された。これらは，富国強兵という国策に基づく流れにおいて，おとなの労働力を確保するために，負担となる子どもを預かるという仕組みであった。
　もう一つが，貧困層の支援である。明治維新の動乱を経て，しばらくは社会体制が安定せず，貧困層が拡大していき，東京を始めとする都市部にスラム街が広がっていった。そのような中で設立されたのが，生活のために日々の労働に追われ，子育てに余裕のない家庭の子どもを保育する「貧民幼稚園」である。その嚆矢が二葉幼稚園である。同幼稚園は，現在でも二葉保育園として伝わっている。
　このように，明治中期，乳幼児期の保育に社会的な目が向けられ始めたことを示すかのように，1899（明治32）年「幼稚園保育及設備規程」が出された。日本で初めての幼稚園保育についての公的規定である。その中で，現在の保育内容に相当するものは，保育項目として「遊嬉，唱歌，談話及手技」の4項目が羅列されており，構造的にはなっていない。いわば単なる活動の並列である。
　「幼稚園保育及設備規程」は幼稚園の保育内容を示したものであるが，公的制度のなかった保育所も，この影響を受けている。たとえば，貧民幼稚園として設立された二葉幼稚園は，その規則の中で，「保育項目ハ遊嬉，唱歌，談話，及手技トス」と，「幼稚園保育及設備規程」とまったく同様の項目をあげている。
　明治も後期に入る頃，保育内容を，フレーベルの恩物に終始したり，4項目を羅列したりするだけでなく，構造的にとらえようとする試みが現れてきた。単なる輸入による模倣ではなく，日本に根づいた保育実践の取り組みが見られるようになったのである。
　その代表的なものが，東基吉『幼稚園保育法』(1904)，中村五六・和田實『幼兒教育法』(1908)である。
　東は，子どもの活動について，「活動の最も普通に顕はるる形式を遊戯とす」と述べ，遊びの価値をその第一に置いている。そして，保育4項目の意義は認めつつも，

> 厳密に一定の時間を限りて其の事項を課し或は乾燥無味の事項に強いて注意せしめんとするが如き事等は共に活動力を満足せしむる所以に非ずして反って之を抑厭するに至るべければ宜しく注意して之を避けざるべからざるなり。
> 東基吉「幼稚園保育法」目黒書店，1904年：岡田正章 監修『明治保育文献集 第7巻』日本らいぶらり，1977年，pp.206-207

と述べ，時間割のようなタイムスケジュールで活動項目を並べるような実践を強く批判している。
　また，和田實の『幼兒教育法』も遊戯を中心として理論化を試みたものである。その中で

和田は，小学校の教科のように保育4項目が取り扱われていることに対して批判している。

> 従来の幼稚園に於て課して居る所の保育事項と云ふものは遊嬉の外に談話唱歌及手技の三つを置いて居る。是は便宜の為めの並置ならば差支はないが若し唱歌や談話や手技の如きものを彼小学校等に於て課する純粋な教科の様に考へる人があるならば吾人は大に排斥せざるを得ない。吾人は遊戯ならざる唱歌や談話や手技があらうと云ふことは幼児教育の範囲内に於ては全然之を認めないのである。

中村五六・和田實 合著「幼児教育法」フレーベル會，1908年：
岡田正章 監修『明治保育文献集 第9巻』日本らいぶらりー，1977年，p.127

このように述べ，小学校とは異なる遊戯を中心とした保育実践の理論化を試みている。また和田は，幼稚園の実践を幼児教育と位置づけている。保育ではなく教育として幼稚園実践を捉える視点が，ここに見られる。

2．大正デモクラシーの時代（大正〜昭和初期）

1914（大正3）年	第一次世界大戦（〜1918年）
1916（大正5）年	二葉幼稚園が二葉保育園と改称
1918（大正7）年	米騒動
1918（大正7）年	雑誌『赤い鳥』発刊
1919（大正8）年	大阪市鶴町託児所，桜宮託児所（最初の公立託児所）
1920（大正9）年	国際連盟設立
1922（大正11）年	橋詰良一による「家なき幼稚園」の開設
1926（大正15）年	「幼稚園令」及び「同施行規則」
昭和初期	農繁期託児所の普及
1929（昭和4）年	世界恐慌
1934（昭和9）年	『幼稚園保育法眞諦』倉橋惣三
1935（昭和10）年	『系統的保育案の實際』の出版

日清戦争，日露戦争と続いた対外的な戦争は，大正初めの第一次世界大戦へと続いた。日本は，第一次世界大戦までどの対外戦争でも戦勝国となったが，このことは国内にある雰囲気をつくり出した。それは，自分たちは正しい方向に向かっているという雰囲気である。列強と肩を並べるという目標のためには戦争の必要があり，また戦争とは勝てるものだという感覚でもある。

現実には，その当時，国家財政は逼迫しており，楽観的な姿勢は許されなかった。また，

経済の好況が続いても、貧富の格差は大きく、貧困層の問題が解決されたわけでもない。そのような状況であったが、社会の空気としては、未来志向の明るさがあった時代である。そのことを象徴する言葉が、「民本主義」であり「大正デモクラシー」である。

　その中で、日本的なものと西洋的なものとが融合して、童心主義とでも呼べるような潮流が生まれてきた。社会的にそれを代表するのが、雑誌『赤い鳥』の発刊である。『赤い鳥』は1918（大正7）年に発刊され、1936（昭和11）年まで18年間に渡って出版されていた雑誌で、鈴木三重吉の主宰によるものである。子どもの感性を尊重し、芸術性豊かな創作童話・童謡の確立を目指したもので、芥川龍之介、有島武郎、北原白秋らの童話や童謡が掲載され、社会的に大きな影響を及ぼした。

　その影響を受けて、一般市民から投稿される詩を掲載する雑誌が盛んに発刊されるようになった。中でも特に童謡詩の分野で活躍したのが、金子みすゞである。金子みすゞはその後忘れられていたが、矢崎節夫の探求を通してその全貌が昭和の終わりの時期に明らかになり、大正末期から昭和初期を代表する詩人の一人であったことが知られるようになった。矢崎節夫によると、昭和初期の女流詩人として、与謝野晶子に次いで位置づけられるほどであったという。金子みすゞに代表されるような詩を生み出したのがこの時代である（矢崎、1993）。

　保育において、子ども中心の実践が盛んに展開されたのもこの時代である。明治期は、社会的な余裕もなく、無批判に海外のものを取り入れて行われる実践が主であったが、大正から昭和初期にかけては、新たな実践を生み出そうとする活力があった。その中で次の3点を取り上げたい。家なき幼稚園の実践、託児所の普及、誘導保育の理論化である。

　大正期は、園外保育が盛んに行われるようになった。明治期からの都市化の流れが保育の見直しを迫り、直接自然環境にかかわることによって得られる経験の有効さが認識されるようになったからである。その大がかりな実践の例として、1922（大正11）年、橋詰良一によって大阪に開設された「家なき幼稚園」がある。その内容については、『家なき幼稚園の主張と實際』に詳しいが、毎朝子どもが集合するとそのまま野原や川べりに出かけて保育をしていた。雨の日も合羽を着ての実践であった。

　そのような実践の動機として、橋詰は次のように述べている。

> 　子供を子供同志の世界に置くと云ふことが、実に私の幼稚園の第一希望に他ならないのです。……
> 　子供同志の世界をつくるのに最もよい所は、大自然の世界です。広い広い野の中、森の下、山の上、川のほとり、其のどこへでも子供を集めて、子供の愉快なやうに遊ばせたり、歌はせたり、走らせたりしてやりさへすれば、何の手間もなしに自然の子供の世界が出来ます。

橋詰良一『家なき幼稚園の主張と實際』東洋図書、1928年；
岡田正章 監修『大正・昭和保育文献集 第5巻』日本らいぶらり、1978年、pp.27-28

家なき幼稚園の実践は非常に独創的であり，現在から見ても検討に値するものである。同様の取り組みは他でも見られたが，一般に普及するまでには至らず，橋詰が1936（昭和11）年に亡くなると消滅していった。よい実践であっても，個人の努力に基づくもので，社会のシステムとしては根づかなかったといえる。

　2つめに取り上げるのは，託児所の普及である。当時の日本は，都市化が進んでいたとはいえ，全体としてみれば農業国であった。野口英世が医師を目指すきっかけとなったのが，治らないと思っていた自分の手が手術によって治ったことであるが，その手のケガは，1歳のときに囲炉裏に落ちてやけどしたものである。このエピソードにあるように，親を含めたおとなが小さな子どもの世話にまで手が回らず，子どもの健康や命にかかわる危険に満ちた日常生活であった。かといって，小さな子どもの面倒を親が見ていると，その分農作業の労働力が削減されてしまうことにもなる。農業の生産の向上のために，子どもの保育が必要であることが徐々に認識されていき，農村部で農繁期託児所が普及していった。
　同様に，都市部においては，第一次世界大戦を契機として各種の産業が興隆し，労働力の必要性から企業内託児所が普及していった。
　そして，都市部の治安対策の一環として，貧困層の対策が必要とされるようになっていた。たとえば，1918（大正7）年の米騒動では70万人を超える民衆の参加があり，社会の不安定さが暴露された。そこで，民間事業でしかなかった託児所を，公立において開設運営するようになってきた。その皮切りが，1919（大正8）年大阪市につくられた鶴町託児所，桜宮託児所である。これ以降，京都，和歌山，名古屋，東京，横浜など都市部で公立託児所が展開されていく。
　託児所の普及に関連して取り上げたいことが3点ある。
　1点目は，保育内容についてである。当時の託児所は，多くが民間によるものである。経営主体が様々であり，その性質上記録が乏しく，どのような実践を行っていたかが不明な場合が多い。それに対して数は少ないが，公立においては記録がいくぶんか残っている。それを見ると，託児所の保育内容の多くが，幼稚園と同様の保育項目によっていることがうかがえる。その意味では，子どもの福祉へのまなざしは広がっているが，保育内容の検討はあまりなされていないといえる。
　2点目は，託児所の普及に先立って，1916（大正5）年に二葉幼稚園が二葉保育園と改称していることである。現在から見ると当然のように思えるこの改称も，当時に立ってみると，初めて「保育園」という呼称が使用されているところが注目される。保育を必要とする乳幼児の保育施設は，戦前は「託児所」と呼ばれ，戦後の児童福祉法による正式名称は「保育所」である。しかし，現在では，「保育園」と呼ぶ方が慣れ親しんでいる。その始まりが，「二葉保育園」である。
　このことは，一見すると保育内容とは無関係のように思われる。しかし，託児所，保育所という名称と保育園という名称とでは，無意識に訴えるニュアンスの違いがある。託児

所，保育所のように「所」は，何らかの施設を表す場合が多い。また，裁判所，営業所，療養所，役所，保健所，派出所などのように堅苦しいイメージももっている。

それに対して，保育園の「園」は，幼稚園でも使用されており，堅苦しいイメージをさほどもっていない。また，「幼稚園」がフレーベルのKindergartenの訳であることを考えると，園はgarten（英語のgarden），つまり庭を意味していることがわかる。Kindergartenは，直訳すれば「子どもの庭」となる。Kindergartenがフレーベルの精神から立ち現れた用語であることを踏まえれば，子どもは室内ではなく，戸外，庭でこそよく自己発揮できることを表現しているといえる。

保育の先達の多くが，独自の名称をもった施設を開設している。たとえば，ロバート・オーエンの"New Institution for the Formation of Character"（性格形成学院），マリア・モンテッソーリの"Casa dei Bambini"（子どもの家）などがあるが，それらは，施設あるいは建物を指していることがわかる。

それに対して，フレーベルは，Garten（庭）の重要性を指摘したといえる。このことが，乳幼児の保育施設の嚆矢を，フレーベルのKindergartenに置く重要なポイントの一つになっているといえる。

そう考えると，「保育所」より「保育園」の名称が一般に普及していったのは，どこかで子どものもつ「自然性」というべきものに惹かれていたからかもしれない。つまり，子どもの保育の実践は，庭という戸外でこそよくその本領を発揮するという考えである。幼稚園と並んで保育園という名称が親しまれているのは，その保育内容に対する，素朴ながらも本質的なまなざしを反映しているといえる。そう考えると，二葉幼稚園が二葉保育園と改称したことは，単に一保育施設の名称変更ではなく，今日に続く「保育を必要とする乳幼児の保育」の方向性を示したものであるといえる。

3点目は，誘導保育の理論化である。

大正時代の保育への関心の高まりを受けて，1926（大正15）年に幼稚園令が制定された。それまでは小学校令の中に組み込まれていた幼稚園についての規定が，独立したものになったことは，幼稚園の存在意義が広く社会に認識されるようになったことを意味している。また，保育内容としては，それまでの4項目に観察を加えて，「遊戯，唱歌，観察，談話，手技等とす」となっている。

4項目が5項目に増えたということもさることながら，最後に「等」の一字が入っていることを見逃すことはできない。5項目以外にも，各園の実情に応じて保育項目を取り上げ実践することを公的に認めたものになっている。その背景には，大正期を通じて，多様な実践が展開されていたという現実がある。

しかしながら，保育5項目は羅列的な並記にすぎず，子どもの発達を構造的に捉えたものではないという批判があった。この批判は，幼稚園令が制定されてからのものではなく，明治期の保育4項目の頃からなされてきた。そして，この時期にきて，保育を構造化する理論が立ち現れてきた。それが，倉橋惣三の『幼稚園保育法眞諦』である。同書は，戦後に

『幼稚園真諦』として新たに出版され，現在まで読み継がれている。

同書において倉橋は，どこまでも子ども中心に捉え，子どもの中から生まれる活動を保育の主眼としている。そして，子どもにはどこまでも生活が重要であり，あの有名な，「生活を　生活で　生活へ」という言葉を打ち出し，子どもの生活を**図表3-1-2**のように捉えている。

図表3-1-2　幼児の生活

幼児の生活
1　自己充実（設備・自由）
2　充実指導
3　誘導
4　教導

倉橋惣三『幼稚園保育法眞諦』東洋図書，1934年：
岡田正章　監修『大正・昭和保育文献集　第9巻』
日本らいぶらり，1978年，p.58

このように捉えた上で，子ども自身の自由感を尊重しつつ，保育者のかかわりを最も必要とする部分を「誘導」と位置づけた「誘導保育論」を展開している。誘導保育は，倉橋惣三の童心主義に対する批判と相まって，ロマン的過ぎるといわれたりする。しかし，子細に吟味するなら，言葉の古めかしさを除けば，現在でも通用するものである。それゆえ倉橋理論は，現在でも保育を考え直そうとする時に回帰する原点となっている。その意味で，日本で初めて本格的に体系化された保育方法論であると同時に，その後の保育内容の方向性にいろいろな意味で大きな影響を与えたものである。

そして，倉橋の誘導保育論を踏まえた具体的な形として提案されたのが，『系統的保育案の實際』（東京女子高等師範学校附属幼稚園，1935）である。

当時の一般的な保育実践は，保育項目を順に取り上げて子どもに与えるというやり方であった。その意味では，明治期とさほどの変化はない。多様な実践が生まれてきてはいたが，しかしそれも一部にとどまっていた。そんな中で，保育項目の羅列化ではなく，構造をもったものとして，誘導保育を基盤として保育項目を展開した保育の計画が出版されたのである。

この『系統的保育案の實際』は，保育案を掲載したわずか30ページ程度の小冊子であるが，これに対して，「系統的保育案の實際解説」（日本幼稚園協会，1936）が，1936（昭和11）年から1937（昭和12）年にかけて，雑誌『幼兒の教育』に連載されている。30ページの保育案に対して，350ページに及ぶ解説がつけられることによって，子どものさながらの生活に基づく保育内容が明確にされている。その序文には，次のように書かれている。

> 此の保育案は，舊来の諸保育案，殊に単なる羅列的保育要目と全く異なり，幼稚園保育の本義に立脚して，幼児の生活に出発し，生活に帰着する，生活系としての新しき保育案である……

日本幼稚園協会「系統的保育案の實際解説」『幼兒の教育』1936年3月号：
岡田正章　監修『大正・昭和保育文献集　第6巻』日本らいぶらり，1978年，p.41

このように，保育項目を羅列することによって保育案としている風潮に対する警鐘としている。ここにいたって，保育内容は，計画と実践を含んで構造化されたのである。

3．軍国主義の時代（昭和前期～1945年）

```
1931（昭和6）年    満州事変
1932（昭和7）年    五・一五事件
1933（昭和8）年    児童問題研究会の設立
1936（昭和11）年   二・二六事件
1937（昭和12）年   日中戦争の始まり
1937（昭和12）年   保育問題研究会の設立
1941（昭和16）年   太平洋戦争の始まり
1945（昭和20）年   ポツダム宣言の受諾
```

1931（昭和6）年の柳条湖事件を発端として，満州事変，日中戦争，第二次世界大戦へと続く十五年戦争は，日本が軍国主義一色へと染まっていった時代である。明治以来，それまでの戦争に勝利を収めてきた気分が抜けないまま進めた戦争は，泥沼のような戦時状態をつくり出していった。

その中で，乳幼児の保育も戦争の影響を強く受けざるをえなかった。当時の子どもが盛んに行った遊びは「兵隊さんごっこ」であったことが，そのことを物語っている。幼稚園は戦時託児所と切り替えさせられるところが多くなり，1927（昭和2）年に日本で初めて月刊の保育絵本として刊行された『キンダーブック』は1942（昭和17）年に『ミクニノコドモ』と改題させられた。倉橋惣三は，文部官僚としての立場から戦争反対を積極的に唱えられず，軍国主義の台頭はそれまでに生まれてきた保育実践の多様性を押しつぶしてしまった。

その中で現在につながる流れとしてあるのは，現在「保問研」と称される保育問題研究会の発足である。1933（昭和8）年，東大セツルメントは，「児童問題研究会」を設立した。その後，軍国主義の圧政の中で1935（昭和10）年解散したが，その一部門であった保育研究部会は東京保育研究会として活動を継続した。また，城戸幡太郎を中心とする法政大学児童研究所を基盤として，1937（昭和12）年に保育問題研究会が立ち上げられた。当時は日中戦争が全面化していった時代であり，自由な活動が厳しく制限され始めていたが，その中で，保育問題研究会には，先の東京保育研究会が組織的に合流し，現在に続く「保問研」となった。

保問研は，保育者自身の主体性と，社会性をもった子どもの発達という両面に，科学的な理論的基盤を与えることを，実践を通して確立しようとしていた。倉橋惣三に代表され

る童心主義的な保育観へのアンチテーゼがその根底にはある。

しかし，保問研も太平洋戦争の激化とともに活動の停滞を余儀なくされていき，戦争末期は軍国主義一色となっていった。保育内容の多様化など望むべくもなく，今を生き延びることに必死であり，明日を信じることのできない時代であった。

4．GHQの時代(1945年〜1952年)

1946（昭和21）年	日本国憲法公布
1947（昭和22）年	学校教育法（3月公布），児童福祉法（12月公布）
1948（昭和23）年	保育要領
1950（昭和25）年	朝鮮戦争（〜1953年）
1952（昭和27）年	サンフランシスコ講和条約

1945（昭和20）年の終戦から1952（昭和27）年のサンフランシスコ講和条約までの期間，日本の主権はGHQ（連合国軍総司令部）にあり，日本は完全な独立国とは言い難い状態であった。現在から見ると，当時の日本は，ある種の実験場であった。アメリカの理想主義的な，しかしアメリカ自国ですら実現しえないような制度を，実験している部分がないとはいえない。その一つが，1948（昭和23）年に制定された「保育要領」である。戦前からの幼稚園令を受けながら，しかしそれをまったくリニューアルする形で，「幼児の楽しい経験」が保育内容として示された。それは，アメリカ経験主義的な思想をもとにしており，しかも，幼稚園のみならず保育所，家庭までも視野に入れたものであった。しかしながら，当時の社会状況では，その保育内容を実践するための人材や財政はまったく不十分であった。

同様に様々な制度改革がなされた。教育基本法が制定され，学校教育法も整備されたのは1947年（昭和22）年という早い時期である。同時に，社会福祉の制度化も行われている。福祉の名称がついた最初の法律が，昭和22年の児童福祉法であり，保育所の法的基盤が整備された。

GHQの時代は7年間と短かったが，1952年（昭和27）年のサンフランシスコ講和条約によって，日本の主権がすべて成立したわけではない。小笠原諸島，奄美諸島，沖縄などは，昭和27年以降もしばらく米国統治の時期があった。返還がもっとも遅かったのが沖縄であり，昭和47年である。米国統治の期間が長かったため，沖縄の保育は，現在でも米国の影響を強く受け継いでいる。その特徴の一つが，キンダーガーテンの位置づけである。

米国のキンダーガーテンは，幼稚園と訳されることがあるが，日本の幼稚園とは全く異なる。また，キンダーガーテンのスペルはkindergartenであり，ドイツ語からの外来語である。原語であるドイツ語は，フレーベルのKindergartenに由来しているが，アメリカの

キンダーガーテンはそれとも全く違う。

　アメリカのキンダーガーテンは，小学校入学の前に１年間だけ通う幼児施設である。日本の幼稚園のように３歳以上児を対象にしているわけではない。このキンダーガーテンがそのまま沖縄に定着し，４歳児までは保育所に通い，５歳児の１年間は幼稚園に入園するというシステムが一般化した。それは，沖縄だけでなく，奄美大島のように米国統治領を抱えていた鹿児島県においても，近年まで見られていたシステムである。

　現在でも沖縄の約９割の子どもは，１年間の幼稚園保育を経験して小学校に入学する。そのため，保育所の年長児は４歳児である。また幼稚園には５歳児しかいない。近年はこの傾向も弱くなっているが，まだ根強く残っている。この状態での保育内容は，一般に幼稚園，保育所の保育内容として想定されているものとは，当然のことながら大きく異なる。

　GHQの時代に戦後の制度の基盤が整備されたが，もしその時代がもっと長く続いていたならば，日本の保育内容は大きく違ったものになっていた可能性は高い。日本の保育内容は，現在では諸外国と比べて著しく劣っているということもなく，また外国のものをそのまま真似しているという状態でもない。それは，国際状況とのかねあいで，直接統治を受けることが極めて短かったということにも大きく由来している。

　さかのぼって振り返れば，明治期にフレーベルの恩物を取り入れながらその亜流にとどまらず，独自の保育実践を大正から昭和初期に生み出せたのも，明治維新を経ながら独立国としての体裁を保ち続けていたことが大きいといえる。その意味で，明治維新と第二次世界大戦の終焉は，二重写しのように重なっている。

5．高度経済成長期から安定期へ（1950年代～80年代）

（1952—1962）

1955（昭和30)年	自由党と民主党が合併し自由民主党，右派と左派が合併した日本社会党が設立(55年体制)
1956（昭和31)年	幼稚園教育要領制定
1957（昭和32)年	スプートニクショック
1960（昭和35)年	国民所得倍増計画(池田勇人内閣)

　1955（昭和30）年，政治の世界では，自由党と民主党が合併し自由民主党が誕生した。また，右派と左派の合併による日本社会党も設立されている。いわゆる1955年体制の確立である。結果的にこの体制は，1993（平成５）年に細川連立政権が誕生するまで，38年間継続することになる。良くも悪くも，戦後日本の方向性を大きく決定づけることとなった。

　GHQの時代が終わり，日本の主権の回復とともにまず行われたのが，幼稚園の特色化

であった。1956（昭和31）年に幼稚園教育要領を制定し，保育要領に終止符が打たれた。それは，幼稚園が，学校教育法には残っているが，明治以来続いた保育という言葉を離れて，幼児教育という言葉を実践の内容を示すものとしたことである。そこでは，保育内容は「幼児の生活全般に及ぶ広い範囲の色々な経験」と幅広く規定され，6領域が設定された。

またこの時期は，朝鮮戦争を契機とする高度経済成長の始まりに当たり，人材育成が急がされた時期である。明治の富国強兵とは異なるが，産業立国となるために人材育成が強調された点では，共通性がある。

学術の分野では，戦前はヨーロッパからの影響が中心であったが，戦後はアメリカの影響力が非常に強くなっていった。たとえば心理学においては，アメリカ行動主義が主流になっていき，それに基づく学習心理学や教育工学が盛んに研究されるようになった。その影響は保育にも及び，経験という用語は使われていても，実際は行動主義の考え方によって修正されていった。

行動主義は，ワトソンによって提唱された心理学の方法論の一つであるが，その特徴は，人間の心理をすべて観察可能な行動に還元するところにある。つまり，意識や感情のような目に見えないものではなく，目に見える行動が人間の心理のすべてであると規定したのである。

先に述べたように，この時期は人材育成の効率化が図られた時期である。それと同時に，アメリカ行動主義の影響が非常に強く及んできて，子どもの成長においても観察可能な，目に見える行動を優先する潮流と重なっていった。

その結果，幼稚園教育要領には次のように示されている。

　　幼稚園教育の内容として取り上げられるものは，幼児の生活全般に及ぶ広い範囲の
　　いろいろな経験である。　　　　　　　　　　　　　　　『幼稚園教育要領』文部省，1956年

ここに示された経験は，活動と同義であるかのように解釈されるようになった。すなわち，その経験をするためにはその活動を行う，その活動を行えばその経験を得られると理解される傾向が強くなってきた。

たとえば，社会の領域には，

　　あやまって迷惑をかけたら，すぐにあやまる。　　　　『幼稚園教育要領』文部省，1956年

という項目がある。これは，他者への迷惑行為の理解とそれに対する謝罪行為を意味しているが，そのためには，他者への自分の行為が迷惑であるという客観的な判断力を必要とする。そのような判断力が身につくにはどのようなプロセスが必要かということが，保育実践において問われなければならないことである。

しかし，これを行動主義的に理解をすると，迷惑をかけたらあやまるという行動をする

ことが必要であり，その行動が繰り返されて学習されていくという皮相な理解に陥る危険性がある。それが具体的実践の場では，迷惑をかけた子どもに対して保育者が「あやまりなさい」と指示するような直接的かかわりとなって現れてくる。

このように，経験イコール活動と捉える認識が当時はあったために，領域はあたかも活動の分類事項のように理解され，それを子どもに当てはめることが，領域別指導であるという誤解を生み出していった。

(1963〜1970年代前半)

1963（昭和38）年	文部省・厚生省による共同通達
1964（昭和39）年	東京オリンピック
1964（昭和39）年	幼稚園教育要領　改訂
1965（昭和40）年	保育所保育指針制定
1968（昭和43）年	国民総生産，世界2位になる
1970（昭和45）年	大阪万国博覧会

1964（昭和39）年が東京オリンピックの年である。それは単なるビッグイベントということではなく，日本という敗戦国，貧困国が，世界中からトップアスリートを招集して各種の競技を行えるだけの，人材，財政，インフラ，施設，治安，サービスを提供できるレベルに至ったということである。発展途上国にとって，オリンピックの開催は単なるイベントではなく，国力の誇示を意味している。その意味で，昭和39年は，日本の経済復興のシンボルの年である。

昭和30年代から40年代へかけては，高度経済成長が持続し，奇跡の復興と呼ばれた時代である。所得は年々向上し，国民総生産は，1968（昭和43）年に世界第2位になった。そのころ，社会の空気として経済大国の意識が現れ始めた。たとえば「大きいことはいいことだ」というフレーズで有名になったテレビコマーシャルは，昭和42年から43年にかけて放映されていた。

奇跡的な経済成長は，その始まりと終わりとで社会構造を大きく変えていった。その影響は，保育の世界にも及び，量的拡大が進行していった。

幼稚園は，昭和30年代を通して全国に次々と建設された。1955（昭和30）年の幼稚園数は，全国で5,426か所，5歳児就園率は21.8%である。それが1965（昭和40）年には，幼稚園数8,551か所，5歳児就園率41.3%となっている（文部省・学校基本調査）。もちろんその後も増え続けているが，増加率の激しかったのは昭和30年代である。

一方保育所も，同時期，女性の就労を支援する意味で，「ポストの数ほど保育所を」というスローガンが掲げられた。同じようにデータを見ると，1955（昭和30）年の保育所数は，

全国で4,269か所，入所児童数は599,887人である。それが1965（昭和40）年には，保育所数11,245か所，入所児童数822,715人となっている（厚生省・社会福祉統計）。

そして1969（昭和44）年には，幼稚園の5歳児就園率51.8%，保育所の5歳児在籍率33.4%となり，合わせて85.2%の幼児が，幼稚園・保育所いずれかの保育を受けて小学校に入学するようになっている（浦辺ほか，1981）。就学前の保育が普通化したのである。

1963（昭和38）年，文部省と厚生省は，「保育所のもつ機能のうち，教育に関するものは幼稚園教育要領に準ずることが望ましい」という共同通達を出した。この共同通達は，幼稚園と保育所の保育内容の共通部分を明確化したものであると同時に，施設の急増にともない，それぞれの保育内容について整備する必要性を示したものである。この通達によって，3歳以上の教育の部分に関する保育内容は，幼稚園と保育所では同一のものであることが明確になり，それは現在にまで引き継がれている。

そして，1964（昭和39）年に幼稚園教育要領の改訂，1965（昭和40）年に保育所保育指針の制定が行われた。

幼稚園教育要領においては，「望ましい幼児の経験や活動」として，保育所保育指針においては「子どもの活動をいくつかの領域に分けて保育内容を考えることができる」として，それぞれの保育内容が規定されている。この2つの規定は，先の共同通達に基づき同一の内容を指すことになるので，幼稚園も保育所も6領域の保育内容となる。そして，行動主義の影響がさらに強まり，活動が経験であることが，より明瞭に記されている。

この保育内容は，その後25年の長きにわたって改訂されることなく定着していった。保育内容とは6領域の活動内容であることが当然視されていったのである。

また，同時に定着していったのが，クラス別保育である。幼稚園教育要領や保育所保育指針にクラス別保育を明記している文面はないが，クラスごとに保育することが当然視されていったのもこの時期である。そのことには，小学校の影響があることを無視できない。

柳治男によると，日本の学校では，クラスすなわち「学級」が生活共同体として位置づけられていると主張している（柳，2006）。その特徴として柳があげているものを筆者なりに整理すると次のようになる。

・クラスへの所属は，制度的に強制されている。
・クラスにおいて，仲間づくりや集団づくりなど，児童・生徒相互の人間関係が最も重要な課題とされる。
・掃除，給食などの日常活動のみならず，誕生会，クラス対抗競技など，様々な活動がクラスに抱え込まれ，重層的に組み合わされることによって，クラスを自己完結的にしている。

そして，このような特徴をもつクラスによって構成された学校という場が，日本社会に根づいたのが，戦後のこの時期である。

本来，ヨーロッパで発展した初等教育における学校は，クラスでの授業はあったが，それは機能集団としてのクラスであった。国語の授業を受ける時は，その教室に移動をして

受けている。その時のクラス集団と，社会の授業を受けるクラス集団とは必ずしも同じである必要はない。したがって，子ども達は，授業のたびに異なる集団で活動することになる。

　もともと，クラスとは「分類」という意味であるから，基準が異なればクラス分けが変わるのは当然である。しかし，日本においては，クラスは分類ではなく，朝から夕方まで，4月から3月まで，一緒に活動する生活集団として位置づけられたのである。

　もちろん，小学校が普及したのは明治時代であるから，その頃から生活集団として小学校のクラスは機能していた。しかし，当時は，就学期間が短かったし，また地域の生活共同体も機能していた。したがって，学校教育におけるクラスの生活共同体としての機能はさほど強く作用していなかった。

　それが強く作用し始めたのが，戦後の高度経済成長期である。その理由を，柳は2つあげている。

　一つは就学期間の長期化である。戦後すぐの1950（昭和25）年の高校進学率は42.5%である。半数以上が，中卒で就職している。1960（昭和35）年は57.7%，1970（昭和45）年は82.1%と，中卒の大半が高校進学するようになっている。

　もう一つの理由が，地域共同体の弱体化である。かつて「ムラ」と呼ばれる地域共同体がその構成員を大きく束縛していたが，その代償に「ムラ」は各種の機能を果たしていた。それが，高度経済成長と同時に進行した過疎・過密化によって，地域の構成員が組織化されなくなってしまった。そのことによって，子どもが通過儀礼的に行っていた各種の行事が地域から消失していった。

　この2つの理由から，生活共同体としてのクラスが社会に定着したのである。かつて子どもは，地域と学校という異なる2種類の共同体で生活し成長していった。その地域が弱体化し，子どもにとっての生活共同体は，学校のクラスのみになっていった。そして，就学期間の長期化により，6歳から18歳までの12年間，クラスの生活を体験するようになった。つまり，過剰なクラス体験が一般化したのである。

　そのことを象徴するのが，1963（昭和38）年の流行歌である「高校三年生」である。舟木一夫という歌手が実際に高校三年生の時に歌ったものであるが，歌詞の一節に「クラス仲間はいつまでも」というフレーズがある。高校卒業を機に進路が異なっていく者たちをいつまでも結びつけてくれるのが，同じクラスだったということを意味しているが，それが爆発的な流行歌になったのは，ちょうどそのような意識が10代から20代の若者たちに形成される時期と重なっていたからである。

　幼稚園・保育所が急増したのも同じ時期である。増え続ける施設，増え続ける園児，増え続ける保育者，そんな中で実践の拠りどころが求められたのは，容易に想像がつく。そして，おそらくその拠りどころとして，ごく身近な小学校の実践があったのである。小学校教育理論から保育現場への影響が最も広範囲にわたったのが，この時期である。

　なぜなら，小学校教育についての実践や理論の探求は明治以来の長さをもち，全国規模

で行われてきたのに対し，保育はこれまで見てきたように，社会のごく一部で実践されてきたものであり，明治以来の積み重ねは小学校教育と比較すべくもなく小さなものである。さらにいえば，その当時保育者になろうと志す者は，ほとんどが小学校以上の学校教育を受けているのに対し，就学前の保育を受けた経験者は少数にとどまっていたことも，小学校教育からの影響を保育が受けやすくなった理由にあげられるだろう。小学校における生活共同体としてのクラス運営に基づく教育実践が，保育現場に大きな影響を及ぼしてきたことが，クラス王国を保育実践の中に生み出していった。

　当時，保育内容として6領域が示されていたが，それを実践化するための保育方法は，幼稚園教育要領や保育所保育指針に明確に読み取ることが難しい。そこで具体的な保育実践のモデルとして，小学校のクラス運営が応用されたということである。その結果，多くの保育現場において，領域別活動をクラス単位で展開する実践が定着していったのである。

（1970年代前半～1989）

1973（昭和48）年		第一次オイルショック
1974（昭和49）年		『幼児の生活とカリキュラム』大場牧夫
1976（昭和51）年		ロッキード事件
1979（昭和54）年		第二次オイルショック
		『子ども学のはじまり』津守真
1983（昭和58）年		東京ディズニーランド開園
1987（昭和62）年		この年からバブル景気が本格化

　1973（昭和48）年の第一次オイルショックは，高度経済成長を続けていた当時の日本社会に冷水を浴びせかけた。トイレットペーパーの買い占め騒ぎのように，現在から見ると滑稽としかいいようのない大衆行動が現れるほど，混乱していた。それが収まったと思ったら，1979（昭和54）年に第二次オイルショックが起きた。2度のオイルショックを経て，それまで右肩上がりの成長へと突き進んできた社会の空気がゆるみ，安定成長への気運が広がり，同時に，足元に視線が向けられるようになった。保育実践の多様な試みも，そのような気運の中で広がりをもってなされるようになってきた。

　この時期を歴史的に振り返ると，大正デモクラシーの時期と重ねることができる。背景となる様相は異なるが，しかし，それまでの経済成長一辺倒から，足元を振り返る余裕が生まれ，子どもに即した実践が多様に生まれてきた様相に，共通点が見られる。

　そんな中で，子どもに即した保育実践を理論化していったものを，2つ取り上げたい。この時期の多様さはこれにとどまるものではないが，全体を俯瞰するのには限られたスペースでは無理なので，あえて2つだけに限定している。

1つめが，大場牧夫の「3層6領域構造」である。これは，幼稚園教育要領，保育所保育指針に規定されている保育内容6領域に対して，活動を並列的に並べているだけで関連性に乏しい点を批判したものである。大正期に，保育4項目あるいは保育5項目に対する批判が展開されたのと同質のものを見て取ることができる。つまり，6領域を，活動の羅列ではなく，活動を通して得られる経験内容に着目し，子どもの発達に応じた構造化を目指そうとしたものである。

　大場は桐朋幼稚園での実践を通して，子どもに対する働きかけに着目し，それを構造化することの必要性を主張した。同時に，領域を単なる活動分類とすることに対する批判を行い，1974（昭和49）年に**図表3-1-3**のような構造図を提起している。その中心を占めるのが遊びである。ここでは，6領域が活動とリンクしており，それが個人集団の変革につながるという構造である。領域は活動という視点であるが，個人集団の変革が発達を意味しているならば，単に活動の羅列ではなく，発達とのかねあいも見られる。

　大場はこれをさらに**図表3-1-4**のような構造図に発展させている。ここでは明確に，領域は活動ではなく，子どもの育ちを捉える視野として位置づけられている。これが1989（平成元）年の幼稚園教育要領の改訂において，子どもの発達を捉える窓口としての5領域という考え方につながっている。

図表3-1-3　3層6領域構造

大場牧夫 編著『幼児の生活とカリキュラム』
フレーベル館, 1974, p.12

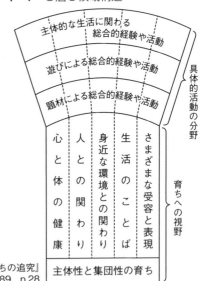

図表3-1-4　3層5領域構造

『生活する力―その育ちの追究』
桐朋幼稚園, 1989, p.28

　2つめに取り上げるのが，子どもに何をさせるかではなく，子どもが何を体験するかに着目した，津守眞の理論である。行動主義が，学習変容として行動の変化を記述してきたのに対し，津守は，行動の変化の内側に発達の体験があることを指摘した。つまり，「子どもの行動の背後には，子どもの内的世界がある」（津守, 1979）のである。

　内的世界の変化をもたらすような体験が発達の体験であり，それは子ども自身から始め

る遊びによって得られる。発達の体験によってもたらされる変化が発達であり、それを4つの側面から捉えている。その側面とは、存在感、能動性、相互性、自我である。保育の実践とは、子どもと交わることによって4つの側面で示される子どもの発達を支える営みである(津守, 1990)。

　以上のような津守の理論は、保育内容として、活動ではなく子どもの主体的な遊びによる体験を重視することにつながっている。

　ここでは、2つの保育理論を取り上げたが、それ以外にも多様な保育実践が展開され、理論化が試みられてきた。それらの主軸にあるのが、遊びであり、子どもの主体性である。この流れが、平成の保育内容につながっていく。

6. 平成──新しい枠組みの出現と安定の模索の時期 （1989年〜2019年）

1989（平成元）年	幼稚園教育要領改訂 消費税（3％）が始まる ベルリンの壁崩壊 児童の権利に関する条約が国連総会で採択
1990（平成2）年	保育所保育指針改定 バブル経済の崩壊 1.57ショック
1991（平成3）年	湾岸戦争
1993（平成5）年	欧州連合(EU)の誕生
1994（平成6）年	エンゼルプラン
1995（平成7）年	阪神・淡路大震災 地下鉄サリン事件が発生 Windows95の発売により、インターネットが急速に普及。
1998（平成10）年	幼稚園教育要領改訂
1999（平成11）年	保育所保育指針改訂 新エンゼルプラン iモード(docomo)の開始により、通信機器を気軽に持ち歩けるようになる
2001（平成13）年	9.11アメリカ同時多発テロ事件
2004（平成16）年	子ども・子育て応援プラン
2006（平成18）年	認定こども園の制定

2008（平成20）年	幼稚園教育要領改訂・保育所保育指針改定
	iPhoneの日本発売が開始。スマホが普及する
2010（平成22）年	子ども・子育てビジョン
2011（平成23）年	3.11東日本大震災
2014（平成26）年	幼保連携型認定こども園教育・保育要領制定
2015（平成27）年	少子化社会対策大綱
	子ども・子育て支援新制度の施行
2017（平成29）年	幼稚園教育要領改訂
	保育所保育指針改定
	幼保連携型認定こども園教育・保育要領改訂
2019（平成31）年	5.1新元号：令和

　平成は約30年に及ぶ年号となった。一世代に相当するものであり、決して短くはない。その中での変化も相当なものである。それを一言で言い表すならば、新しい枠組みの出現とそこにおける安定の模索、となるだろうか。言い換えれば、不安定と混乱の続いた時代であった。

　1989（平成元）年は、新しい枠組みの出現という意味で、象徴的な年になっている。

　冷戦を象徴するベルリンの壁の崩壊により、アメリカとソ連という二大強国の枠組みから、新しい国際秩序への移行が始まった。

　日本においても、バブルが弾ける兆しが現れると同時に、消費税の導入という新たな仕組みが現れている。

　そして、1980（昭和55）年代から1990（平成2）年代にかけて、インターネットや電子メールが少しずつ一般利用されるようになってきた。

　これらは、平成の30年間を通して大きな変化をもたらしてきたが、しかし、現在でもその全容は捉え切れていない。

　ベルリンの壁の崩壊に伴う新秩序は、湾岸戦争、コソボ動乱、9.11アメリカ同時多発テロ、イラク戦争、イスラム紛争など、様々な混乱を引き起こし、そこには新たな秩序は、まだ見出せない。直近でも、北朝鮮やアラブ諸国の動向は、大きな不安定要因となっている。バブル経済の崩壊と消費税の導入は、現在に至るまで日本社会にいろいろな影響を及ぼしている。インターネットに代表されるIT社会は、出現以来、現在でもその変化が急激に進んでいる。

　このような社会の変化と連動するように、保育においても新しい枠組みが現れてきた。それが、1989（平成元）年の幼稚園教育要領の改訂、1990（平成2）年の保育所保育指針の改定であった。明治以来第二次世界大戦まで、保育内容は、保育項目として箇条書きにさ

れていた。保育項目が領域として示されたのが戦後の保育内容であったが、まだ羅列化を免れることはできていなかった。

　それが、子ども主体の遊びを中心とした生活で得られる経験を構造化して示したのが、平成元年、平成2年の改訂（定）であった。そこでは、保育内容を構造化するだけでなく、それにともない保育方法も理論化が進み、さらには保育の計画も整備されていった。そのように見ると、当時の改訂（定）はフルモデルチェンジであり、保育内容の捉え方が大きく変わったことを意味している。それ以降、1998（平成10）年、1999（平成11）年の改訂、2008（平成20）年の改訂（定）、そして2017（平成29）年の改訂（定）と3回の改訂（定）が行われた。平成の30年間に都合4回の保育内容の改訂（定）がなされたことになる。それは、保育内容の新たな枠組みの出現と定着を目指したものであるが、出現はともかく定着というには、まだ及ばない状態である。それは、新しい波が次々に出現してきているからである。

　1989（平成元）年は、児童の権利に関する条約が国連総会で採択された年である。日本がこの条約を批准するのは1994（平成6）年である。平成元年、2年に改訂（定）された幼稚園教育要領、保育所保育指針には、子どもの権利条約に関する記載はない。それが記載されるのは、1999（平成11）年改訂の保育所保育指針であり、そこに「子どもの最善の利益」の文言がある。しかし、幼稚園教育要領には記載されていない。これは現時点まで同様である。幼稚園教育要領と保育所保育指針は、5領域の保育内容について共通化を図っているが、子どもの権利条約の取り扱いにおいては、大きな違いがある。

　平成元年の合計特殊出生率が1.57であると判明した平成2年には、大きな衝撃が走った。それが少子化ショックと呼ばれるものであり、平成6年のエンゼルプランにつながっている。エンゼルプラン以降、様々な少子化対策として子育て支援の施策が実施されてきた。そのことが、保育所保育指針において、1999（平成11）年の改訂で子育て支援の明記につながり、2008（平成20）年の改定では、子育て支援が一つの章として独立し、保育士の役割としても示された。それに対して幼稚園教育要領においては、1998（平成10）年の改訂で「地域の幼児教育のセンター」という文言で子育て支援に触れており、現在の要領では、「地域における幼児期の教育のセンター」とやや言い回しは変更されているが、その内容を明確化するところまでは至っていない。

　このように、幼稚園教育要領と保育所保育指針において、平成元年、平成2年の改訂（定）において共通化の枠組みが現れたのであるが、その後の動向はやや距離が遠くなる方向に向かっている。

　そして、2006（平成18）年に認定こども園が制定された。幼稚園と保育所の両方の機能を併せ持つことを前提とし、4つのタイプが規定された。ただこの時点で、認定こども園は、幼稚園と保育所の二つを組み合わせただけで、内容的な新味はない。幼保連携型認定こども園は、幼稚園と保育所が同一敷地にあるというだけであり、幼稚園の園長と保育所の施設長と2人の長が併存する仕組みであった。

ところが，2015（平成27）年に通称「子ども・子育て支援新制度」とよばれる制度が施行され，そこでは，幼稚園と保育所，認定こども園を共通の枠組みで包括する試みが取られている。それにともなって保育内容の共通化を図ろうとしている。しかし，それがすんなりと進んでいるとは言い難い。

　大きく捉えれば，平成に入り，幼稚園と保育所の保育内容の共通化が図られるようになった。その基本的な構造，たとえば5領域の位置づけなどは，平成の時期を通して変わっていない。それは本書において詳細に説明されている。

　しかし，共通化へのベクトルとは別に，少子化などの社会情勢の変化により，幼稚園と保育所の距離を遠ざける力学も働いている。それについての対応として，子ども・子育て支援新制度においては，共通の枠組みを模索しており，そのことについても本書において随所で説明されている。

　さらに，子ども・子育て支援新制度では，従来あった保育施設以外に，さらに地域型保育事業が新設された。これが複雑化に拍車をかけている。ここでは，地域型保育事業についての説明を試みる。

①地域型保育事業について

　先述したように，子ども・子育て支援新制度の施行により，地域型保育事業が新設された。それは，小規模保育事業，家庭的保育事業，事業所内保育事業，居宅訪問型保育事業である。それぞれ次のような基準によっている（**図表3-1-5**）。主に0〜2歳児を対象にしており，市町村による認可となっているが，その基準は保育所の認可基準より緩和されている。このことからわかるように，大きな社会問題となっている待機児童の受け皿として考えられている。

　国ではなく市町村の認可であるが，制度としては国の制度である。したがって，ここに新しい保育施設が生まれていることを見過ごしてはいけない。

②地域型保育事業の保育内容

　地域型保育事業は，事業類型としては4分類であるが，小規模保育事業は，**図表3-1-5**の通りA型，B型，C型と分類されている。また，事業所内保育事業は，定員20名以上と19名以下に分類されている。したがって，地域型保育事業は，細かく見れば7種類あることになる。ここで考えなければならないのは，どのような保育内容が実践されるのかということである。

　地域型保育事業の保育内容についての規定は直接にはないが，市町村が認可・確認する運営基準として，保育所保育指針に則った保育を提供することが原則となっている。したがって，地域型保育事業においても，保育所保育と同等の実践が求められる。

　しかしながら，この図表でわかるように，保育者の資格が緩和されていることには注意が必要である。保育士資格が必須となっているのは，小規模保育事業A型と定員20名以上の事業所内保育事業および小規模保育事業A型相当の事業所内保育事業である。それ以外，小規模保育事業B型は保育士有資格者が2分の1以上，他の類型は家庭的保育者（市町村

図表3-1-5　地域型保育事業の認可基準

事業類型		職員数	職員資格	保育室等	給食
小規模保育事業（認可定員6～19人）	A型	保育所の配置基準＋1名	保育士	0・1歳児：1人当たり3.3㎡ 2歳児：1人当たり1.98㎡	・自園調理（連携施設等からの搬入可） ・調理設備 ・調理員
	B型	保育所の配置基準＋1名	1/2以上が保育士 ※保育士以外には研修を実施します。		
	C型	0～2歳児　3：1（補助者を置く場合，5：2）	家庭的保育者	0～2歳児：1人当たり3.3㎡	
家庭的保育事業（認可定員1～5人）		0～2歳児　3：1（家庭的保育補助者を置く場合，5：2）	家庭的保育者（＋家庭的保育補助者）	0～2歳児：1人当たり3.3㎡	
事業所内保育事業		定員20名以上……保育所の基準と同様 定員19名以下……小規模保育事業A型，B型の基準と同様			
居宅訪問型保育事業		0～2歳児　1：1	必要な研修を修了し，保育士，保育士と同等以上の知識及び経験を有すると市町村長が認める者	—	—

※A型：保育所分園，ミニ保育所に近い類型
　B型：中間型
　C型：家庭的保育（グループ型小規模保育）に近い類型

（筆者作成）

長が行う研修を修了した保育士，保育士と同等以上の知識及び経験を有すると市町村長が認める者）や必要な研修を終了した者ということで，必ずしも保育士資格が要件となっていない。このことが，実践の質の低下につながる恐れがないとはいえない。

　また，設備要件についても，園庭が必須ではないため，庭のない地域型保育事業が多くなることが予想される。0～2歳児だから庭での活動はさほど重視しなくていいと思われがちだが，ここは大きな問題である。保育の中心は遊びであるが，中でも戸外の遊びが重要である。そのことを考えると，園庭がないことは保育内容の質的低下につながる懸念がある。施設の近くに園庭に代わる公園等が必要となっているが，3歳以上の年齢であれば散歩をかねて公園に出向くことは容易でも，0～2歳の子ども達を連れて移動をすることは，そう簡単なことではない。

③地域型保育事業の保育内容の展開

　地域型保育事業であるからといって保育内容に特別の違いがあるわけではない。基本は保育所保育指針の保育内容である。ただそれを展開するには，地域型保育事業の特性を考慮する必要がある。それぞれに類型があるが，ここでは小規模保育事業を取り上げて考えていく。

　まず何よりも，保育者の資質である。保育士資格があれば一人前とはいえないが，保育士資格を持たない保育者が一定数いるということは，保育についての学びが不十分になる恐れがある。その意味で，保育士資格を持たない保育者の資質を保育士並みに向上させる

こと，そして有資格者はさらなる資質向上を図ることが，重要になる。

　その上で小規模保育事業を考えると，子どもの数が少ないことでゆったりとした生活の流れをつくり出せる。子どもと保育者の割合は，認可保育所と地域型保育事業とでは同等である。しかし，認可保育所において，特に待機児童の多い地域においては，０～２歳児の数が多くなる。たとえば定員100名の保育所の場合，０～２歳児は30～40名程度在籍する傾向がある。定員が大きければ，当然０～２歳児の数も増える。

　０～２歳児においては，子ども一人ひとりにきめ細やかなかかわりが求められるが，数が多くなると，保育者との割合は変わらなくとも，それが難しくなる場合もある。このあたりは，一般の認可保育所において，それぞれ工夫が凝らされているところである。そのようにして形作られる子どもの生活は，年齢幅が大きくかつ人数の多さという点で，ダイナミックになり多様な豊かさをもたらしてくれる。

　それに対して，小規模保育事業では最大で19名であり，それより少ない定員でも成立している。しかも３歳以上が基本的に在籍していないので，施設全体の環境を０～２歳児に焦点を当てて構成できる。一般の認可保育所では，保育室は別として，施設全体としては５歳児までの年齢幅で環境整備をする必要があるから，小規模保育事業の方がよりきめ細やかな対応がとれる。１日の流れも，０～２歳児を中心にしたゆったりとした日課を組めるので，慌ただしさはない。

　このように，子どもを中心とした生活を形成することのできる可能性がある。しかしそれは，保育者が０～２歳児の子どもの発達の特徴や生活の在り方に十分配慮してかかわっていくことが前提になる。その意味では，先に示したように保育士資格要件が緩和されていることは気をつけなければならない。また，認可保育所よりも不十分な点もあるので，そこが見逃されると，保育の質が低下する危険性がある。その最たるものが，密室化である。少人数を前提にしているから，小規模保育事業は狭い立地で運営可能である。そのため，小さな家屋やビルの一角などに設置されやすい。０～２歳児という小さな子ども達が，狭い室内でメリハリもなく１日を過ごすだけになると，子どもの発達に必要な経験が乏しい日常に陥る。少人数のため子ども同士のかかわりもパターン化しがちであり，保育者とのかかわりも限定的になる。また，小さなおもちゃなどは用意できても，ボールを転がして思いっきり走って行くというようなダイナミックさは，なかなか現れてこない。密室化状態においては，発達につながる経験が不十分になる危険性がある。

　小規模保育事業においては，保育者としての役割と保育所保育指針に基づいた保育実践を組み立てていくという意識を強くもたないと，実践の質の低下につながる危険性が大きいのである。

　さらに，先述したように園庭がないことによるデメリットも大きい。たとえば，満１歳を過ぎて歩行が始まると，子どもは歩くことと同時に，歩くことにまつわるものへの興味・関心を強める。その例の一つが，「おとなの履き物を履いて歩く」という遊びである。自分の履き物はあるが，おとなの大きなそして形の違うものに興味を惹かれ，実際に自分で歩

くことによって経験を積んでいく。ここで読み取れる経験をいくつかあげると，

- 履き物にはいろんな種類があることを知る
- 歩きにくいおとなの履き物で歩くことにより，歩き方のバランスの取り方などを体感する
- おとなと同じものを履くことによって，背伸びをして成長への意欲を現す

などが思いつく。

　このように捉えると，遊びを通して発達するということの一端が垣間見える。ただ，この遊びが生じるためには，1歳児や2歳児が自分の足ですぐ外に出て歩けるような庭という空間が必要になる。

　園庭がないから近くの公園で代替するといっても，それでは難しい部分もある。また，距離にもよるが，毎日のように歩ける園庭と，限られた回数しか行けない公園とでは，戸外体験の絶対量が異なる。それをどう埋めるかという工夫が常に求められる。

　言い換えれば，仮に園庭があったとしても，保育者が子どもを園庭に誘うことがなければ，戸外体験は減少する。やはり保育者の保育観が重要になる。

　また，0～2歳児のみということは，必然的に3歳以上児との異年齢の交流がないことになる。このことも留意すべきである。しかしこれは単純にデメリットとはいえない。3歳以上と3歳未満とで施設を区切るのは，ヨーロッパ諸国においては一般的である。日本のように，0～5歳児の保育所と3～5歳児の幼稚園と区分している方が珍しい。それを踏まえると，0～2歳児のみの施設における育ちが直ちに問題になるわけではないことがわかる。ただ，日本では一般的でなかったために，実践の蓄積が不足していることは否めない。そう考えると，今後は，諸外国の知見も取り入れながら，0～2歳児の施設における保育や子どもの育ちをどう捉えるかが，課題となってくるといえる。

第2章
保育内容の現代的課題と展望

1．多文化共生

（1） 冷戦の終了と不寛容さの高まり

　1989（平成元）年，ベルリンの壁が崩れて，東西の冷戦が終結しとき，世界が一つになる，という幻想が世界に広がった。それは，まさに幻想に過ぎなかった。それ以降は，世界のどこかしらで紛争や戦争が起きている。たとえば，ユーゴスラビアを見ると，1984（昭和59)年にサラエボで冬季オリンピックを開催している。当時はまだ東西の冷戦状態であり，夏季オリンピックでは，1980（昭和55）年のモスクワオリンピックに西側諸国，1984年のロサンゼルスオリンピックに東側諸国がそれぞれボイコットするという時期であったが，サラエボオリンピックは，東西諸国ともに参加して盛大に開催された。

　1989年のベルリンの壁の崩壊後，共産主義政権が打倒されるケースが相次ぐ。共産圏だったユーゴスラビアはそのもっとも激しい例となった。1991（平成3）年から約10年間続いたユーゴスラビア紛争後は，次々に独立国が現れ，「スロベニア，クロアチア，ボスニア・ヘルツェゴビナ，セルビア，コソボ，モンテネグロ，北マケドニア」の7か国となった。ユーゴスラビア1国だった地域が7か国に分裂する過程で激しい内乱が続き，オリンピックのレガシーを含め，それまでの社会基盤が根底から破壊された。

　共産主義政権の下で，ユーゴスラビアという1つの国として約70年間にわたって成立していた地域が，いったんその軛（くびき）が外れると，血で血を洗う陰惨な状況を生み出してしまった。

　イデオロギーによる冷戦の終了とともに現れてきたのは，民族や文化の違いに対する不寛容さであった。

（2） 異質さへの寛容性と自立性

　国連は，2000（平成12)年を「平和の文化国際年」とした。ユネスコ憲章にあるように，「戦争は人の心の中で生まれるものであるから，人の心の中に平和の砦を築かなければならない」ということを根底に，平和を希求し持続する文化を確立することを目的としたものである。

しかし，その翌年の2001（平成13）年に，ニューヨークの二つの高層ビルへのハイジャック旅客機による自爆テロが起き，そこから新たな火種が世界に飛び散っている。つい最近まで，「イスラム国」問題が続いており，今後も予断を許さない状態である。
　先の平和の文化国際年に関連した国連総会において，9つの宣言が採択されている。その1番目が，

　　教育，対話，協力を通じた生命の尊重，暴力の廃絶，非暴力の推進と実践

である。ここにあることを一言で言い表せば，「異質さへの寛容性」である。
　それは，文化の相違いわゆる異文化に対する寛容さである。外国籍の子どもの保育が長年にわたる課題になっているが，その中心課題が相互理解である。文化の違いを，優劣ではなく，まさに違いとして理解する姿勢がそこには求められる。
　異文化に対する寛容さと同時に考えなければならないのは，いま私たちの社会が，同質であることをこれまで以上に強く求めるようになっていることである。異文化に代表される異なる民族や宗教に対する不寛容さが，社会の内側の同質性を高める方向に進んでいる。
　一見平和なようである日本において，愛国心にまつわる議論が喧しい。そして，お互いの人間関係を同質化しようとする，「同調圧力」と呼ばれる現象も強い。同調圧力とは，辞書的には，「集団において，少数意見を持つ人に対して，周囲の多くの人と同じように考え行動するよう，暗黙のうちに強制すること。」（デジタル大辞泉）と説明されている。
　「みんなと仲良く」ということがよく言われる。保育施設での入園式などの挨拶で，「みんなと仲良くしましょうね」と言うのは定番である。だが，みんなと，つまり誰とでも仲良くするということは，仲良くしていないことへの否定的な眼差しと裏表である。そのため，トラブルやいざこざがあると，ちゃんと謝って仲直りすることが最優先になる。お互いに違いがあるからトラブルやいざこざは生じるのである。それを表面的に仲直りさせても内面にくすぶるものが残る。
　それよりもお互いの違いを認め合い，それを尊重することが大切である。そのためには，違いや異質さを認めるために，自らの立ち位置を自覚することが求められる。つまり自立性が必要になる。
　理解し合うということは必ずしも仲良くすることではない。仲良くなくても他者を理解することは可能である。そのためには，お互いは異なる存在であるということを，根本から尊重することである。
　そのような子どもの育ちを実現していく保育を探究すること，これはすぐれて現代的課題なのである。

2．ICTと保育

近年，ICTという用語が盛んに使われている。ICTは，ITに代わる用語である。

ITは，「Information Technology（情報技術）」のことで，しばらく前までは，IT革命などとよく使われていた。それが今は，ICTであるが，これはInformation and Communication Technology（情報通信技術）」のことである。

ITとICTとは，使われる意味合いにほとんど違いはない。ただ，ICTはCommunicationが付け加えられている点で，双方向性の意味合いが出てきている。

かつて，マスコミ，マスメディアが大量伝達の中心だった頃は，基本的に情報の流れは単方向であった。それが，ITの浸透とともに，インターネットや電子メールなど双方向の性質をもつものが普及していった。LINE，Facebook，Twitterなども，双方向性の性質をもつICTであり，今後も新しい仕組みが現れてくることが予想される。

そんな中で，VR，ARなどの技術も発展していっている。VRは「仮想現実：Virtual Reality：バーチャルリアリティ」のことであり，ARは「拡張現実：Augmented Reality：オーグメンテッドリアリティ」のことである。どちらも似たようなものであるが，厳密に言えば，VRは，現実と錯覚するほどの仮想空間をつくり出すことであり，現在ではヘッドマウントディスプレイという道具を使用するのが一般的である。それに対してARとは，仮想空間を現実世界に拡張していくことであり，一時期大流行したPokémonGOが，その機能を使っている。

どちらも，現実ではないが現実であるかのような空間をつくり出す点で共通であり，今後この技術も発展していくことが予想される。

このことは，私達の生活空間が，リアルさとヴァーチャルさとの区別が希薄化していくことを意味する。この希薄化がどこまで進行するのか，そのことの予想は難しい。

私達は，何をもって外部世界を認識しているだろうか。これを哲学的な問いとするととてつもない難問になるので，ここでは非常にシンプルに考えてみよう。外部世界の認識は，五感によってなされている。もちろんそれぞれの感覚を脳内で統合する複雑な処理過程があるのだが，そこには触れず，とりあえず視覚，聴覚，嗅覚，味覚，触覚の5つの感覚を通して外部世界を認識しているといえる。

現在のICTは，視覚と聴覚については，高度な再現性を発揮している。VRもARも，見るもの，聞くもののリアルさを競っている。だが，他の3つの感覚はどうだろうか。

たとえば，匂いをリアルに再現する，というVRやARは，ないように思われる。あってもあまり歓迎されないだろう。PokémonGOのキャラクターが匂いつきで再現されるとして，はたしてどのような匂いならいいだろうか。また，海の近くだったら潮の香り，山だったら新緑の香り，そんないいものだけが再現されるとは限らない。どぶ川のすえた匂い，公衆トイレの匂いなど，現実に近ければ近いほど，再現してほしくない匂いだろう。腐っ

た果実の写真を匂いまで再現してくれるスマホなど，人混みの中では持ち歩きたくない。いや，人混みの中でなくてもイヤかもしれない。

　このように見てくると，視覚，聴覚以外の感覚まで含めて現実感をもたせる方向に，今後の技術が進むかは未知数である。実際，スマホによる双方向のやり取りは，LINEであれFacebookであれ，視聴覚つまり文字，画像，動画などにほぼ限定されている。本物そっくりに，本物と見まごうほどに再現されていても，それは五感に訴えるものではない。

　保育において大事にされる子どもとの関係に，スキンシップがある。スキンシップ(skinship)は，次のように説明される。

> 皮膚関係と訳す。英語ではあるが，1953年(昭和28)に開催されたWHO(世界保健機関)のセミナーで，たまたまアメリカの一婦人がつくったことばを，平井信義が紹介したことに端を発しているようである。
> "スキンシップ"，日本大百科全書(ニッポニカ)
> JapanKnowledge, https://japanknowledge.com（参照 2018-08-15)

　造語なのか和製英語なのか判然としないところがあるが，意味するところは，肌と肌の触れ合いである。子どもを抱っこしたとき，緊張感が残っていると体がこわばり，スキンシップが乏しくなる。信頼関係が深まっていくとこわばりが解けていき，ほっぺとほっぺがくっつくような抱っこになる。

　このような肌と肌の触れ合い，そのときにかすかに感じ取られる匂い，それが子どもの安心感を培うものである。このようなスキンシップを，ICTによって再現することが可能だろうか。そのような時代が来るだろうか。もし到来するとすれば，保育ロボットということになる。人間以外の存在によって育児や保育がなされるということである。それは，人間と同じ五感を備えた存在が出現するということである。

　それが実現することは，今見通せるような未来の世界には，おそらくないだろう。もっと時間がかかることが予想される。

　また，近年流行しているものにAIがある。AIとは，「人工知能，artificial intelligence」のことである。近年の話題は，AIによって人間の仕事が奪われるのではないかというものである。その代表が，自動車の自動運転である。それが成立するようになれば，バスやタクシーの運転手という仕事はなくなることになる。

　このような社会は，近未来には登場してくる可能性はある。もちろん，ドライバーだけでなく，他にもいろいろ考えられる。だが，AIも，基本は視聴覚を前提に作業を行う技術である。五感を備えたAI，あるいは五感を備えたロボットというのは，現段階では想像しにくい。

　ここで改めてICTと保育を考えてみたい。ICTを保育に活用するとはどのようなことだろうか。それは，視覚と聴覚の部分に特化した活用の仕方になる。リアルな映像，リアル

な音響を提供することは可能である。しかし，それは五感の代わりになるものではない。
　実は，ICTを育児に利用することは，すでなされている。むずがる子どもをおとなしくさせるために，親がスマホを与えている風景は，ごく一般的になっている。そして，そのことについて，日本小児科医会は，リーフレットを作成し，次のような警鐘を鳴らしている。

　　「スマホに子守をさせないで！」
　　①2歳までは，テレビ・DVDの視聴を控えましょう。
　　②授乳中，食事中のテレビ・DVDの視聴はやめましょう。
　　③すべてのメディアへ接触する総時間を制限することが重要です。1日2時間までを
　　　目安と考えます。
　　④子ども部屋にはテレビ，DVDプレイヤー，パーソナルコンピューターを置かない
　　　ようにしましょう。
　　⑤保護者と子どもでメディアを上手に利用するルールをつくりましょう。
　　※ここでのメディアとはテレビ，DVD，電子ゲーム，ケータイ，スマートフォン，
　　　タブレット端末などの電子映像メディア機器を指します。
　　（日本小児科医会ホームページ）

　日本小児科医会がこのような警鐘を鳴らしているのは，ICTが視聴覚に偏重しているからである。ICTは，現段階では，どれほどリアルであろうとも，人間の代わりにはならない。
　保育におけるスキンシップの重要性は述べたが，それ以外にも保育者が子どもに五感を総動員してかかわるのは，ごく当たり前のことである。それをICTで代用することは，近未来まで含めても困難だろう。
　たとえば，作曲のプログラミング，映像の投影技術なども発達してきている。それを利用したボーカロイド，たとえば初音ミクのコンサートなどは，2009（平成21）年より盛んに行われている。
　この技術を使って，素晴らしい歌い手による子どもの歌を，あたかもそこにいるかのように，ホログラムとして視覚的にも聴覚的にも再現したとしても，現実の存在である保育者が，その場で子どもの表情を見ながら，子どもの気持ちを受けとめながら，同調する共同の場をつくり出して，子どもと一緒に音楽を楽しむことには，はるかに及ばない。だから，ICTに保育を任せてしまってはいけないのである。
　これは一例だが，それだけでなく，どのような場面であっても，ICTを補助的に活用することはあっても，保育者の代替として使用することは，避けなければならない。
　もちろん，補助的な活用法は開発されていくだろう。それはこれまでもそうであった。身体表現を行うとき音楽をかける，その手段は，レコード，カセットテープ，CDなどと変わってきた。レコードの時は，いちいちプレーヤーのところまで往復して音楽を始めな

ければならなかったのが，リモコンの普及で，子どものそばから離れずに音楽をかけられるようになった。そのようにICTの進化とともに，保育者の行動も変化する。

また，日誌や記録をデジタルデータ化することで，保育者同士の共有を容易にできるようにするという活用法もある。

このように，ICTの補助的な活用法は，保育のアイディアとして取り入れられていくだろう。ただそのことと，ICTが保育者の代替になるということとは別問題であるという認識が必要である。

3．森の幼稚園の実践

テレビやパソコン，スマホなどに代表されるヴァーチャルな世界がどこまでも増殖している現実世界において，あらためて子どもの自然体験の重要さが主張されている。

そのことを具体的に実践しているのが，ドイツのWaldkindergartenである。Waldkindergartenは，一般に「森の幼稚園」と訳されているので，ここでもその名称を用いるが，日本の幼稚園と同じ位置づけではない。日本における幼稚園と3歳以上の保育所の両方の性格を合わせもっているのが，ドイツのKindergartenであるので，その意味で理解していただきたい。

森の幼稚園は，1954（昭和29）年に，デンマークのエラ・フラタウが始めたのが最初であるといわれる。デンマークには現在約80か所あるといわれている。

ドイツでは，ウルズラ・スーベが1968（昭和43）年に個人的に始めているが，それが社会システムとして位置づけられたのは，デンマークの森の幼稚園に触発されたケルスティン・イェプセンとペトラ・イェーガーが始めた1993（平成5）年以来である（I. Miklitz, 2001）。そのとき以降，ドイツでは急速に発展し，現在では1,500か所以上の森の幼稚園がある。

森の幼稚園の実践は，フレーベルの精神であるGartenをWaldに拡大しているといえる。すなわち，子どもの遊びにおいて重要なのは，室内よりもむしろ戸外であるという認識である。

このことの重要さは当然のことである。日本でも「家なき幼稚園」の実践がすでにあった。しかし，それは個人の努力にとどまり，個人の実践に終わってしまった。それ以降も，日本で類似の実践がいろいろ試みられているが，社会のシステムに位置づけられるに至っていない。それに対し，デンマークやドイツの森の幼稚園は，社会システムとして位置づけられているところにその特徴がある。

森の幼稚園の実践は，子どもの活動がすべて森で行われている。決められた場所に集合し，午前中の3時間から4時間程度を，保育者とともに森で過ごすのである。

森というと日本の感覚では山林を思い浮かべがちであるが，ドイツのそれは平地林であり，下生えも少なく，自然の広い空間が広がっている。天候がよほど悪条件の場合，緊急避難的な家屋があるが，ほとんど使用されることはない。雨，雪，氷点下の気温であって

も，森での活動が実践される。

次にあげるのは，森の幼稚園の日課の一例である。

9：00-9：15	集合
9：15-9：30	全体の朝の集まり
9：30-9：50	森に移動
9：50-11：00	自由遊び
11：00-11：10	軽食／2度目の朝食の準備
11：10-11：25	食事
11：25-12：00	自由遊び
12：00-12：30	全体活動もしくは小集団活動
12：30-12：50	森からの帰り
12：50-12：55	お帰りの集まり
13：00	保護者の迎え

Ingrid Miklitz, "Waldkindergarten" Luchterhand, 2001, pp.139-140

両親が共働きの場合，午前中は森で過ごすが，午後は通常の施設で過ごすような森の幼稚園もある。

このように広がりを見せている森の幼稚園であるが，その背景にはそのような実践を求める社会がある。ヴァーチャルな感覚が優勢な中で，子どもに必要な体験は森の中でこそ得られるという認識である。

では，森の幼稚園を卒園して小学校に入学する子どもと，正規の幼稚園つまり一般的な幼稚園を卒園して小学校に入学する子どもとでは，発達にどのような違いが見られるだろうか。この点について実態調査を行った『ドイツの自然・森の幼稚園』という興味深い研究論文がある。ここでは，結果だけを簡単に抜粋して見ていきたい（次ページ**図表3-2-1**）。

この結果についての考察の詳細は同書に譲るが，表だけ見ても興味深い。全体として森の幼稚園を卒園した子どもの方が，肯定的な結果になっている。また，両者に差がない結果になっているものも，検討すると興味深いものがある。

たとえば，両者に差がないものの中には，「落ち着いて座っていられる」というものがある。表面的な見方では，森の幼稚園のように戸外での活動しか体験していない子どもは，小学校では落ち着いて座っていられないと批判されそうである。しかし，結果を見ると必ずしもそうではないことがわかる。つまり，自然体験が豊かであることは，必要な場面で「落ち着いて座っている」という姿勢を育てることに不利になることはないのである。

また，森の幼稚園が万能であるわけでもないことも示されている。たとえば，手先の器用さについては，森の幼稚園の卒園児のほうが不十分であるという結果になっている。おそらく，森での活動は大きな運動が多く，その点では一般的な幼稚園で室内活動をしている方が手先の器用さをよく育てるからではないかと思われる。

図表3-2-1　森の幼稚園と正規の幼稚園との差異

仮　　説	結　果
1．動機付け・集中・忍耐の領域では，森の幼稚園に通園していた子ども達は正規の幼稚園に通園していた子ども達よりもずっと高い評価を見せる。	確認された
2．森の幼稚園に通園していた子ども達は正規の幼稚園に通園していた子ども達よりも強度な社交的能力を示す。	完全に確認された
3．森の幼稚園に通園していた子ども達は授業中の協働に当たって正規の幼稚園に通園していた子ども達よりもずっとよい評価を見せる。	非常にはっきりと確認された
4．美的領域において就学前施設としての森の幼稚園に通園していた子ども達は正規の幼稚園に通園していた子ども達よりもずっとよい評価を示す。	確認されなかった
5．認識の領域において森の幼稚園に通園していた子ども達は正規の幼稚園に通園していた子ども達よりもずっとよい評価を示す。	確認されなかった
6．身体的領域やスポーツ科目において森の幼稚園に通園していた子ども達は正規の幼稚園に通園していた子ども達よりもずっと高い評価を見せる。	確認されなかった
7．森の幼稚園に通園していた子ども達は正規の幼稚園に通園していた子ども達よりもよく学校で「落ち着いて座って」いられる。	確認されなかった
8．森の幼稚園に通園していた子ども達は正規の幼稚園に通園していた子ども達よりもよく手先を器用に意のままに動かす。	逆の結果が確認された
9．森の幼稚園出の子ども達は正規の幼稚園出の子ども達よりもよく自分の不器用な動作をする動き具合を整合できる。	確認されなかった
10．森の幼稚園に通園していた子ども達は正規の幼稚園に通園していた子ども達よりもほかの子達と一緒になって共同作業をする。	確認されなかった
11．森の幼稚園に通園していた子ども達は正規の幼稚園に通園していた子ども達よりも時事問題授業でよい評価を示す。	確認された
12．就学前施設としての森の幼稚園に通園していた子ども達は以前に正規の幼稚園に通園していた子ども達よりも書き方授業でよい評価を受ける。	確認されなかった
13．森の幼稚園に通園していた子ども達は正規の幼稚園に通園していた子ども達よりも高い割合でほかの子達との争いを穏やかに解決できる。	確認された
14．男児と女児は森の幼稚園もしくは正規の幼稚園に通園から同程度同様には利益を受けていない。	確認された

ペーター・ヘフナー／佐藤竺　訳『ドイツの自然・森の幼稚園』公人社，2009年

　このように，森の幼稚園ですべてがうまくいくわけではない。
　しかし，社交性(社会性)，協働性，協調性(争いごとの解決)などにおいて，森での体験が肯定的に作用していることを見ると，戸外での活動の重要性が明確である。フレーベルが，外遊びの重要さを直観的に明示したKindergartenの精神が，ここに現れているといえる。
　このように見ていくと，これからの日本の保育内容においても，自然体験を十分取り入れることの必要性があることは，確かなことである。すでに日本においても，自然体験を重視する保育は点在している。ただ残念ながら，それは点在しているだけで，社会のシス

テムとして根づいているわけではないため，一つの園やその周辺に限られている。当事者が変わったり，方針が変更になれば，露のように消えてしまう実践でもある。

　点在している実践がつながって線となり，線が重なって面となるような社会システムが必要なのだと思う。その意味で，ドイツの森の幼稚園の実践の模倣で終わるのではなく，社会のシステムに位置づけることが日本においてどのようにしたら可能であるかという視点で捉えることが重要なのである。

4．地域全体で保育を支えるレッジョ・エミリア

　アメリカの雑誌『ニューズウィーク』が，1991（平成3）年世界で最高の保育として紹介したのがきっかけで，イタリアのレッジョ・エミリアという小さな街が，世界的な注目を浴びるようになった。それ以来，主にアメリカでの紹介や研究を媒介として，日本でもレッジョ・エミリアの保育実践が注目を集めている。その多くが，具体的な実践のすばらしさや，ドキュメンテーションとして取り上げられている子どもの表現物，アトリエなどに代表される建築物などを取り上げている。

　それらをここで改めて取り上げようとは思わない。それが大事でないということではなく，むしろここでは，レッジョ・エミリアという人口約15万人の街全体が，子どもの育ちを支える共同体となっていることを取り上げたい。

　そのような共同体は，かつて日本にもあった，そして今は失われている。これからの子どもの育ちのためには，共同体の回復が重要である。それは人と人との支え合いによる子育ての在り方として当然の重要さである。レッジョ・エミリアは，現代において，機能的共同体による子育てに関して，重要な方向性を示してくれている。

　保育実践は，一つの施設だけに限定しても，そこでの成り立ちにはそれなりの時間を必要とする。多くの保育者が経験することだが，自分の園のこの部分をこう変えたいと思っても，それを具体的に実行できることは本当に少ない。

　たとえば，運動会の開会式で，園長先生の挨拶があり，PTAの保護者代表の挨拶があり，と何人かの挨拶が長々と続く。子ども達は退屈し，おしゃべりしたり騒がしくなったりする。それを保育者はなだめるのに手を取られてしまい，これから始まる運動会への意欲が減退したりする。だから，開会式での挨拶はなくしましょう，と職員会で提案しても，それがすんなり通っていくということは少ない。来賓の扱いという問題であったり，挨拶の当事者である園長先生の理解が得られなかったり，また同僚保育者も賛成しなかったりで，提案はされても，結局例年と同じ開会式を繰り返すことになる。

　このようなパターンはめずらしいことではない。むしろごく普通に多くの現場で起きていることである。他人事であれば変えればいいのに，と簡単にいえるが，それが実際にはどれほど困難なことか。このようなことが，数限りなくある。

　一つの現場ですらこうである。複数の現場が協力して何かをしようとすると，その困難

さは幾倍にもなっていく。みんなで協力すれば，という言葉とは裏腹に，かかわる数が増えるほどお互いの変革は難しくなっていく。

　そう思うと，保育現場同士だけでなく，保護者，関係者までが，子どもの育ちのために相互に連携し合うような地域共同体を形成することは，想像を絶する困難さであることが容易に推察される。不可能とさえいいたくなるほどであるが，それを乗り越えて現実に存在するのが，レッジョ・エミリアである。30を越える保育現場を基点として，街全体が子どもの育つ場になっている。

　日本では，戦後の高度経済成長期を通して過疎・過密化が進行し，またコンビニエンスストアやファーストフードも普及し，地域共同体が衰弱していった。子育てが，親，特に母親一人の負担に限定されていくような状況が進行している。

　しかし，このような現象は，日本だけに限ったことではない。いわゆる先進諸国では共通に進行している事態である。レッジョ・エミリアの教育行政担当者であるスパッジャーリは，次のように語っている。

> 　出生率の低下の結果として，今日子どもは大事なものと受けとめられています。しかし，私たちの社会のような高齢化社会では，子どもは，世界を台なしにする存在，ほとんど邪魔者とも見なされます。この世界は子どものニーズや権利に合っていないのです。まさにこうした理由で，この年齢層の子どもの教育は，最も難しく複雑な課題を呈示するわけです。この難しい仕事のとてつもなく重大な責任を，家族あるいは学校のいずれかが単独で引き受けるのはとても無理です。
> 　　　　　　　　　C.エドワーズ・L.ガンディーニ・G.フォアマン／佐藤学・森眞理・塚田美紀 訳
> 　　　　　　　　　『子どもたちの100の言葉：レッジョ・エミリアの幼児教育』世織書房，2001年

　ここにあげられた認識は，先進諸国共通のものといっていいであろう。そしてそれに対する課題を実行することの困難さもいうまでもない。そのような子どもと子育てを支え合う地域共同体を，レッジョ・エミリアが現実の世界で実現していることが，何よりも注目されるのである。

　このような営みは，個人の力だけでできるものではないし，短い時間で可能なことでもない。実際，レッジョ・エミリアの街づくりは，第二次世界大戦終結の6日後にスタートしている。その中心人物が，ローリス・マラグッツィである。マラグッツィは，それ以降亡くなるまで，レッジョ・エミリアの中心人物であり続けている。

　レッジョ・エミリアの名前が最初に日本で知られたのは，おそらく『ファンタジーの文法』という本であろう。これは，ジャンニ・ロダーリという，現代を代表する児童文学作家の本である。同書には，「1972年の3月6日から10日まで，レッジョ・エミーリアで，わたしは市に招聘されて，約50人の幼稚園や小学校や中学校の先生方と一連の会合をすることができた」とあり，そのときの講演記録を元にして執筆されたものであり，ロダーリ自身，「わたしはこの一週間のことを，わたしの生涯のもっともすばらしい週のひとつとして，

忘れることができないであろう」と書いており，内容の題材にレッジョ・エミリアの「お話あそび」を取り上げている。そこから，当時の実践の様子を垣間見ることができる（ジャンニ・ロダーリ／窪田富男 訳, 1978）。

しかし，それ以降レッジョ・エミリアが日本で取り上げられることはなく，結果的に先ほど述べたようにアメリカ経由で知られるようになった。そのため，実践の狭い部分に焦点が当たりがちであるが，むしろレッジョ・エミリアの街自体のシステムに目を向ける方が重要である。特に，子ども―保育者―保護者という関係を大切にし，街ぐるみで保育するシステムをつくり上げた点を強調したいのである。

先に述べたように，様々な変革は非常に困難なことが多い。しかし，レッジョ・エミリアのように，現実に可能になった変革があることを学び，その方向に向かって取り組んでいくことは，これからの保育者にとって大きな課題であるといえる。

地域全体での実践は，子どもが多様な他者と出会う可能性を提供する。現在の日本社会のように，保育現場に限定され，近い年齢の子どもと保育者というおとなだけとの出会いに限られるのではなく，様々な人との出会いを子どもの育ちに位置づけていくことが可能になる。

また，日本では現在，異質さへの寛容性が失われている。幼稚園や保育所の子どもがうるさいという苦情が，周辺の住民から寄せられるという話はよく聞く。都市部のような人口密集地帯だけの話ではない。過疎化し高齢化した地域においても，静かに暮らしたいのに子どもの声やスピーカーから流れる音楽がうるさいという苦情が寄せられる。つまり，都会であれ田舎であれ，子どもという存在を異質あるいは異物として認識するような社会になっているのである。

そのことを踏まえてレッジョ・エミリアの実践を改めて考えてみると，子どもという存在が，地域において異物ではなく共存するものとして認識されることの重要性が見えてくる。現在のように，生活の場を限定する傾向が強いと，子どもの活動は，家庭なら家庭，園なら園の中に閉じ込められてしまい，それ以外の場に対して異物化されてしまう。そのことが，子どもの生活空間を狭め，体験を貧困化していくことにつながっていく。

子どもの生活は，興味・関心から広がっていくものである。それは限られた場に閉じこめられるようなものではない。子どもの生活は，家庭や園を起点として地域に広がっていくものである。子どもの興味・関心から始まる動きが面となって広がることのできるような地域の在り方を実現することが，子どもの生活を豊かにすることになる。レッジョ・エミリアの取り組みに学べるものは多い。

5．Starting Strong

1989（平成元）年の国連総会で児童の権利に関する条約が採択されて以来，1990年代は乳幼児期の育ちへのかかわり，すなわち保育への関心が国際的に高まった。その代表的な

例として，森の幼稚園の実践，レッジョ・エミリアの実践を前項で取り上げた。その他にも，ニュージーランドが1996（平成8）年に作成した「Te Whariki（テファリキ）」という保育のナショナルカリキュラムなど，世界各国で乳幼児保育への取り組みが活発化している。

そのような流れを受けて，1990年代の後半から，OECDが保育に関する国際的な調査研究を活発に推進している。OECDは，経済協力開発機構の略称であり，欧米を中心とした経済先進国によって構成されている。その加盟国は次の35か国である。

イギリス，ドイツ，フランス，イタリア，オランダ，ベルギー，ルクセンブルク，フィンランド，スウェーデン，オーストリア，デンマーク，スペイン，ポルトガル，ギリシャ，アイルランド，チェコ，ハンガリー，ポーランド，スロヴァキア，エストニア，スロベニア，ラトビア，日本，アメリカ合衆国，カナダ，メキシコ，オーストラリア，ニュージーランド，スイス，ノルウェー，アイスランド，トルコ，韓国，チリ，イスラエル。

OECDは，その名の通り経済の発展を目的にしているが，そのために教育を重視している。ニュースなどで話題になる学力の国際比較などは，OECDによって行われているものである。

そのOECDが実施しているのが，Starting Strongという調査研究プロジェクトである。1冊目が，2001（平成13）年に出版されているが，副題が，Early Childhood Education and Care である。そこでは，次のように記されている。

The term *early childhood education and care*(ECEC) includes all arrangements providing care and education for children under compulsory school age, regardless of setting, funding, opening hours, or programme content.
(Starting Strong: Early Childhood Education and Care, OECD Publishing, 2001, p.14)
「乳幼児期の教育とケア（ECEC）とは，施設，財源，対応時間，実践内容を問わず，就学前の子どもに対するケアと教育を提供する設備の全てを指している。（筆者訳）」

ここにあるように，Early Childhood Education and Care（略してECEC）は，直訳すれば，「乳幼児期の教育とケア」である。同書において，乳幼児期とは，誕生から8歳までを指している。そして，EducationとCareは，「切り離せないinseparable」概念であると指摘している。つまり，保育所保育指針において，保育は養護と教育が一体となったものとしているが，それがECECに最も近い概念である。OECDの加盟国は，いわゆる経済先進国であるが，各国のECECの制度は多様である。それを包括する概念として示されているので，

「ECECイコール保育」とまでは言い切れないが，最も近い日本語がそれであることは間違いない。

そして，乳幼児の保育について，「Starting Strong 人生の始まりこそ力強く」，と意義づけているのが先の研究調査である。この報告書は，現在まで5冊出版されている。

Starting Strong: Early Childhood Education and Care, OECD Publishing, 2001
「人生の始まりこそ力強く：乳幼児期の保育」

Starting Strong II: Early Childhood Education and Care, OECD Publishing, 2006
「人生の始まりこそ力強く２：乳幼児期の保育」
（翻訳『OECD保育白書―人生の始まりこそ力強く：乳幼児期の教育とケア（ECEC）の国際比較』OECD 編著，星 三和子・首藤美香子・大和洋子・一見真理子訳，2011年）

Starting Strong III: A Quality Toolbox for Early Childhood Education and Care, OECD Publishing, 2012
「人生の始まりこそ力強く３：保育の質を高めるための方策（ツールボックス）」

Starting Strong IV: Monitoring Quality in Early Childhood Education and Care, OECD Publishing, 2015
「人生の始まりこそ力強く４：保育の質のモニタリング

Starting Strong V: Transitions from Early Childhood Education and Care to Primary Education, OECD Publishing, 2017
「人生の始まりこそ力強く５：保育から小学校への移行」

このラインナップを見ると，保育に関する国際的潮流がある程度見える。

ECEC（保育）の調査にOECDが着手したのは，1998（平成10）年3月である。最初は，加盟国のうち12か国が参加の手をあげ，各国の調査がなされた。その報告と提言が盛り込まれたのが，第１巻である。そこでは，乳幼児期の保育が，人間の生涯において最も重要な時期であり，それを社会的に保障することの重要性が示されている。

第２巻では，第１巻の予備的な調査を受けて，さらに８か国が加わり，詳細な比較研究調査がなされた。残念ながら，日本はその中に入っていない。

この研究結果に基づいて，OECDによる政策提言として次の10項目があげられている。

1．乳幼児の発達を取り巻く社会的な状況に注目すること
2．子どものウェルビーイング，早期の発達，学習をECEC事業の中核に置き，一方

で子どもの主体性と子ども本来の自然な学習ストラテジーを尊重すること
　3．制度の説明責任と質の保証に必要なガバナンスの構造を構築すること
　4．すべてのECECのサービスを対象とする，幅広くゆるやかな指針とカリキュラム基準を利害関係者と協力して作成すること
　5．ECECへの公的出資額の概算を質の高い教育目標の達成を基準にして行うこと
　6．財政・社会・労働政策によって子どもの貧困と社会的排除をくいとめ減らすこと。多様な学習権を持つ子どもに向けて，すべての子どもに開かれたプログラムのなかで資源を増やすこと
　7．乳幼児期サービスに家族と地域コミュニティの参加を促すこと
　8．ECECの職員の労働条件と専門職教育を改善すること
　9．乳幼児期のサービスに対して，自律性を認め，資金を提供し，支援をすること
　10．幅広い学習・人々の参加・民主主義を支えるECEC制度を志向すること

　第2巻は，詳細な国際比較調査を行うことによって，保育における重要な柱を整備し，それを明確に提示したことにおいて大きな意味をもっている。これ以降は，この提言を受けて，テーマを焦点化した調査研究がなされている。

　第3巻からは，日本も参加している。第3巻と第4巻は，保育の質をテーマにしている。
　第3巻では，保育の質という，重要ではあるが捉えにくい課題についてアプローチしている。そして，保育の質のために，次のような5つの政策手段を提言している。

　1．質に関する目標と規制の設定
　2．カリキュラムと基準の設計と実施
　3．資格，養成，労働条件の改善
　4．家族と地域社会との関与
　5．データ収集，調査研究，モニタリングの推進

　これを受けて，第4巻は，保育の質についてのモニタリング（監視）をテーマにしている。それは，質のモニタリングが，参加国全てで行われている政策手段であり，国際比較が可能だからである。その背景には，国際的潮流として，保育を受ける子どもの数が全般的に増加していること，また乳幼児に対する公的財源の措置が増加していることなどがある。つまり，増加する財源措置についての説明責任，乳幼児期からの子どもの発達の質の保障などのために，モニタリングが重視されているからである。そして，
　・サービスの質のモニタリング
　・スタッフの質のモニタリング
　・子どもの発達のモニタリング

という3つの分野において，保育の質のモニタリングについての調査研究が行われている。

　第5巻は，保育から義務教育である小学校への移行をテーマにしている。それはどの国においても，すべての子どもの生涯にとって大きなステップとなっている。そして，質の高い移行は，よく準備された子ども中心のものであり，協働的なスタッフによってなされ，ふさわしいカリキュラムの接続によって導かれるものである。このような移行が，小学校以降の学習によい効果を及ぼす可能性が高いことが示唆されている。そのことを踏まえつつ，次の4つの分野の調査研究が行われている。

・移行についての組織化と管理の仕方
・専門的な連続性
・教育的な連続性
・発達的な連続性

これらを踏まえて示されたのが，次の6つの分野横断的な政策指針である。

・学校に子どもを合わせるのではなく，子どもに学校を合わせる
・移行についてのよくある社会通念や誤解をふりほどく
・協力や連続性を妨害する構造を克服する
・明確な国策の枠組みに基づいて地域のリーダーシップを奨励する
・現時点での公平さを維持した移行を主流にする
・移行の研究やモニタリングを支援し政策を改善する

　ここでは，Starting Strongの各調査の内容の詳細には踏み込まないが，一連の研究テーマを見るだけでも，現在の日本の保育において求められているものと関連し合っていることがわかる。保育の質の問題，小学校との接続の問題は，日本だけではなく国際的な課題である。そして何よりも，乳幼児期の保育は人生において重要な時期にかかわる営為であり，そこに社会の目が，資源が，注がれていくことが求められているのである。

ワーク 1

　5歳児のグループ作りにおいて，仲間はずれが生じました。その時，あなたはどのようにかかわりますか。具体的な場面を想定して，模擬保育を行ってみましょう。

ワーク 2

　ICTを保育に活用するのにどのようなアイディアがあるか，出し合ってみましょう。そのアイディアのメリットとデメリットについて，お互いにディスカッションしてみましょう。

参考・引用文献

全Part
厚生労働省『保育所保育指針』，2017年
厚生労働省『保育所保育指針解説』，2018年
内閣府 文部科学省 厚生労働省『幼保連携型認定こども園教育・保育要領』，2017年
内閣府 文部科学省 厚生労働省『幼保連携型認定こども園教育・保育要領解説』，2018年
文部科学省『幼稚園教育要領』，2017年
文部科学省『幼稚園教育要領解説』，2018年

Part 1
阿部和子 編著『演習乳児保育の基本（第3版）』萌文書林，2016年
阿部和子 編著『乳児保育（改訂版）』萌文書林，2009年
阿部和子・前原寛 編著『保育課程の研究：子ども主体の保育実践を求めて』萌文書林，2009年，pp.11-12
大倉得史『育てる者への発達心理学』ナカニシヤ出版，2011年
大場幸夫 企画『保育者論』萌文書林，2012年
大場幸夫・網野武博・増田まゆみ 編著『保育を創る8つのキーワード』，フレーベル館，2008年
岡健「子どもを見る視点2―『虫の眼』『鳥の眼』を深め，保育につなぐ―」『キリスト教保育』532号，2013年，pp.6-12
神長美津子・阿部和子・大方美香・山下文一『子どもの育ちが見える「要録」作成のポイント：幼稚園，保育所，認定こども園対応』中央法規出版，2018年
河邉貴子 編著『教育課程・保育課程論』東京書籍，2008年
岸井勇雄 監『保育内容総論』保育出版社，2008年
教育課程部会 幼児教育部会「第9回　資料1　幼児教育部会取りまとめ（案）別紙」文部科学省，2016年を改変
　http://www.mext.go.jp/b_menu/shingi/chukyo/chukyo3/057/siryo/attach/1373429.htm（2019年4月3日閲覧）
佐々木正人・三嶋博之 編訳『生態心理学の構想』東京大学出版会，2005年
Ｊ.ヘンドリック 編著／石垣恵美子・玉置哲淳 監訳『レッジョ・エミリア保育実践入門』北大路書房，2000年
社会保障審議会児童部会 保育専門委員会「保育所保育指針の改定に関する議論のとりまとめ」厚生労働省，2016年
　https://www.mhlw.go.jp/file/05-Shingikai-12601000-Seisakutoukatsukan-Sanjikanshitsu_Shakaihoshoutantou/1_9.pdf（2019年4月3日閲覧）
新保育士養成講座編纂委員会 編『新保育士養成講座 第11巻 保育内容総論（改訂版）』全国社会福祉協議会，2015年
鈴木勲 編著『逐条学校教育法 第8次改訂版』学陽書房，2016年
民秋言 編者代表『幼稚園教育要領・保育所保育指針・幼保連携型認定こども園教育・保育要領の成立と変遷』萌文書林，2017年
田村裕『ホームレス中学生』ワニブックス，2007年
内閣府「子ども・子育て支援新制度ハンドブック（平成27年7月改訂版）」内閣府ホームページ，2015年

https://www8.cao.go.jp/shoushi/shinseido/faq/pdf/jigyousya/handbook2.pdf（2019 年 4 月 3 日閲覧）
内閣府「子ども子育て新制度について：Ⅴ．保育の必要性の認定・確認制度」内閣府ホームページ，2018 年
　https://www8.cao.go.jp/shoushi/shinseido/outline/pdf/setsumei5.pdf （2019 年 4 月 4 日閲覧）
長島和代・石丸るみ・前原寛・鈴木彬子・山内陽子『日常の保育を基盤とした子育て支援：子どもの最善の利益を護るために』萌文書林，2018 年
浜田寿美男『子ども学序説』岩波書店，2009 年
早川操『デューイの探究教育哲学』名古屋大学出版会，1994 年
久富陽子 編著『幼稚園・保育所実習 指導計画の考え方・立て方（第 2 版）』萌文書林，2017 年
マーガレット・カー／大宮勇雄・鈴木佐喜子 訳『保育の場で子どもの学びをアセスメントする』ひとなる書房，2013 年
前原寛『子どもの「今」を護れるか：待機児童問題から見える社会の姿』創成社，2018 年
森敏昭・秋田喜代美 編『教育評価重要用語 300 の基礎知識』明治図書出版，2000 年
文部科学省 編『幼稚園教育要領解説：平成 20 年 10 月』フレーベル館，2008 年
矢野智司『幼児教育知の探究 13 幼児理解の現象学』萌文書林，2014 年
Urie Bronfenbrenner "The Ecology of human development" Harvard University Press, 1979.（磯貝芳郎・福富護 訳『人間発達の生態学（エコロジー）』川島書店，1996 年，pp.17-46）

Part 2

秋田喜代美・馬場耕一郎 監 阿部和子 編『保育士等キャリアアップ研修テキスト 1 乳児保育』中央法規出版，2018 年
浅井春夫・渡邉保博 編著『保育の質と保育内容』新日本出版社，2009 年
阿部和子『子どもの心の育ち：0 歳から 3 歳』萌文書林，1999 年
阿部和子 編著『演習 乳児保育の基本（第 3 版）』萌文書林，2016 年
阿部和子・前原寛 編著『保育課程の研究』萌文書林，2009 年
Elizabeth Jones, John Nimmo "Emergent Curriculum" National Association for the Education of young Children. 1994.
加藤繁美 監 齋藤政子 編著『子どもとつくる 4 歳児保育』ひとなる書房，2016 年
加藤繁美・神田英雄 監修 松本博雄・第一そだち保育園 編著『子どもとつくる 0 歳児保育』ひとなる書房，2011 年
神長美津子・阿部和子・大方美香・山下文一『子どもの育ちが見える「要録」作成のポイント：幼稚園，保育所，認定こども園対応』中央法規出版，2018 年
河邉貴子『遊びを中心とした保育：保育記録から読み解く「援助」と「展開」』萌文書林，2009 年
杉山隆一 監修 大阪保育研究所 編 秋葉英則・白石恵理子『子どもと保育　0 歳児（改訂版）』かもがわ出版，2011 年
全国社会福祉協議会全国保育士会『養護と教育が一体となった保育の言語化』全国社会福祉協議会，2016 年
久富陽子・梅田優子『保育方法の実践的理解（第 2 版）』萌文書林，2018 年
ミルトン・メイヤロフ／田村真・向野宣之 訳『ケアの本質』ゆみる出版，1987 年

Part 3

池上彰・上田紀行・中島岳志・弓山達也『平成論：「生きづらさ」の 30 年を考える』NHK 出版，2018 年
Ingrid Miklitz, "Der Waldkindergarten", Luchterhand, 2001. pp.139-140
浦辺史，宍戸健夫，村山祐一 編『保育の歴史』青木書店，1981 年
OECD 編著／星三和子・首藤美香子・大和洋子・一見真理子 訳『OECD 保育白書─人生の始まりこそ力強く：乳幼児期の教育とケア（ECEC）の国際比較』明石書店，2011 年

OECD "Starting Strong: Early Childhood Education and Care" OECD Publishing, 2001.
OECD "Starting Strong II: Early Childhood Education and Care" OECD Publishing, 2006.
OECD "Starting Strong III: A Quality Toolbox for Early Childhood Education and Care" OECD Publishing, 2012.
OECD "Starting Strong IV: Monitoring Quality in Early Childhood Education and Care" OECD Publishing, 2015.
OECD "Starting Strong V: Transitions from Early Childhood Education and Care to Primary Education" OECD Publishing, 2017.
大場牧夫『原点に子どもを』調布市私立幼稚園協会研究部 保育実践問題研究会，1992 年
大場牧夫 編著『幼児の生活とカリキュラム』フレーベル館，1974 年，p.12
岡田正章 監修『明治保育文献集 全10巻』日本らいぶらり，1977 年
岡田正章 監修『大正・昭和保育文献集 全15巻』日本らいぶらり，1978 年
片山杜秀『平成精神史：天皇・災害・ナショナリズム』幻冬舎，2018 年
久徳重盛『母原病』教育研究社，1979 年
倉橋惣三『幼稚園保育法眞諦』東洋図書，1934 年：岡田正章 監修『大正・昭和保育文献集 第9巻』日本らいぶらり，1978 年，p.58
C. エドワーズ・L. ガンディーニ・G. フォアマン／佐藤学・森眞理・塚田美紀 訳『子どもたちの100の言葉：レッジョ・エミリアの幼児教育』世織書房，2001 年
ジャンニ・ロダーリ／窪田富男 訳『ファンタジーの文法』筑摩書房，1978 年
Smiles, S. Self-help. John Murray. 1858. (サミュエル・スマイルズ，中村正直 訳『西国立志編』講談社，1981年)
津守真『子ども学のはじまり』フレーベル館，1979 年
津守真『保育の一日とその周辺』フレーベル館，1979 年
津守真「障害児保育とは」柴崎正行・大場幸夫 編『障害児保育』ミネルヴァ書房，1990 年
東京女子高等師範學校附屬幼稚園 編『系統的保育案の實際』日本幼稚園協會，1935 年：岡田正章 監修『大正・昭和保育文献集 第6巻』日本らいぶらり，1978 年
桐朋幼稚園『生活する力―その育ちの追究』，1989 年，p.28
中村五六・和田實 合著『幼兒教育法』フレーベル會，1908 年：岡田正章 監修『明治保育文献集 第9巻』日本らいぶらり，1977 年，p.127
日本大百科全書（ニッポニカ）JapanKnowledge, https://japanknowledge.com（2018 年8月15日閲覧）
日本幼稚園協会「系統的保育案の實際解説」『幼兒の教育』1936 年3月号：岡田正章 監修『大正・昭和保育文献集 第6巻』日本らいぶらり，1978 年，p.41
橋詰良一『家なき幼稚園の主張と實際』東洋図書，1928 年：岡田正章 監修『大正・昭和保育文献集 第5巻』日本らいぶらり，1978 年，pp.27-28
林吾一『幼稚保育編』金港堂，1887 年：岡田正章 監修『明治保育文献集 第3巻』日本らいぶらり，1977 年，p.177
東基吉「幼稚園保育法」目黒書店，1904 年：岡田正章 監修『明治保育文献集 第7巻』日本らいぶらり，1977 年，pp.206-207
福崎淳子『園生活における幼児の「みてて」発話』相川書房，2006 年
藤井達夫『「平成」の正体：なぜこの社会は機能不全に陥ったのか』イースト・プレス，2018 年
ペーター・ヘフナー／佐藤竺 訳『ドイツの自然・森の幼稚園』公人社，2009 年
文部省『幼稚園教育要領』，1956 年
矢崎節夫『童謡詩人 金子みすゞの生涯』JULA 出版局，1993 年
柳治男『「学級」の歴史学』講談社，2005 年
Urie Bronfenbrenner "The Ecology of human development" Harvard University Press, 1979. （磯貝芳郎・福富護 訳『人間発達の生態学（エコロジー）』川島書店，1996 年）

さくいん

あ

愛着形成　91
赤い鳥　188
朝のルーティン　51
明日の保育へつなげていくこと　56
預かり保育　34, 69, 89, 94, 153
遊び　8, 31, 47, 140, 141, 159, 200
遊び込んでいく楽しさ　169
遊び込んでいく手応え　176
遊びの場面　54
遊びを中心とした活動　69
遊びを通しての指導　42
遊びを通して学ぶスタイル　102
温かな関係　64
新しい国際秩序　202
新しい枠組みの出現　202
アメリカ行動主義　195
安心・安定した生活　109
安心感　8
安定の模索　202

い

家なき幼稚園　188, 213
生きるために必要な力の基礎　43
生きる力　17
育成すべき資質・能力　101
移行　86, 222
移行する力　102
移行場面　93
移行を乗り越える力　102
いざこざ　146
異質さへの寛容性　209, 218

一日の生活　108
一方向型指導　42
意図　126
異文化　209
イメージを共有　162, 169
イメージを共有化していく体験　50

う

ウェブ型の計画　140
ウェルビーイング　220
動きながらの観察　63
浦辺史　197
運動機能　132

え

栄養士　96
エマージェントカリキュラム　140, 141
園外での地域との連携　96
園外保育　95, 188
園から小学校への移行　90
援助の方向　76
園生活の充実　59
園生活の主体者　164
園生活の流れ　154
エンゼルプラン　203
延長保育　94, 133
園庭解放　97
園内研修　58
園内での地域との連携　96
園の独自性　59
園務分掌　84

お

オーエン(Owen, R.)　190

オイルショック　199
応答　90
応答性　90
応答的　29, 90, 132
応答的存在　90
応能負担　88
大場牧夫　200
沖縄の保育　193
お気に入りの場所　158
おとな側の事情　88
おむつ替え　118
面白さの追求　177
おやつ　116
折り合い　176
オリンピック　208
恩物　184, 186, 194

か

開園時間　136
外国籍の子ども　209
改善　62, 84
外部世界　210
外部の評価　24
学習　9, 102, 196
学習指導要領　101
学習心理学　195
学習スタイル　102
学習ストラテジー　221
学制発布　184
過去の子どもの記録や資料　70
可視化　142
過疎・過密化　198, 217
家族　17
片づけ　31
学級　197
学校　13
学校教育法（昭和22年制定）　193
学校評価　84
葛藤　155, 159

活動　31, 140
活動の実態　78
活動の予想　141
葛藤や迷いなどを経験　70
家庭　55, 95, 158
家庭的保育者　204
家庭と園との連携　93
家庭との連携　16
家庭と保育現場の連携　91
家庭の事情　87
金子みすゞ　188
ガバナンス　221
カリキュラム基準　221
カリキュラムの接続　222
カリキュラム・マネジメント　24, 84
環境　9
環境構成　23, 29, 65, 71, 121, 127, 140
環境構成図　71
環境の再構成　50, 83
環境の変化　160
環境を通して行う保育　37, 47, 71, 159
看護師　96
観察　63

き

期間計画　120
企業主導型保育所　34
企業内託児所　186, 189
危険　163
季節感　152
季節や天候　68
期待感　62, 169
北原白秋　188
城戸幡太郎　192
機能集団　197
機能的共同体　216
基本的事項　25
基本的信頼感　109
基本的な配慮事項　133

気持ちを切り替えていくモデル　52
休息　31
教育　12
教育及び児童福祉施設　69
教育及び保育　40
教育及び保育に関するねらい及び内容　31
教育及び保育の実施に関する配慮事項　28, 40
教育課程　17, 69, 84
教育課程に係る教育時間　34
教育課程に係る教育時間の終了後等に行う教育活動　69
教育課程の編成　37
教育基本法　12
教育基本法（昭和22年制定）　193
教育工学　195
教育政策　183
教育的価値　59
教育・保育要領の構造　26
教育方法の独自性　14
教育や福祉の法令　68
教育を受ける権利　12
教員の配置　184
教科　14, 42
教科書　68
共感　155
共感的・応答的に対応される経験　109
共感的な応答　109
共産主義政権　208
行事　58, 85
共生　20
協調性（争いごとの解決）　215
共通化の枠組み　203
共通理解　85
共同性　2, 6
協同性　162, 167, 168, 171, 173, 176
協働性　215
共同通達（幼稚園と保育所との関係について）　197

共同の場　212
興味・関心　5, 8, 47, 50, 120, 127, 137, 140, 218
共有化　174
記録　63, 142, 160
記録から指導計画へ　76
記録のスタイル　72
キンダーガーテン　194
キンダーブック　192
勤務表　109

く

具体的な体験　47
クラス意識　164, 169
クラス運営　87
クラス全体の計画　120
クラス別保育　197
クラス編成　87
倉橋惣三　190
倉橋理論　191
グループでの遊び　169
軍国主義　192

け

ケア　8
計画　20, 56, 191
計画及び修正・改善　120
計画と実践の往還　120
計画→実践→評価→改善→計画　83
計画―実践―評価の往還　20
計画と日誌を同一用紙に記入　142
経験　195
経験イコール活動　196
経験の構造化　203
経済振興　184
経済の発展　219
経済復興のシンボル　196
系統的保育案の實際　191
系統的保育案の實際解説　191

月案　120, 137
月案の作成の手順　125
月間個別指導計画　81
月齢差　78
月齢による子どもの育ちの違い　42
けんか　169
健康及び安全　26
健康な心と体　46, 155, 164, 168, 176
健康や安全へ留意　40
言語化　140

こ

降園　92, 94
公開保育　58
好奇心　173
高校三年生（舟木一夫）　198
合計特殊出生率が1.57　203
厚生労働省　103
公的出資　221
行動様式　8
高度経済成長　195, 196
戸外体験　207
戸外の遊び　205
五感　210, 212
国際的潮流　221
国民総生産　196
国連　208
国連総会　218
心の拠りどころ　161
個人記録　66, 72
個人差　28, 42, 68, 70, 78, 108, 166
個人集団　200
子育て支援　26, 85, 203
ごっこ遊び　159, 164
固定遊具　164
言葉による伝え合い　46, 164, 166, 173, 176
言葉や文化が異なる生活　81
子ども側の事情　88
子ども・子育て支援新制度　14, 86, 100, 204

子ども中心　191
子ども中心の実践　188
子どもという存在　218
子どもとの距離　66
子どもとの信頼関係　81
子どもに即した保育実践の理論化　199
子どもの園生活を支える基本的な記録　65
子どもの思いが込められた姿　64
子どもの困り感　81
子どもの最善の利益　20, 127, 203
子どもの実態　70, 72
子どもの主体性　201, 221
子どもの主体的な遊び　201
子どもの出身国の文化　81
子どもの人権　33
子どもの育ちの姿　71
子どもの育ちを支える共同体　216
子どもの育ちをとらえる視野　200
子どもの内的世界　200
子どもの内面　146
子どもの日常の姿　72
子どもの日常の断片化　95
子どもの認定　88
子どもの貧困　221
子どもの福祉へのまなざし　189
子どもの理解　109
子ども―保育者―保護者　218
子ども理解　43, 68, 85, 141
子ども理解を深める　65
子どもを一人の人間として尊重　53
個別性　2
個別的な計画　78
個別の計画　120
個別の指導計画　81
個別の対応　35
個別の知識・技能　101
個別の日課表　109

さ

西国立志編　185
栽培活動　173
桜宮託児所　189
産休明け　108
産休や育休　87
産業振興　185
産業立国　195
サンフランシスコ講和条約　193
散歩　96, 117

し

自我　201
視覚探索　126
事業所内保育事業　204
時系列　141
思考力の芽生え　46, 164, 166, 168, 173, 176
思考力・判断力・表現力等　101
自己主張　126
自己中心性　132
自己中心的　155
仕事の分担　109
自己発揮　190
資質向上　206
資質・能力の基礎　45, 46
自助　185
自信　62
施設型給付　87
自然体験　213, 214, 215
自然との関わり　173
持続した1対1の関係　109
視聴覚　212
市町村の支援　103
実践　20, 142
実践の記録　120
実践の振り返り　57, 143
質の高い実践　91
視点　46

指導計画　20, 69, 72, 142
指導計画の構造　22
指導計画の作成の基本　72
指導する事項　36
児童の権利に関する条約　203, 218
児童福祉施設の設備及び運営に関する基準　14
児童福祉法　14, 189
児童福祉法（昭和22年制定）　193
児童問題研究会　192
指導を通して学ぶスタイル　102
自発性　140
自発的活動　8
自発的活動の尊重　40
シフト制　94
自分から集団を意識する力　33
自分たちなりに作り上げていく体験　50
自分で考える力　33
自分でしようとする姿　157
自分で調整しようとする力　33
自分のもの　147
事務員　96
社会構造　196
社会資源　182
社会システム　213
社会生活　169
社会生活との関わり　155, 176
社会制度　183
社会的排除　221
社会のシステム　189
社会の領域　195
社交性（社会性）　215
写真などを使った記録　72
週案　120, 137
周囲探索　126
就学期間　198
就学期間の長期化　198
就学前の施設　34

自由感　191
充実感　68
集団　33
集団生活　33, 44, 155
集団生活の経験　153
集団の日課　108
集団保育　153
柔軟で発展性のある保育　68
住民の生活　95
就労率　94
授業参観　102
主体性　2, 8
主体性の尊重　9, 32, 53, 90
主体的　2, 4
主体的な生活　108
授乳　118
受容　29, 54
小規模保育所　153
障がい　158
生涯にわたる生きる力の基礎を培う経験　81
小学校以上の教育　42
小学校のクラス運営　199
小学校教育理論　198
小学校との接続　100, 105, 169
小学校との連携　95
小学校への移行　101, 222
小学校令　190
小規模保育所　34
象徴機能　132
情緒の安定　39, 53, 137
少人数　35
消費税　202
情報共有　103
除去食　99
職員の勤務体制　94
食事　31, 119, 137
食物アレルギー　99

自立心　46, 155, 168, 171, 173, 176
自立心の育ち　161
自立性　209
人材育成　195
心情，意欲，態度　36
心身の発達　78
人的な環境　47
新入園児　153
信頼感　8, 137
信頼関係　91, 155, 211
信頼できるおとなの配慮　98
信頼できる人　92

す
スーベ(Sube, U.)　213
水分補給　118
睡眠　137
睡眠と覚醒のリズム　109
睡眠表　125
数量や図形，標識や文字などへの関心・感覚　46, 167, 171, 176
スキンシップ　211
健やかに伸び伸びと育つ　28, 39, 78
鈴木三重吉　188
ストリートチルドレン　97
スパッジャーリ　217
素話　45

せ
生育歴　78, 81
生活活動　137, 140, 141, 185
生活共同体　197, 198
生活空間　210
生活経験　18
生活者　56
生活集団　198
生活の流れ　95
生活の場　9, 10
生活の場面　54, 164

生活のリズム　108
生活の連続性　58
生活発表会　178
生活や遊び　18
省察　63
制度改革　193
生命の保持　39
生理的な欲求　33
生理的リズム　119
責任　90
説明責任　221
セルフヘルプ（Self-help）　185
前月の子どもの姿　120
戦時託児所　192
先進諸国共通　217
戦争特需　185
全体的な計画　17, 20, 68, 84, 120, 137
専門機関との連携　98
専門職教育　221
専門性の向上　57

そ

総合的な指導　37
相互性　201
想像力　159
双方向性　210
双方向学び型　41
組織的かつ計画的　84
育ちのプロセス　72
育ちの方向性　105
育ちへの理解　50
存在感　201

た

待機児童　87
待機児童対策　34
体験内容　143
体験の意味　33
体験の質　31, 32, 33

体験を通して学んでいく　33
大正デモクラシー　188, 199
託児　186
託児所　188, 189
他児への関心　126
他者とかかわることの楽しさ　157
他者の存在　155
脱亜入欧　183
達成感　152, 157, 171
楽しい体験　162
楽しさを共有　126
他分野との連携　98
多様な学習権　221
短期の指導計画　71
探究心　173
短時間の保育　154
担当制　91, 109
担当保育教諭の連携　40
担任　91, 137
談話唱歌及手技　187

ち

地域　95
地域型保育事業　204
地域共同体　217
地域共同体の形成　217
地域共同体の弱体化　198
地域社会　20, 55
地域主催の行事　95
地域性　59
地域との連携　95
地域の方との交流　173
地域の幼児教育のセンター　203
逐条学校教育法　13
地方裁量型認定こども園　36, 154
中央教育審議会　17
中央教育審議会教育課程企画特別部会　101
長期の指導計画　62, 71
長時間の保育　153, 154

さくいん　233

長時間労働の実態　94
調理師　96
直接統治　194

つ
通過儀礼　198
つぶやき　65
津守眞　200
鶴町託児所　189

て
定型的形態　87
適切な援助　56
適切な配慮　98
手先の器用さ　214
デジタルデータ化　213
テファリキ(Te Whariki)　219
転園　160

と
ドイツの自然・森の幼稚園　214
登園　91, 94, 114
東京オリンピック　196
東京女子師範学校附属幼稚園　184
東京保育研究会　192
道具的な関わり　9
同質　209
童心主義　188, 191
動線　96
東大セツルメント　192
到達目標　105
同調圧力　209
道徳性・規範意識の芽生え　155, 162
当番活動　170, 171
桐朋幼稚園　200
ドキュメンテーション　216
特別な配慮　81, 97
特別な配慮を必要とする子ども　81, 95, 97
友達関係　164
共働き家庭の増加　94

トラブル　133, 146, 209
鳥の眼と虫の眼　66

な
内外未分化(自他融合)　8
内閣府　103
内容(幼稚園教育要領, 保育所保育指針, 幼保連携型認定こども園教育・保育要領)　31
内容(指導計画)　76
内容の取扱い　25, 37
内乱　208
仲間意識　161
仲間入り　162
中村五六　186
仲良し　161

に
新潟静修学校附設託児所　186
日案　137
日常性　63
日常生活の質　100
日課(デイリープログラム)　108, 133, 137
日課の見直し　137
日本小児科医会　212
日本の主権の回復　194
乳児保育　25, 39
3つの視点　39
ニューズウィーク　216
乳幼児期に育つことが期待される資質・能力　33
乳幼児期の教育　38
乳幼児期の保育　220
乳幼児期の教育とケア(ECEC)　219
乳幼児の発達特性　16
認可外保育所　34
認可基準　204
認可保育所　34, 206
人間関係　148
人間発達の生態学　9

認定区分　69, 87, 94, 137
認定区分の基準　88
認定こども園（平成18年制定）　203
認定こども園こども要録　66
認定こども園の4つのタイプ　36, 153

ね
ねらい　6, 68, 76
ねらい及び内容　37
ねらい―内容―内容の取扱い　28
年間指導計画　120
年度途中　87
年齢区分　28
年齢にふさわしい生活　78

の
能動性　201
農繁期託児所　186, 189
望ましい未来をつくり出す力の基礎　38, 120
望ましい幼児の経験や活動　197

は
パートの保育者　125
排泄　31, 137
配慮の手厚さ　98
育みたい資質・能力　17, 24, 36, 71, 101, 159, 169
橋詰良一　188
バスコース　159
パターン化　93
発達過程　8, 108, 120, 137
発達過程の見通し　58
発達に必要な体験　159, 169, 171
発達にふさわしい経験　10
発達の遅れ　158
発達の課題　70
発達の体験　200
発達の特性　160
発達のプロセスを予測　70
発達の連続性　70
発達を支える柱　155
発話　132
話し合い　177, 179
林吾一　185
判断の根拠　99

ひ
東基吉　186
必要感　37
必要な経験　70
必要な指導や援助　71
非定型的形態　87
人とかかわる心地よさ　126
一人ひとりの日課　119
一人ひとりの特性や発達の課題に即した指導　42
日々の保育に対する省察，評価　85
日々を支える準備　120
評価　56, 62, 84, 103, 127, 142
評価・改善　142, 152
評価・改善の繰り返し　85
評価と省察　83
評価に基づく改善　148
評価の構造　23
標準時間　88, 94
昼寝（午睡）　54, 108, 119, 133
貧困層の対策　189
貧困化　184, 218
貧困層の支援　186
貧民幼稚園　186

ふ
ファミリーサポート　35
不安　159
ファンタジーの文法　217
福祉　185
複数担任　91
富国強兵　183

二葉保育園　186, 189
二葉幼稚園　186
物的な環境　47
フラタウ（Flatau, E.）　213
振り返り　56, 127, 148, 160
フレーベル（Fröbel, F. W. A.）　184, 213, 215
ブロンフェンブレンナー（Bronfenbrenner, U.）　9

へ

並行通園　100
米国統治　193
平成の保育内容　201
平和の文化国際年　208

ほ

保育　12
保育4項目　190
保育から小学校への移行　220
保育観　8, 207
保育教諭　36
保育記録　65
保育記録の多様性　65
保育項目　190
保育時間　94
保育士資格　204
保育士資格要件　206
保育施設　182
保育施設の多様化　153
保育施設の黎明期　182
保育室　50
保育実践の改善　57
保育実践の構造　23
保育士等が援助して子どもが環境に関わって経験する事項　38
保育士等が適切に行う事項　38
保育士とその他の職員との連携　35
保育者自身のかかわり　65
保育者自身の主体性　192
保育者集団　91

保育者主導型の実践　185
保育者同士の連携　90, 91, 93
保育者としての約束を伴った責任　90
保育者の在りよう　54
保育者の援助　62
保育者の業務　94
保育者の勤務　136
保育者の自己評価　24, 57
保育者の資質　205
保育者の職務時間　94
保育者の立ち位置　54
保育者の通常業務　99
保育者の願い　56, 70
保育者の配慮　152
保育所型認定こども園　36, 153
保育所児童保育要録　66, 103
保育所という名称　189
保育所の開所時間　35
保育所保育指針　68, 206
保育所保育指針（昭和40年制定）　197, 200
保育所保育指針（平成2年改定）　202
保育所保育指針（平成11年改訂）　203
保育所保育に関する基本原則　6, 25
保育所保育の保育時間　35
保育内容　23, 31, 121, 169, 182, 186, 190, 191, 194, 199, 203
保育内容総論　31
保育内容の共通化　204
保育内容の構成　30
保育内容の質向上　62
保育内容の充実　57
保育内容の多様化　193
保育内容の評価　56
保育内容領域「言葉」　31
保育における記録　65, 83
保育における計画の意義　68
保育日誌　6, 65, 120, 125, 142
保育の概念　14

保育の基本や方向性　68
保育の構造　20
保育の質　37, 220, 221
保育の実施に関わる配慮事項　25
保育の実施に関して留意すべき事項　28
保育の質の向上　58, 84, 85
保育の質の低下　206
保育の終了後　160
保育の長時間化　94
保育の内容（保育所保育指針）　31
保育の内容等の改善　85
保育の内容や方法　68
保育のナショナルカリキュラム　219
保育のねらい　121
保育の場　102
保育の必要性　88
保育の普通化　197
保育の目標　20
保育方法　42, 199
保育方法の理論化　203
保育方法論　191
保育問題研究会　192
保育要領　193, 195
保育ロボット　211
保育を構造化する理論　190
保育を必要とする（保育の必要性）　190
方向目標　105
他の業務　63
他の保育者との連携　93
歩行　132
保護者　23, 69, 92, 217
保護者との連携　85, 121, 127
保護者のニーズ　34
ポストの数ほど保育所を　196
没頭　167
保姆　185

ま

街ぐるみで保育するシステム　218

街全体が子どもの育つ場　217
まなざし　64
学びに向かう力，人間性等　101
マニュアル　93
ままごとコーナー　50
マラグッツィ（Malaguzzi, L.）　217

み

ミクニノコドモ　192
身支度　31
自ら動こうとする意欲　169
見立て　164
身近な人と気持ちが通じ合う　28, 39, 78
身近なものと関わり感性が育つ　28, 39, 78
密室化　206
見通し　59, 178
見守る　146
民族や文化の違い　208
みんなと仲良く　209
民本主義　188

め

明治維新　184

も

モニタリング　221
ものの理解　126
森の幼稚園　213
文部科学省　103
モンテッソーリ（Montessori, M.）　190

や

役割分担　137
役割分担　169
矢崎節夫　188
柳治男　197

ゆ

遊嬉，唱歌，談話及手技（保育4項目）　186
遊戯を中心とした保育実践　187
誘導保育　188, 190

誘導保育論　191
豊かな感性と表現　46
ユネスコ憲章　208

よ

養護的側面　121
養護と教育の一体性　14, 32, 38, 51, 219
幼児期にふさわしい生活　42
幼児期の終わりまでに育ってほしい姿　18, 45, 70, 78, 84, 101, 103, 155, 159, 169
幼児期の教育　100, 184
幼児教育　40, 195
幼児教育法　186
幼児教育を行う施設として共有すべき事項　29, 169
幼児の教育　191
幼児の楽しい経験　193
幼稚園型認定こども園　36, 153
幼稚園教育の基本　6, 24
幼稚園教育要領　68
幼稚園教育要領（昭和31年制定）　195
幼稚園教育要領（昭和39年改訂）　197, 200
幼稚園教育要領（平成元年改訂）　202
幼稚園真諦　191
幼稚園の特色化　194
幼稚園の目的　13
幼稚園保育及設備規程　184, 186
幼稚園保育の独自性　185
幼稚園保育法　186
幼稚園保育法眞諦　190
幼稚園幼児指導要録　66, 103
幼稚園令　190
幼稚保育編　184
幼保連携型認定こども園　36, 154
幼保連携型認定こども園（平成18年制定）　203
幼保連携型認定こども園園児指導要録　66, 103
幼保連携型認定こども園教育・保育要領　68
幼保連携型認定こども園における教育及び保育の基本　6
要録　103
要録の内容　105
与謝野晶子　188
予想　141
予想外の動き　141
予想した子どもの姿　70
予想の精度　141
欲求のぶつかり合い　169
与薬依頼票　98
よりよい教育的環境を創造する　50

り

理解の共有　105
領域　44, 46, 103
領域「環境」　29, 39
領域「健康」　29, 39
領域「言葉」　29, 39
領域と教科の違い　37
領域「人間関係」　29, 39
領域「表現」　29, 39
領域別活動　199
療育施設　100
利用料　88

る

ルール　162, 169
ルールのある遊びを楽しむ　71

れ

レッジョ・エミリア　216
連携　86, 91, 102
連続性　78
連絡会　105

ろ

労働支援　186
ローテーション形態　94
ロダーリ（Rodari, G.）　217

わ

和田實　186
ワトソン（Watson, J. B.）　195

英字

AI（人工知能）　211
AR（拡張現実）　210
GHQ（連合国軍総司令部）　193
ICT　210
IT　210
IT社会　202
OECD　219
OECDによる政策提言　220
PDCAサイクル　24, 56, 62, 127, 132, 142, 152
PTA　216
Starting Strong　218
VR（仮想現実）　210

数字

0歳児の保育内容　29
1955年体制　194
1号認定　69, 94, 137
1歳以上3歳未満児の保育　25, 39
1対1　146
1日の流れ　206
1年間の幼稚園保育　194
2回食　119
2号認定　69, 94, 137
3号認定　69, 94, 137
3歳以上児の保育　25, 39
3歳児保育の魅力　159
3歳未満児の指導計画　78
3層6領域構造　200
5領域　14, 28, 39, 78, 146, 200
5領域の位置づけ　204
5領域の保育内容　203
6領域　195
6領域の保育内容　197

著者紹介 (執筆分担)

阿部和子(あべかずこ)（Part1 第1章，Part2 第1章）

東京家政大学家政学部児童学科卒業。日本女子大学大学院修士課程修了（児童学専攻）。聖徳大学短期大学部教授，大妻女子大学家政学部児童学科教授を経て現在，大阪総合保育大学大学院特任教授。厚生労働省社会福祉審議会保育専門委員会・同ワーキンググループ委員，保育士養成課程等検討委員，幼保連携型認定こども園教育・保育要領検討委員，保育所児童保育要録検討委員会副委員長，全国保育士養成協議会常任理事・関東ブロック会長を歴任，日本保育学会関東ブロック評議員。千葉県子ども子育て会議副委員長，子育て支援に，また，集団の場における子どもの自発性を尊重した保育に関心をもっている。
【主な著書】『子どもの心の育ち：0歳から3歳』『続 子どもの心の育ち：3歳から5歳』『家庭支援論』（萌文書林），『乳幼児期の「心の教育」を考える』（フレーベル館），『保育者論』『保育課程の研究』（共著，萌文書林），『養護と教育が一体となった保育の言語化』（編著，全国社会福祉協議会），『子どもの育ちが見える「要録」作成のポイント』（共著，中央法規出版）など。

前原 寛(まえはら ひろし)（Part1 第5章，Part2 第2章，Part3）

東京大学文学部心理学専修課程卒業。筑波大学大学院文芸言語研究科応用言語学専攻修士課程修了。安良保育園 園長，鹿児島国際大学教授を経て，現在，社会福祉法人 至宝福祉会理事長。他に光明寺住職。保育現場に軸足を置きながら，保育者の専門性の発達について研究的関心をもっている。
【主な著書】『日常の保育を基盤とした子育て支援』『保育課程の研究』『保育者論』（共著，萌文書林），『子どもの「今」を護れるか』（創成社），『保育は〈子ども〉からはじまる』（ミネルヴァ書房），『大丈夫？「心」の子育て』（南方新社），『保育者が出会う発達問題』（共著，フレーベル館）など。

久富陽子(ひさとみようこ)（Part1 第2章，第4章，Part2 第3章1.）

日本女子大学家政学部児童学科卒業。4年間神奈川県の私立幼稚園にて幼稚園教諭。その後，大妻女子大学大学院家政学研究科児童学専攻に進学。修士課程修了。和泉短期大学，浦和大学，東京家政大学を経て，現在，大妻女子大学家政学部児童学科教授。保育学関連科目や幼稚園教育実習を担当。
【主な著書】『外国人の子どもの保育』『保育方法の実践的理解』『実習における遊びの援助と展開』『保育者論』『保育の学びスタートブック』（共著，萌文書林），『保育学入門』（共著，建帛社），『保育方法・指導法の研究』（共著，ミネルヴァ書房）など。

梅田優子(うめだゆうこ)（Part1 第3章，Part2 第3章2.～3.）

新潟県立大学教育学部幼稚園教員養成課程卒業。小学校教諭を経て大妻女子大学大学院家政学研究科児童学専攻に進学。修士課程修了。現在，新潟県立大学人間生活学部子ども学科教授。保育学関連科目や幼稚園教育実習を担当。
【主な著書】『保育者論』『保育方法の実践的理解』（共著，萌文書林），『保育原理の探究』（共著，相川書房），『保育内容総論』（共著，東京書籍），『保育実習』（共著，ミネルヴァ書房）など。

改訂 保育内容総論 ──保育の構造と実践の探求──

2019年 5月30日　初版第1刷発行	著　者　阿　部　和　子 　　　　前　原　　　寛 　　　　久　富　陽　子 　　　　梅　田　優　子
	発行者　服　部　直　人
	発行所　株式会社 萌文書林

〒113-0021 東京都文京区本駒込 6-25-6
TEL 03-3943-0576　FAX 03-3943-0567
[URL] http://www.houbun.com
[e-mail] info@houbun.com

印刷 / 製本　シナノ印刷株式会社

＜検印省略＞

©2019, Kazuko Abe, Hiroshi Maehara, Yoko Hisatomi, Yuko Umeda　Printed in Japan
ISBN 978-4-89347-341-7　C3037